脱属国論

田原総一朗
井上達夫
伊勢崎賢治

毎日新聞出版

脱属国論

日本国憲法　前文

日本国民は、正当に選挙された国会における代表者を通じて行動し、われらとわれらの子孫のために、諸国民との協和による成果と、わが国全土にわたつて自由のもたらす恵沢を確保し、政府の行為によつて再び戦争の惨禍が起ることのないやうにすることを決意し、ここに主権が国民に存することを宣言し、この憲法を確定する。そもそも国政は、国民の厳粛な信託によるものであつて、その権威は国民に由来し、その権力は国民の代表者がこれを行使し、その福利は国民がこれを享受する。これは人類普遍の原理であり、この憲法は、かかる原理に基くものである。われらは、これに反する一切の憲法、法令及び詔勅を排除する。

日本国民は、恒久の平和を念願し、人間相互の関係を支配する崇高な理想を深く自覚するのであつて、平和を愛する諸国民の公正と信義に信頼して、われらの安全と生存を保持しようと決意した。われらは、平和を維持し、専制と隷従、圧迫と偏狭を地上から永遠に除去しようと努めてゐる国際社会において、名誉ある地位を占めたいと思ふ。われらは、全世界の国民が、ひとしく恐怖と欠乏から免かれ、平和のうちに生存する権利を有することを確認する。

われらは、いづれの国家も、自国のことのみに専念して他国を無視してはならないのであつて、政治道徳の法則は、普遍的なものであり、この法則に従ふことは、自国の主権を維持し、他国と対等関係に立たうとする各国の責務であると信ずる。

日本国民は、国家の名誉にかけ、全力をあげてこの崇高な理想と目的を達成することを誓ふ。

まえがき

田原総一朗

現在の憲法では、9条2項で「陸海空軍その他の戦力は、これを保持しない。国の交戦権は、これを認めない」と明記している。

だが、自衛隊は明らかに戦力を有している。また政府は、集団的自衛権の行使容認に踏み切っている。だから、憲法と自衛隊はどう見ても矛盾している。

1954年に自衛隊が発足し、翌1955年に結成された自由民主党として最初の首相、鳩山一郎は、〝自主憲法創出〟を打ち出した。石橋湛山を挟んで、続く岸信介首相も同様に憲法改正を主張した。

ところが、彼らのあとを継いだ池田勇人首相以後、自民党の歴代首相は、いずれも改憲を打ち出さなくなった。

あきらかに、憲法と自衛隊は矛盾しているにもかかわらず、である。

そのことを、1970年代のはじめに、のちに首相となる宮澤喜一氏に問うた。

すると宮澤氏は、「あのような憲法をアメリカから押しつけられたのだから、日本の安全保障の責任はアメリカに取らせて、自衛隊は戦う必要がないようにした。そして憲法を逆手に取って、アメリカの戦争に巻き込まれないようにした。こうして経済を成長させることができたのだ」と自信のある口調で言った。

たしかに、これまで自衛隊は戦わずにすんでいる。またベトナム戦争をはじめ、アメリカの戦争に直接巻き込まれることがないまま、日本は高度経済成長を実現させた。

だが、東西冷戦が終わると、自民党内でも、自民党支持団体などでも、憲法改正を求める声が強まった。憲法と自衛隊の矛盾を是正して、自衛隊を戦える組織にしようというわけだ。

たとえば、小泉純一郎内閣の2005年に新憲法草案が策定されており、自民党が野党であった2012年にも、新しい憲法草案を策定している。

そして2017年5月3日、安倍晋三首相も同じように、ビデオメッセージにおいて憲法を改正したいという強い意思を表明した。

もっとも安倍首相の改憲案は、9条1項、2項には手をつけず、自衛隊の存在を明記するというものであった。これでは憲法と自衛隊の矛盾は解消できない。しかも、自衛隊のあり方はまったく変えないと言うのである。これでは一体、何のための改憲なのか。改憲を主張している自民党の幹部たちに、そのことを問うた。だが、納得のいく説明はなかった。

もし自民党が本気で改憲すべきだと考えているなら、自民党の議員たちはみな選挙区に戻って、地元の有権者たちに向かって、なぜ憲法改正が必要なのか、憲法を改正するとこの国のどこがどのように良くなるのか、そして国民の生活のどこがどのように良くなるのか、具体的に説明して、説得すべきである。

だが、私が見るかぎり、それをやっている議員はあまり見当たらない。それどころか、この国では憲法や自衛隊について論じることがタブーのようになっているので、多くの議員は憲法に触るのを避け、逃げているようだ。

自民党の議員たちが憲法から逃げていて、国民が改憲に賛成するわけがないではないか、と突っ込むと、誰も反論しなかった。

ところが、私がハト派中のハト派だと捉えていて、有識者の間でもそのように認識され、だから信頼されている井上達夫氏（東京大学大学院教授）と、伊勢﨑賢治氏（東京外国語大学大学院教授）が、憲法を改正して対米従属から脱却すべきだ、と強く訴えているのである。しかも両者とも、9条2項を削除すべきだと主張している。安倍首相も怖がって手をつけなかった問題である。

井上氏は、「9条2項があるために、安全保障政策についての実質的議論が棚上げされ、9条解釈の〝神学論争〟にすり替えられてきた。さらに2項で〝戦力を保持しない〟と明記しているために、〝戦力統制規範〟つまり戦力が濫用されないように、戦力の編成方法や行使手続きを統制する規定が、憲法に盛り込まれておらず、現状のままで自衛隊を戦場に送り出すのは危険きわまりない」と言うのである。

また伊勢﨑氏は、「自衛隊には〝軍法〟や〝軍法会議〟といった、戦争犯罪や隊員の過失を裁く仕組みがなく、PKOなどで隊員が誤って交通事故を起こした場合でも、裁判にかけることができないため、深刻な外交問題を引き起こす。だから戦場に出るのはおろか、PKO部隊としても〝使えない〟」と強調した。

つまり、改憲をしないと、自衛隊は憲法違反であるばかりか、国際法にさえ違反する存在だというわけだ。両者の主張はきわめて説得力があった。だから、井上、伊勢﨑両氏の主張を、できるだけ多くの人々に読んでいただきたいと願って、書籍として刊行することにしたのである。

企画の段階から毎日新聞出版の峯晴子氏、名古屋剛氏には本当にご尽力いただいた。深く感謝いたします。

（2019年3月）

脱属国論／目次

第2章　なぜいま憲法改正が必要なのか

第3章 いまこそ日米安保の見直しを！

第4章 なぜ政府は日米地位協定の「正常化」を求めないのか

第Ⅰ章

自民党がこれまで憲法を改正しなかった本当の理由

たいと言いました。

憲法問題から逃げたがる自民党議員

田原総一朗（以下・田原）　２０１７年、衆院選に勝った安倍晋三さんは、次は憲法改正をしたいと言いました。

具体的に憲法をどう変えるか。憲法９条の１項、２項は変えないが、自衛隊を憲法に明記する。それが安倍改憲案、すなわちいま自民党が用意している憲法改正案です。

つい先日、憲法改正問題の自民党側の責任者、下村博文さんと雑誌「中央公論」２０１９年１月号（中央公論新社）上で対談しました。

その中で、僕は下村さんに、自民党が本気で憲法を改正したいのなら、なぜ憲法改正が必要で、憲法改正をすれば、この国のどこがどのようによくなり、国民の生活がどのようによくなるのか説明して、まずは選挙区を説得するべきだと言った。

ところが、ほとんどの自民党議員は、なぜ憲法改正が必要なのかまるで知らないんだ。それも、単に勉強が足りないというより、憲法改正の議論から逃げたがっているような気がする。憲法のような世論を二分する大きな問題にはできるだけ触れたくない、これがいまの自民党議員の本音だと思う。自民党がそんな状況で国民が賛成するわけがないと下村さんに言ったんだが、彼は答えなかった。

そもそも僕は護憲派じゃないから、自民党が本気で憲法を改正するつもりなら、応援してもいい。だからまず憲法改正の勉強会を作ってくれと下村さんには言ったんだけど、それきり何の連絡もない。

自衛隊の問題にも、いまの自民党議員はあまり関心がない。安倍さんに言われたことを、素直に実行しているだけなんです。

これじゃ駄目だと思いました。憲法を改正するなら、まず自民党の議員に勉強させたい。ところが、憲法の専門家といえば護憲派の学者ばかりで、自民党に教えられそうな人間はほとんどいないんだ。

だからこの本では、井上達夫さんと伊勢﨑賢治さんのおふたりをお呼びしたんです。自民党のためというより、この国の将来のために、いろいろ率直なお話を伺いたい。

憲法を本当に変えるつもりなら、日本のため、国民のため、子孫のためにはどんな憲法が良いのか、共産党も自民党も立憲民主党も関係なく議論しなければならないんですよ。

これが、この本を作りたいと思った最大の理由です。

歴代自民党政権はなぜ憲法を改正しなかったのか

田原　安倍さんは、自衛隊を違憲だと主張していると言って護憲派を批判していますが、憲法9条2項で「戦力放棄」と、自衛隊の存在とは矛盾しています。専門家に聞くまでもなく、日本人なら一読して「おや？」と思いますよ。

かつては保守が、自衛隊は違憲だと言っていたくらいです。

日本国憲法は侵略戦争を禁止しただけであって、自衛のための戦争は禁じていないのではないか。国会で吉田茂（※1）にそう質問したのは、共産党の野坂参三（※2）だった。するど吉田茂は、日本国憲法は自衛のための戦争すら認めていない、と断言した。

少なくとも当時の吉田茂は、戦力を持たずにやっていくつもりだったし、おそらくは自民党全体の考えもそうだったのでしょう。井上さん、いかがですか？

井上達夫（以下・井上）　そのときは、吉田茂はそう考えていたかもしれませんが、憲法施行後3年にして朝鮮戦争（※3）が勃発して警察予備隊（※4）ができると、すぐ保安隊となり、あれよあれよという間に自衛隊が誕生します。

すると吉田茂は、自衛隊は軍隊ではない、戦力以下の実力組織（※5）だ、だから憲法違反ではない、と言い始める。舌の根も乾かぬうちにですよ。軍隊とか戦力とは呼ばないが、それに類するものを保有することは認めたわけですよ。

この吉田の姿勢が、その後保守本流（※6）における自衛隊の位置づけ、および憲法解釈の原形になります。専守防衛（※7）・個別的自衛権（※8）の枠内での武力行使を前提にするかぎり、自衛隊は戦力ではなく、警察もどきの実力組織である。戦力未満の実力組織であれば、憲法9条2項には違反しない。保守本流はずっとそう言い続けてきました。

ただ、これは明らかに「欺瞞《ぎまん》」です。

田原　僕もインチキだと思う。なぜかというと、自衛隊ができたのは1954年、自民党ができたのは1955年なんですね。自民党最初の総理大臣が鳩山一郎（※9）。

鳩山一郎は、自主憲法の制定を結党の理念として掲げていたくらいだから、おそらく自衛隊は憲法違反だと判断していた。いずれ憲法改正するのが当たり前だと思っているはずです。岸信介（※10）も、もちろん改憲論者だった。

自民党、保守本流の本音は「自衛隊は憲法違反」。ところが、池田勇人（※11）が首相になって以降、歴代政権の誰ひとりとして、憲法改正を表立って言わなくなってしまった。

井上　それは「保守の悲しい知恵」ですよ。

田原　どういうことですか。

井上　歴代の自民党政権は、アメリカに対して、対等な国家として交渉できず、常に属国として振る舞ってきた。ナショナリストにとっては本来は屈辱的な状況です。

ただ、アメリカが日本に「軍事的負担共有（burden sharing）」の名で自衛隊の軍事的行動の拡大を要求したとき、もともとおまえたちが押しつけた憲法9条があるから、これ以上はできません、たとえば海外派兵はできません、と言うことで拒否できたわけです。保守の言う「押しつけ憲法（※12）」を逆手にとったわけですが、結果的に、きわめて有効な対米交渉カードとなりました。

対米交渉カードとして9条を使うことで歴代保守政権が引いてきた一線は、自衛隊・日米安保を専守防衛・個別的自衛権の枠内にとどめることでした。

専守防衛・個別的自衛権の枠内なら自衛隊は戦力ではない、この枠内での日米安保体制への自衛隊の参加は交戦行動ではない、という歴代保守政権のこじつけは、それ自体すでに解釈改憲です。ただ一方、解釈でこじつけられるのはここまでだ、この枠を越える自衛隊・安保の拡大は憲法上無理だと主張して、米国の要請に抵抗してきたわけです。

安倍政権が解釈改憲をさらに拡大して、集団的自衛権行使を一部解禁する安保法制制定に踏み切ったのは、保守本流が大事に守り続けた「9条カード」を、捨てたということです。このカードでいままで拒否してきた、アメリカからの自衛隊軍事行動の拡大要求にも、積極的にイエスと言っていこう、そういう意図がはっきり読み取れます。

歴代の自民党政権、とくに保守本流は、アメリカからの軍事的要求に対して、対等な主権国家として対抗するための、大人の政治的交渉力が自分たちにはないことを自覚していたから、その穴埋めに「９条カード」を使ってきた。しかし、安倍政権は、まったく同じように政治的交渉力を欠いているにもかかわらず、安全保障に関して対米追随姿勢を取り、「９条カード」を捨てている。

だから、この点では、かつての保守本流のほうが、安倍政権よりはまだ政治的な「知恵」がありました。これは「知恵」だと私も認めますが、ただ、「悲しい知恵」だと思います。アメリカと対等に渡り合えないという、己の政治的交渉力のなさを克服しようとはせず、解釈改憲のさじ加減をして、憲法を言わば「濫用」して、自分たちの欠点の埋め合わせをしようとしている。国家として情けない、せこい知恵です。

田原さんがおっしゃるように、たしかに、この悲しい知恵を拒否する勢力も自民党にはかつてあった。それこそ岸信介をはじめとする、かつてのタカ派的な保守の基本的な憲法解釈では、自衛隊は憲法違反です。だからこそ、憲法を改正して国家として自衛戦力を持つことをはっきり宣言しよう、と。

田原　だから、鳩山一郎、岸信介は改憲派だったんですよ。

井上　でも、その後の池田勇人をはじめ、以降の保守政権は必ずしも改憲派ではなかった。もちろん、ナショナリストとして内心では忸怩《じくじ》たるものがあるのでしょうが、一方では、どうせ押しつけられてしまった憲法なら、うまく利用すればいいじゃないかと考えるようになったわけです。アメリカの要求に歯止めをかける道具として、9条は使えると、どこかの段階で考えが変わった。

でも、それが、結局は対米外交において、保守政権が「大人の交渉」能力を磨くことを、逆に妨げる結果にもなったと、私は思います。「9条カード」なんか使わなくたって、本来日本は、アメリカと十分に大人の交渉ができるはずなんです。

田原　「大人の交渉」とは何ですか。

井上　それを説明するためには、まず、日米双方にとっての日米安保の「損益計算」をしなければなりません。少し話が長くなりますが、大事なことなので聞いてください。

これは、以前、「朝まで生テレビ!」に出たとき、百田尚樹さんが「日本は60年間、日米安保にただ乗りしてきた」と言ったのに対し、私が「それでも君は右翼か!」と叱責した点でもあるのですが、要するに、日米安全保障条約（日米安保条約）に日本がただ乗りしているなんて、まったくの嘘なんです。日本の軍事的対米従属を合理化するこんな嘘、しかもアメリカが喜ぶ嘘を、日本の右翼がいけしゃあしゃあと言って恥じないのは、何とも情けない。

日米安保条約で一方的に得をしているのは、アメリカです。日本はアメリカに対し、多くの在日米軍基地と重要な兵站《へいたん》支援システムを提供し、膨大な金額の在日米軍駐留経費を払わされている。

田原　在日米軍駐留経費の約86％は日本が払っている(２０１５年度、２０１７年防衛省発表)。

井上　それ以外にも、ものすごいリスクを背負わされています。

アメリカが対外的な軍事力の行使を、日本の同意なしに、在日米軍基地を使って始めた場合、それでも日本は米軍を事実上、後方支援することになります。後方支援どころか、基地と兵站を直接提供しているのだから、アメリカの戦争に立派に参加しているわけ。

だから、在日米軍基地がある以上、日本は否応《いやおう》なく、自動的に、米国の戦争に巻き込まれる。当然ながら、敵国からの反撃を受けるリスクを、日本は背負うことになります。

たとえば、もし２０１７年の米朝間の対立がよりエスカレートし、武力行使に発展していた場合、北朝鮮は当然ながら、横田や横須賀、佐世保をはじめとする在日米軍基地をミサイル攻撃していたでしょう。

もちろんそのミサイル攻撃の被害は、たとえ通常弾頭であっても、基地周辺地域にも及ぶ可能性があります。伊勢﨑さんが指摘しているように、原子力発電所は停止中のものでも、破壊すれば凄まじい被害が生じる。

日本は9条があるから戦争には参加していない、などと主張したところで、何の意味もありません。国際法上、在日米軍が先制攻撃した場合、在日米軍基地への北朝鮮の反撃は、合法的自衛権行使です。

そういう意味で、ただ日米安保条約があるというだけで、重いコスト負担だけでなく、大変なリスクを日本は負担させられているんです。

一方、日本が他国から攻撃された場合は、アメリカが日本を守る、それが日米安保条約の最大のメリットということになっています。

ただ、アメリカが日本を守るために軍事行動をするかどうか、確実ではありません。

日米安保条約の規定に自動執行性（※13）はありません。日本が攻撃されたからといって自動的に米軍が出動するわけではないのです。日米安保条約を適用して大統領が米軍に出動命令を出すには、少なくとも事後的に議会の承認を得る必要がある。大統領が出動命令を出した後で議会が事後承認を拒否するのは、軍事的に難しいとしても、アメリカの議会が軍事行動に批判的・消極的なときに、大統領に対する独立性の強い議会との政治的対立を抱えて大統領が米軍を出動させるのは、よほど重大な米国の利益がかかわる場合だけです。

もちろん在日米軍基地が攻撃された場合は、米軍が出動するでしょう。ただ、たとえば尖閣諸島のように、在日米軍の戦略的利害にあまり影響しない日本の領土・領空・領海が侵犯された場合、その防衛責任は自衛隊に委ねられます。

尖閣諸島問題について、米軍の機関紙「スターズ・アンド・ストライプス」に米軍関係者が「無人の岩を守るために俺たちを巻き込むな」という趣旨のコメントを寄せています。このコメントを紹介した元防衛官僚の柳澤協二さんは、「つまり、尖閣諸島のような、アメリカにとっては何の値打ちも、戦略的価値もない島の領有権争いに地上兵力を投入して軍事的介入をするなど、アメリカの論理ではありえないということなのです」と指摘しています。

これらをトータルで考えれば、アメリカにとっての日米安保とは、日本を守るためのものというより、海外における最大にして代替不能な自己の世界戦略拠点を守るためのものです。しかも、その世界戦略拠点を維持するコストを、アメリカは日本に転嫁しています。このコスト転嫁自体が巨大な戦略的利益であり、アメリカはそれを享受し続けています。

日本は、一朝事あらば、米軍が防衛に協力してくれるかもしれないという、何ら保証されていない、言わば「仮想的利益」と引き換えに、米軍基地と兵站システム提供に伴う巨大なコストと、日本の防衛とは無関係にアメリカが勝手に始める侵略や武力干渉に「幇助犯《ほうじょはん》」として巻き込まれるリスクを、現実的に、きっちり背負わされている。

これが日米安保条約の実態です。日本がただ乗りしているのではなく、日本のほうがアメリカにより多く与えている、これが真実です。

私が言っている「大人の交渉」とは、日米安保の下で日本が巨大なコストとリスクを負担してアメリカにすでに与えている巨大な戦略的利益を自覚した上で、これを安全保障問題における対米交渉のカードとして使えばいいということです。

つまり、アメリカがこれ以上日本に無理難題を言うなら、日米安保条約の下での日本のコスト負担のあり方を考え直させてもらうと言えばいい。何も日米安保を解消する必要はありません。日米安保の下での日米の地位の対等化を求めるということです。

「アメリカと交渉しようとすれば、日本はアメリカに見捨てられるかもしれない」という「見捨てられ不安」が自民党や右翼にあるのは、日米安保の実態を彼らが認識していないからです。安保を解消して困るのはアメリカです。在日米軍基地と高度な兵站網というアメリカの世界戦略上の死活的利益を放棄することになるからです。

ありえない想定ですが、万が一、アメリカが世界戦略上の拠点などもういらないとして、日米安保から撤退するとしたら、日本の防衛をアメリカに依存するのは諦めるべきです。日本に対してそういう生半可なコミットメントしかしないような国に、自国の安全保障を委ねるのは危険きわまりないことだからです。

「大人の交渉」は、アメリカの本音を見極め、日米安保が日本の安全保障にどこまで資するかを見極めるためにも必要です。ただ、歴代の保守政権は、なぜか「大人の交渉」ができなかった。代わりに「9条カード」に逃げ、そのことがまた「大人の交渉」のための政治力の陶冶《とうや》を阻んできた。「9条カード」を捨てた安倍政権も、相変わらず「大人の交渉」をせずに安全保障において対米追従姿勢を続けている。

田原　なぜでしょう？

井上　彼らが政治的に子どもだということでしょうね、やっぱり。アメリカに対しては、何ひとつノーとは言えない。戦争で負けた心的外傷、あるいは劣等感から抜け出せないということでしょうか。

田原　そうですね。

憲法9条2項が抱える国際法上の欠陥

伊勢崎賢治（以下・伊勢崎）　自民党の議員は地元の選挙区でなぜ憲法改正が必要かを説明しなければならないのに、当の本人たちは関心がない、というお話だったと思います。たしかに、憲法を改正するかどうか、最終的な主権は国民にあります。自民党は改憲4項目（※14）について、選挙民にきちんと説明すべきだと僕も思います。

ただ一方で、国民に説明する「以前」の問題があります。「9条を守る」という「護憲」を選択肢にしてもいいのか、という問題です。

なぜ「護憲」は選択肢にしてはならないか。後に議論するように、9条2項は、国際法が主権国家の義務として国家に要求する要件と、明確に抵触するからです。

また、9条2項で戦力の放棄を掲げるのは一見よいことに思えますが、一方で弊害もあります。「有事」とは、すなわち国家が何らかの事情で、その規模にかかわらず、戦う状況のことを指しますが、その有事において行使される国家の暴力を統制する法整備を、9条の存在は不可能にしてしまいました。

たとえば、国際法で定める違反行為を、有事において軍隊が犯した場合、これを国内法で裁く義務を国家は負っています。ですが日本では、国内法で裁くことができません。9条2項があるため、日本には建前上「有事」はありませんので、「有事」に関する法律もありません。

護憲というのは、国家の選択肢として、ありえないのです。

田原　伊勢崎さんは矛盾だと言うけれど、国内世論や、自民党の議員たちは、そう考えていないよ。さっきの話だと、自衛の戦争はできると言った共産党の野坂参三に対して、日本には個別的自衛権さえないと言い切ったのは吉田茂だった。つまり、自民党はそもそも武力行使をするつもりがなかった。

伊勢﨑　軍隊はネガティブリスト（※15−1）で統制する、とよく言われるでしょう。そのネガティブリストとは、戦前は戦時国際法、戦後は国際人道法という国際法で具体的に定められているものです。いわゆる「戦争のルール」です。

国際法を守るのは、国際社会の構成員としての義務です。北朝鮮のように「無法国家」と揶《や》揄《ゆ》される国家だって、国際法を守っています。「火の海にしてやる」と挑発することがあっても、「原発を狙ってやる」とは絶対に言いませんよね。原子力関連施設への攻撃は非人道的な行為、つまり「戦争犯罪」として、国際法では厳禁されているからです。「原発を攻撃する」などと言えば、国際法を守らない「無法国家」であると自分で宣言することですから、北朝鮮でさえやらないのです。これが、国際法の「威力」です。

一方、日本は自らについて9条を持つ平和国家だとしながら、前述のように有事の軍事犯罪を裁く法制度がないなど、平和に直接関係する国際法に対応していません。いわば北朝鮮より無法な国家なのです。このような日本の国際法に対する重大な背反行為が、国際社会からまだ批判されていないのは、重大な事件・事故が起きていない、まだバレていない、ただそれだけの理由です。

田原　でも、自衛隊はネガティブリストじゃなくて、ポジティブリスト（※15−2）。つまり普通の軍隊より厳しいルールを課されているはずですよ。

伊勢﨑　本来、そこからおかしいんですよ。

田原　自衛隊はポジティブリスト、つまりやっていいと許可されたことしかできない。その意味では軍隊より警察に近い。それは戦力未満の実力組織だから当然だと、それがこれまでの日本政府の建前だった。

逆に、イギリスやフランスのような普通の国の軍隊は、全部ネガティブリストの統制。つまり、禁止された行動以外は何でもできる。

伊勢﨑　そうです。そのネガティブリスト、国際人道法が1970年代以降、進化しています。具体的には、国際人道法の大きな柱のひとつであるジュネーブ諸条約第2追加議定書が加わり、「戦争のルール」は大きく変わりました。

田原　どう変わったの？

伊勢﨑　つまり、ネガティブリストで縛られる主体、いわゆる「交戦主体」は、かつては「国家」でした。戦争するのは国家の軍隊だけだったわけです。

ところが、その後世界は「内戦」の時代を迎え、国家内の揉め事に、周辺国や大国が介入し、国家間の戦争と同じ規模の犠牲者を生むようになりました。そのため世界は戦争のルールを、国家より小さい主体にも適用しなければならなくなりました（＊1）。

田原　どういうことですか？

伊勢﨑　つまり、軍隊であろうが、自衛隊であろうが、警察であろうが、広域暴力団であろうが、町内会の自警団だろうが、どんな組織であるか、組織の実力の大小は問わず、国家の命令を受けて、国家の自衛権の行使に使われたら、すべて「交戦主体」とみなされるので、国際人道法で統制されます。違反すれば「戦争犯罪」です。

田原　つまり、ヤクザだって国際法に則って戦争できるわけ？

伊勢﨑　できます。交戦をした瞬間、国際法上の扱いは軍と同じになります。

だから自衛隊は軍隊ではないと言い訳をしても、国際法の世界では何の意味もありません。ＰＫＯ（国連平和維持活動）など自衛隊が海外派遣された現場、あるいは日本近海で不審船が出没し防衛出動することになった場合などに、自衛隊が武力を行使すれば、その瞬間に自衛隊は交戦主体すなわち軍とみなされます。当然、自衛隊は国際人道法に則った行動を期待されます。もしも違反行為、すなわち「戦争犯罪」をおかした場合、日本は国際社会の中の一国家として、自衛隊を国内法で起訴し、裁判にかけることが求められます。その責任能力を国際社会は「主権」というのです。

日本では、自衛隊員が命令外において、個人の故意で武器を使用した場合については起訴することができます。ただ、国家の命令を受けた軍事行動において発生した「戦争犯罪」を起訴する法体系はありません。国際法に則り、戦争犯罪を裁く法体系を設置しようとする主張を、

「軍法会議の復活を目指すもの」だとミスリードし、無視し続けてきたのです。

自衛隊がもし現状のまま、海外派遣先で、もしくは日本近海への防衛出動で他国の軍隊と「衝突」し、その結果、戦争犯罪をおかしたと相手から訴えられ、国際法による裁定となって、日本に戦争犯罪を裁く法律がないという「法の空白」が発覚したら、前代未聞の外交問題になります。外交への衝撃のみならず、国内政治への影響も計り知れないでしょう。

これらすべての原因が、9条2項が戦争犯罪を想定させないことなのです。平和主義をつらぬくかどうかといった、イデオロギーの問題とは無関係に、9条2項は単なる欠陥条項です。ちなみに安倍さんは「自衛隊」という名称にこだわっていますが、軍でも、隊でも、自衛隊を何と呼ぼうが、先ほど述べた理由から、その違いに国際法的な意味はありません。

田原　意味がないなら、憲法を改正してまで自衛隊と書く必要なんてないじゃない。

伊勢﨑　はい。まったく意味がありません。義勇軍が竹槍で戦っても、暴力団がドスで戦っても、「戦争犯罪」をおかす交戦主体です。軍との違いはありません。

田原　10年くらい前、当時は自衛隊に反対していた共産党の志位和夫さんに、もし日本が攻め込まれたらどうするんだと聞いた。すると、志位さんは国民のみなさんに集まってもらうと言ったんだ。集まってどうすると聞いたら、家にあるもので戦ってもらうと。戦時中の愛国婦人会（※16）よろしく、竹槍で戦えと、共産党の志位さんが言ったんだよ。

伊勢﨑　それでも、ご婦人たちが捕虜を素手で首を絞めて殺すと、ジュネーブ条約違反ですので戦争犯罪になります。ご婦人も国際法では立派な交戦主体ですので。

田原　いや、だから僕が言いたいのは、竹槍なんかじゃなく、近代装備の軍隊はいらないのかっていうこと。

伊勢﨑　志位さんは、日本外国特派員協会での会見（２０１８年4月18日）で、「日本が侵略されたら自衛隊を含むあらゆる手段を使って対処する」とおっしゃっていますよ。

田原　いや、当時の共産党は、自衛隊なんかいらないと考えていたんだからね。

伊勢﨑　いえ、この会見はＹｏｕＴｕｂｅに残っていますが、こう続きます。「あらゆる手段を使って対処するが、国際人道法に対応する軍司法制度の法整備は必要ない」と。

これって、我が国を侵略したらジュネーブ条約も戦争犯罪も無視してボコボコにしてやるぞという、危険な独裁国家でさえ言わないような、極右集団さながらのセリフです。

井上　まったく伊勢﨑さんの言う通りなんですよ。９条で戦力を放棄したから日本は戦争できないと護憲派は言いますが、そんなことはまったくありません。事実として戦争ができてしまうにもかかわらず、それを裁く国内法体系が9条があるために存在できない、というのが実態なんです。

戦えない自衛隊だから平和なのか

田原　宮澤喜一（※17）さんがまだ若いころ、1971年かな、通産大臣を辞めたあと、僕に言った。日本人は、自分の体に合わせた服を作るのは下手だ。ところが、押しつけられた服に体を合わせるのはうまいと。

日本人は、自分の体に合わせた服を作ろうとした。つまり、日清・日露戦争、第一次世界大戦、そして満州事変にいたる一連の歴史のことを彼は言っているんだ。

宮澤さんによれば、かつての日本はヨーロッパのまねをしていた。ただ第一次世界大戦の後、日本はヨーロッパのまねではなく、主体性が必要になった。

自分の体に合った服を作ろうとした日本は、大東亜共栄圏の盟主となろうとし、満州事変、日中戦争、太平洋戦争と突き進み、大失敗した。

だから、日本はもう自分の体に合った服を作るのはやめるんだと、宮澤さんは言っていた。日本国憲法はアメリカが押しつけたもの。日本の体にはまったく合っていないが、これに体のほうを合わせるのは日本の得意分野だと。こんな憲法を押しつけられるのだから、日本の安全保障はアメリカが責任を持てと。そして憲法を逆手にとって、アメリカの戦争に巻き込まれないようにしたのはその証拠だ。その結果、日本は大きな戦争に巻き込まれることなく、平和を謳歌《おうか》している。これは太平洋戦争の大失敗に比べて、紛れもない大成功だと。

宮澤さんはこのように見ていたんですが、どう思われますか。

井上　憲法は、戦後アメリカに押しつけられたものだと保守は言うけれど、保守本流の政治家たちはそれを逆手にとって、日本に都合のいいように利用したわけです。アメリカからの軍事負担の拡大要求に対して、歯止めをかけるための道具として。

私はこれを歴代保守政権の「悲しい知恵」だと言いましたが、ある意味それなりに「主体的」な行動だったと思います。

押しつけられた服に自分の「体を合わせる」一方だったわけではなく、日本の国家としての体の成長に応じて、解釈改憲を行い、いわば「押しつけられた服の寸法を直して」きた、それが正しい表現かもしれませんね。

田原　竹下登（※18）さんが首相のとき、僕は彼と親しかったので、次のようなことを聞いてみた。日本には自衛隊があるが、まったく戦えない「軍隊」だ。自衛隊は戦えないままでいいのか、と。すると竹下さんは、戦えない「軍隊」だから日本は平和なんだ、と答えた。

軍隊というのは、戦争になれば戦う。太平洋戦争のとき、アメリカと戦って勝てると思った日本人は誰もいなかった。なのに、当時の軍隊は戦ってしまったわけだ。

あのとき、昭和天皇は陸軍の杉山元参謀総長と海軍の永野修身軍令部総長に、こんな戦争を始めていいのかと聞いた。どう見ても勝てるわけがないから。

杉山はまったく答えなかった。永野は、2年経《た》ったらもう戦えない。戦うなら早いうちに戦いましょう、いまなら戦えますと言った。山本五十六が1年は暴れてみせると言ったように、海軍首脳もそう考えていたわけだ。

竹下さんはその歴史を知っている。だから、戦えない軍隊のおかげで日本は平和なのだと言ったんだ。


伊勢﨑　自衛隊が戦えない軍隊であるのは、田原さんのおっしゃる通りです。だったら、持っていてはいけない。国際法が国家に課す要件は、その国家の規模とも、その軍隊の規模とも関係ないのです。小さな国の軍隊だからといって国際法を無視することはできません。

ただ自衛隊が戦えない、決定的で最大の理由は、竹下さんの答えとは別のところにあるのです。

軍隊が弾を撃ったものの敵に当たらない場合、当ててはならないものに当ててしまう可能性があります。それが誤射や誤爆と呼ばれる行為です。もちろん戦場では、故意の誤射だってあるでしょう。

この誤射や誤爆を想定し、起こった場合の法整備をしておくのが「法治国家」なのです。

田原　どういうこと？

伊勢﨑　つまり、戦争のルール違反を裁く法を持たない日本に、「法治国家」を名乗る資格はないということです。

何を誤射、誤爆してはいけないかは国際法で定められた「戦争のルール」です。具体的には、民間人、降伏している敵兵、負傷者など。ほか居住地、病院、宗教施設、また先ほど述べた原子力施設といった民用施設など、撃ってはならない対象が細かく決められています。

それと「使ってはいけない武器」というものもあります。近年のことですが、化学兵器、そして対人地雷の使用が禁止されています。

これが交戦法規である国際人道法、つまり交戦中に「やってはいけないこと」、いわゆるネガティブリストです。

国際人道法は戦争をしにくくする方向に、日夜、進化しています。

そのもっとも新しい例が、日本の被爆者の方々も尽力した核兵器禁止条約です。それを推し進めたＩＣＡＮ（核兵器廃絶国際キャンペーン）という、世界の核廃絶を訴える運動のネットワークは、ノーベル平和賞に輝きました。日本ではピースボートが代表しています。中心人物の川崎哲さんは昔からの友人で、この受賞は我が事のようにうれしいのですが、それを称賛する日本の報道は、この条約の中身を実はよく読んでいないと思います。報道の中に「国際人道法」という言葉がほとんど登場しないからです。

核兵器禁止条約は、「化学兵器禁止条約」（１９９７年）や「オタワ条約（対人地雷全面禁止条約）」（１９９９年）のように、核兵器の使用を国際人道法の「戦争犯罪」にすることが目的なのです。肝心の核保有国が参加していないので、まだ目的の達成には至っていないのですが。世界ではこういった条約締結の取り組みが進む一方、被爆者の方々がどんなに頑張り核廃絶を訴えても、日本は国際人道法を完全に無視（＊２）しているのです。このことを世界が知ったら、どんな国でも驚いてズッコケてしまうでしょう。

ここで、キツイことを言わなければなりません。吉永小百合さんも「いまこそみんなに核兵器のことを考えてほしい」と訴えられていますが、「核兵器を戦争犯罪にする国際人道法」のことを日本人はきちんと考えるべきです。

少し考えれば、核兵器禁止条約への日本の参加と9条2項の護憲は、両立しないことがわかるはずです。核兵器禁止条約は「国際法を守らせる」ことですが、９条２項の護憲は「国際法を守らない」ことだからです。

「戦争しない」とうたう憲法は立派かもしれませんが、戦争犯罪をおかす可能性を排除することは許されません。国際人道法の意味がなくなってしまいます。主権国家は、国際法に則り、自国民の戦争犯罪を処罰する義務を負うのです。

別の見方をしましょう。たとえば、一般の刑法でも、殺人は重犯罪です。放火なども死刑になりうる罪です。軍隊というのは、いわば、殺傷、破壊の技術を日々訓練し、その能力に非常に長《た》けた職能集団ですから、犯罪による被害も通常以上に甚大になるはずです。だからこそ通常の刑罰よりもいっそう重い「厳罰」を科すのは当然です。

しかし、それが「命令行動」の一環で、それを誠実に履行したものであるのなら、どんなに甚大な被害でも、その刑事性が勘案されるというのが、一般法と軍法が違う大きなポイントです。何百人の民間人を殺害しても、引き金を引いた本人は無罪になることもある。個人の責任よりも国家や組織の命令に重きを置いていると言えばよいでしょうか。

一方で自衛隊法において、「武器の使用」の主体は自衛隊員であり、首相を頂点とする国家の指揮命令系統を起訴する法体系がありません。だから自衛隊員個人の過失にするしかない。

しかも、日本の刑法には「国外犯規定」があり、自衛隊員に限らず日本人が海外で犯す業務上過失は、日本の刑法の管轄外、罪に問えません。

ゆえにもし、海外で自衛隊員が、たとえば現地ゲリラに襲われ、応戦した際に誤射で現地住民を死なせてしまった場合、日本の刑法では裁くことができません。最悪の場合、これを過失ではなく故意の犯罪であると強引にこじつけて、自衛隊員個人に、国家の命令行動の責任を押しつけることになる可能性もあります。

つまり自衛隊については「撃ったら自己責任」になっているわけです。

この状態では、たとえ身を守るためであっても、現場の隊員たちがおいそれと撃てるわけがありません。これこそが、自衛隊が戦えない最大の理由です。

護憲派は人権と平和を守ることを訴えながら、こういった状況を放置し続けてきました。

「9条があるから、戦場で攻撃されても、自衛隊はじっと耐える」

これは安倍政権批判の急先鋒《せんぽう》として知られるある高名な憲法学者が公の討論で僕に言った言葉ですが、この発言自体が、自衛隊員の人権を侵害しています。

もしも自衛隊が紛争地で戦闘に巻き込まれたら

田原　「サンデープロジェクト」という番組をやっていたとき、自衛隊の陸・海・空の元幕僚長3人に、有事の法制度がこんなザル状態では、他国の攻撃があった場合でも、自衛隊はとてもじゃないが戦えないだろう、という議論をしてもらったことがある。

たとえば、尖閣諸島に中国の船がやってきて、海上保安庁の船を攻撃したとする。そのとき自衛隊は、この中国の船を攻撃できないと言う。現行の自衛隊法ではそうするしかないと彼らは言う。こんな状態では自衛隊は戦えない、どうするんだ、と３人の元幕僚長にも言ったんだ。

伊勢﨑　彼らは何と言いました？

田原　やはり、戦えないと認めましたよ。

伊勢﨑　そうでしょう。彼らの言う通り、戦えません。

田原　だから、本当の有事が発生し、戦うしかなくなったら、自衛隊法違反をすると言うんです。

伊勢﨑　はい？

田原　自分たちは国のために、自衛隊法違反をする覚悟があると。

伊勢﨑　それはどういうことなのでしょうか。撃ったら自己責任になるとしか、上官は部下に言えないはずです。彼らが自衛隊法違反を命じても、実際に罪に問われるのは彼らの部下です。日本には彼らのような上官たちの責任を起訴する法体系がないのですから。その３人の元幕僚長の発言は一見立派に聞こえますが、無責任というほかありません。

田原　元幕僚長３人がそろって、尖閣諸島を守るには、自衛隊法違反をするしかないと言ったんですよ。この意味で、自衛隊は戦えない。

伊勢﨑　いえ、彼らも胸に手を当ててじっくり考えればきっと同意すると思いますが、「戦争犯罪を想定しない国家の命令を部下に実行させることはできない」と職をかけて発言するのが、本来彼らがやるべきことだったと思います。いまからでも遅くありません。ＯＢの彼らは体を張って、現役の上官たちに訴えてほしいと思います。

一方で、自衛隊が戦えないことは、アメリカも承知です。それは、９条の精神が自衛隊を戦えなくしているからという護憲派が喜びそうな理由ではなく、単に「撃った後の責任」がとれないからです。

２０１７年の夏、僕はアメリカ陸軍に呼ばれてソウルに行きました。ちょうど米朝が開戦するかどうかの瀬戸際外交が繰り広げられていた時期です。

太平洋陸軍参謀総長会議という、ＮＡＴＯ（北大西洋条約機構）の主要国を含む、太平洋地域の親米32カ国の陸軍のトップだけの会議でした。

実は、このときアメリカ陸軍は、金正恩《キムジョンウン》政権を打倒し、アメリカ陸軍を中心とする多国籍軍で北朝鮮を占領統治するシミュレーションをしていたのです。

突出した軍事力を持つアメリカにとって、敵国政権の「首」を取ること自体は簡単です。ただ、問題はその後の非対称戦（※19）です。

つまりアフガニスタンやイラクで起きたように、政権中枢を失い無秩序に分派、分散し挑んでくる（インサージェント化する）敵と、長期間にわたって戦わなければならない軍事占領統治が問題なのです。

アメリカは第二次世界大戦後、日本以外のすべての占領統治において大失敗を続けています。そのひとつであるタリバン政権を崩壊させた後のアフガニスタンの占領統治に密接にかかわった僕は、その教訓を述べてほしいということで呼ばれたのです。

軍事占領統治の要は、現地住民、現地社会からの信頼をいかに得るかという点です。なぜならインサージェント化した敵は住民にまぎれて、占領軍に向かってくるからです。また住民を味方につけていないと、自らインサージェント化してしまう住民も出てくる。とくに若者です。

一方で、軍事占領といっても戦場ですから、占領軍は必ず事故を起こす。その際に、被害者とその家族への補償だけでなく、事故の責任者を法的に起訴するというアカウンタビリティーを示せないと、住民の怒りは蓄積され、敵を強くしてしまう。

こんな話をアメリカ陸軍のトップたちとしていると、当然、日本の自衛隊のことにも話が及びます。果たして、占領軍の一員として自衛隊が使えるでしょうか。

はっきり申し上げます。アメリカ陸軍首脳の本音は、自衛隊は使えない、というものです。

この会議には、僕が独立と建国にかかわった東ティモールの陸軍トップも来ていました。日本の警察力にも到底及ばないような小さな国の軍でも、多国籍軍の一員としてアメリカ軍と対等に振る舞っていました。

一方で自衛隊に任せられるのは、北朝鮮上空を飛ばない、民間でもできるような後方の輸送業務ぐらいです。北朝鮮上空を飛んでもし墜落したら責任問題になるからです。

現地社会に対して責任のある多国籍軍の統合司令部として、誤射や誤爆の際の「法の空白」を抱える危なっかしい軍隊は、単純に、使えないのです。

田原　むしろいいじゃない、自衛隊が戦わずにすんで。

伊勢崎　ただ、自衛隊に戦うつもりがなくても、国際法の基本原理は、戦いは「仕掛けられる」ことが前提になっているのです。

「自衛」の必要性は護憲派も認めていると思いますが、自衛の概念は、敵対行為を仕掛けてくるのは常に敵だ、という前提に立っています。自分から公然と戦いを仕掛けられる時代はとうの昔に終わりました。自衛隊がもし「交戦」するとしたら、常にあちら側が仕掛けてくる。だから、それを想定するのが国家の義務。

自衛隊を国連PKOに派遣していた南スーダンの事件（※20）では、この問題が露わになったわけですね。国連に、一番安全な時期、一番安全な場所、一番安全な任務を用意してもらっていた自衛隊にとって、PKO派遣史上初めての試練でした。自衛隊は首都ジュバでの大統領派と副大統領派の武装組織による大規模な戦闘に巻き込まれました。人的被害がなかったのはまったくの幸運にすぎません。

9条の建前上、安全な後方地域にしか自衛隊をPKO派遣することができない政府は、戦闘に巻き込まれたことを隠蔽《いんぺい》する必要がありました。だから日報を隠匿したのです。「憲法上問題になるから『戦闘行為』ではない」と言ったのは当時の稲田朋美防衛相でしたが、南スーダン派遣の張本人である旧民主党政権時にもし同じことが起こっていたら、９条問題になることを恐れ、もっとひどい対応になっていたのではないでしょうか。

この南スーダンの「衝突」では、自衛隊と同じ国連の指揮下にある中国のＰＫＯ部隊に２人殉職者が出ました。当然「交戦」は大規模なものだったはずです。

この際にもしも自衛隊が応戦し、流れ弾が現地住民に当たっていたら、戦争犯罪を裁かない国として大変な外交危機を招いていたでしょう。日報を隠蔽したおかげで、結果、その最悪の事態を回避できたとも言えます。

井上　安倍さんは２０１８年9月の総裁選で勝ったとき、その日のＮＨＫのニュースに出演して、かなり長い間、自分の方針を語りました。

そのとき、憲法問題について、はっきりとこう言いました。自民党の改憲4項目、いわゆる安倍改憲案では9条2項を残しているから心配はいらない。自衛隊をフルスペックの軍隊（※21）にはしない、と。まるで護憲派のような主張ですよ。

一方で、２０１２年には、自民党で党内議論を踏まえた上で憲法改正草案が発表され、自衛隊を「国防軍」、つまり戦力として明確に位置づける9条改正が提唱されている。にもかかわらず、いまの自民党の議員は、安倍首相がそれを無視した勝手な安倍改憲案を持ち出しても、怒るどころか、「殿のご意向に従い再検討します」という姿勢をとっている。そもそも、当時の憲法改正草案なんて知らぬ存ぜぬ、という感じですよ。

田原　谷垣禎一《たにがきさだかず》さんにも聞いたんです。あの憲法改正草案は、ちょっとおかしいんじゃないかと。

するると、当時の自民党は野党だったから、ちょっと刺激的な草案を作ろうと、2012年自民党改憲草案を出してしまったと言っていた。谷垣さんは反省しているんだ。あれはよくない改憲案だと。

井上　2012年の自民党改憲草案は、全体としては議論に値しないような案ですよ、はっきり言って。しかし、9条の部分だけは、いまの安倍改憲案よりまともでしたね。

ほかにも、部分的にはいいことも書いてありました。障害者に対する差別禁止を明示する憲法14条改正案がそうです。それに議会民主制の改善として注目すべきなのは、臨時国会の開催要求があれば、20日以内に国会を開催するという憲法53条改正案です。立派な改正案でしょう。

自民党が野党のときは、野党が有利になる規定をいっぱい入れてくる。けれど自民党が与党になったら、平気で手のひらを返す。2017年9月の臨時国会における自民党の対応はひどいものでした。野党が同年6月に臨時国会の開催を要求していました。が、自民党はそれを3

カ月も引き延ばし、やっと臨時国会を開いたかと思えば、その冒頭で抜き打ち解散します。これは現行53条にも、自民党の53条改正案の精神にも明らかに違反する行為でした。

自民党は自分たちの改憲草案の53条改正案などまるで忘れたかのように、追及をかわし、野党の分裂混乱に乗じて選挙を有利に運ぶため、「党利党略」を最優先にする姿勢をむき出しにして、堂々と憲法違反をやってみせたのです。

「英語原文」に示された日本国憲法の真意

伊勢﨑　憲法の英語原文の話をしたいのですが。

井上　「war potential」の話？

伊勢﨑　そうです。９条２項において「陸海空軍その他の戦力は、これを保持しない」とある部分は、もともとマッカーサー草案（※22）をもとにした９条の公式英語訳、つまり「英語原文」において、「land, sea, and air forces, as well as other war potential」となっています。和訳はそのニュアンスをなぜか含んでいません。「war potential」、つまり潜在的な戦力についても保有しないとはっきり書いているのに。

英語原文では本来の意図や意味は非常に明確です。自衛隊が戦力に当たるかどうか、本来なら議論の余地は一切ないはずです。

田原　その話なら自民党の総理大臣たちはみんな知っていたはずですよ。たとえば宮澤さんなんて、池田勇人さんと一緒に何度もアメリカに渡って、主権回復時の条件交渉や、日米安保条約の交渉を担当しているからね。とくに宮澤さんは英語ができたから、池田さんにかわって実務は彼が仕切っていた。

伊勢﨑　「potential」がなぜ和訳に反映されていないのか。歴史的な検証はさておき、世界はいまでもこの英語原文で日本国憲法を理解するということが重要です。

２０１７年に安倍改憲案が世に出てすぐ、日本外国特派員協会から僕に講演依頼が来たのです。「わけがわからない」と言って。

特派員たちは外国人ですからね。当然、英語原文で9条を読むわけです。だいたい、専門家でもないかぎり、ヨソの国の憲法なんて読みませんよね、普通。彼ら、安倍さんが戦後初めて改憲するらしいということで、改めて読んでみた。そしたら、まず、自衛隊の実態とのギャップにめまいがしたそうです。

しかも安倍加憲では、そこに「自衛隊」を追記する。その前項で、陸海空の「forces」に加えてあらゆる「war potential」を持たないと書いているのに、そのすぐ後に「Self-Defense Forces」を持つと書くのですよ。外国人には冗談にしか見えない。

「スター・ウォーズ」で「フォース」という単語は日本でも定着していますよね。だから、自衛隊の「隊」、国防軍の「軍」、そして陸海空その他の戦力の「戦力」を、しばらく「フォース」に置き換えて国会で9条の論議をしたらどうでしょうか。決して無意味なことではありません。国際法的にはすべて同じ英語の「フォース」ですから。「自衛フォース」「国防フォース」「陸海空その他のフォースは、これを保持しない」というふうになるわけで、日本の9条論議のバカらしさがよくわかると思います。

田原　だから宮澤さんもそうだし、ほかの自民党の総理大臣もそうだったと思うんだけど、いまの憲法がむちゃくちゃだということはよく知っている。

なぜむちゃくちゃかといえば、アメリカが半端な憲法案を作って、GHQの強権で無理やり押しつけたからだ、ということもよく理解しています。

けれど、なぜ自民党の連中が憲法をこれまで変えなかったのか。問題はそこにあると思うんだ。

複雑な国際情勢のもと、日本は少なくとも冷戦終結まで、アメリカに対しては、こんなむちゃくちゃな憲法を押しつけた以上、安全保障はアメリカが責任をとれよ、と言うことができたんだ。

それはまた日本がアメリカの戦争を手伝わないための、格好の理由にもなっていた。

佐藤栄作（※23）内閣のとき、アメリカは日本もベトナム戦争を手伝えと実際にオファーしていたんだから。ただそのときは、9条を盾に断ることができた。

小泉純一郎さんのときだって、イラク戦争なんか拒否できたはずなんだ。ところが小泉さんは賛成して自衛隊まで派遣してしまった。あれは本来ならむちゃくちゃなことだったんです。

井上　ただ、いまの日米安保条約のもと、日本政府の同意を得ることなく、アメリカは日本にある米軍基地を使って外国を攻撃できるし、現にしてきたわけです。

日米合同委員会（※24）において、敵地攻撃をする米軍機が在日米軍基地から直接飛び立つことはない、という合意があるとも言われていますが、一度でも第三国を経由すればいいんだから、何の意味もありません。ただの言い訳です。

日本は戦後ずっとアメリカの戦争に巻き込まれ続けてきた、それが正しい理解です。9条があっても、アメリカの戦争に協力することを回避できなかったのですよ。

田原　要するに、米軍は世界各地の戦場に向けて在日米軍基地から飛び立っているじゃないか。それは日本政府の同意を得たわけじゃないが、日本が戦争に巻き込まれているのは間違いない、井上さんはそうおっしゃっているわけですよね。僕もその通りだと思う。

ただ、おふたりの議論は高級すぎるんですよ。だって、国民はアメリカの戦争に巻き込まれているなんて思っていません。

井上　でも、それは幻想なんです。

田原　いや、たしかにおっしゃる通りインチキだけど、国民は平和だったと思い込んでいるわけです。

井上　けれど、それは、見たくない、見せたくない真実が、そこに隠されているだけの話です。私は「不都合な真実」を見据えろと、ずっと主張しているんですよ。知識人に対しても、一般市民に対しても。

私だけでなく、伊勢崎さんも同様です。伊勢崎さんの憲法改正案は、日本の同意なしに米軍が武力行使をできないようにする規定を含んでいます。

田原　ところが、自民党の幹部はそんな高級なことは考えていないんです。現に日本は戦闘には巻き込まれていないじゃないか、と言い続けているわけ。

ある意味では、危機管理なんてまったく考えていないんですよ。考えるのは怖いとすら思っている。中途半端にかかわると、あとで責任を追及されるからね。

だから、原発の問題についても、実際に事故が発生するまで真剣に考えていなかったんだ。

〈著者注〉

＊1　「1977年国際人道法外交会議採択ジュネーブ諸条約第2追加議定書」（日本の加入は2004年）では、第1条で「適用範囲」として、「締約国の領域において、当該締約国の軍隊と反乱軍その他の組織された武装集団（持続的にかつ協同して軍事行動を行うこと及びこの議定書を実施することができるような支配を責任のある指揮の下で当該領域の一部に対して行うもの）」とある。

＊2　日本は、2004年に遅まきながら加入したジュネーブ諸条約追加議定書に対応するため、同年「国際人道法の重大な違反行為の処罰に関する法律」を成立させたが、その中身は、文化財の破壊や捕虜の送還を妨害するなど軽度な罪への処罰だけで、肝心の殺傷と破壊、つまり「戦争犯罪」に関するものが一切ない。

※1　**吉田茂**　GHQ占領下からサンフランシスコ講和条約による主権回復後まで長い間総理大臣を務める。安全保障はアメリカに担わせ、軽武装国家を目指すことで戦後復興と経済発展を優先するという国家戦略を提唱。これが「吉田ドクトリン」と呼ばれ、以降の自民党歴代政権に受け継がれた。

※2　**野坂参三**　戦後期の政治家。日本共産党議長。非合法時代からの共産党メンバーであり、戦後日本共産党を再建した一人。最晩年にはソ連のスパイとして活動した容疑で共産党を除名された。

※3　**朝鮮戦争**　1950年、北朝鮮がソ連の後押しを受け、南北朝鮮の分割ラインである北緯38度線を越えて侵攻した。韓国防衛のため、国連安保理決議に基づき、米軍を中心とする朝鮮国連軍が派遣される。当初は兵力と火力にまさる北朝鮮軍が圧倒したものの、圧倒的な火力を誇る米軍が制空権・制海権を握

ると、マッカーサーによる仁川上陸作戦を機に形勢が逆転。逆に国連軍が北朝鮮へ侵攻するものの、中国人民解放軍の参戦によって押し戻され、38度線まで後退して以後、膠着状態に陥る。事態打開のために原爆投下を申請したマッカーサーは、命令に背いた（文民統制違反）としてトルーマン大統領に解任される（この際に有名な「老兵は死なず」という台詞を残した）。１９５３年に休戦が成立。以降も休戦状態が続き、いまだに「終戦」は訪れていない。米軍を中心とする朝鮮国連軍はその後も「在韓米軍」として存続している。

※４　**警察予備隊**　１９５０年設立。朝鮮戦争時、日本国内の米軍が手薄になるため、マッカーサーが吉田茂に命じて設立。その後発展的解消を繰り返し、現在の自衛隊の原形となる。

※５　**戦力以下の実力組織**　日本国憲法9条2項に「陸海空軍その他の戦力は、これを保持しない」とある一方、国家防衛の必要性およびアメリカ政府による度重なる再軍備要求が高まった。これに対し、日本政府は自衛隊を設立し、9条については憲法改正で対応するのではなく、解釈の変更によって対応する道を選んだ。その際のロジックとして、「自衛隊は専守防衛・個別的自衛権に限って武力を行使する組織であり、いわゆる軍隊（フルスペックの軍隊）ではない、戦力以下の実力組織である」という立場を取った。

※６　**保守本流**　自由民主党の中でも、吉田茂の旧自由党の流れを汲む派閥。これに対して旧日本民主党系を保守傍流と呼ぶ。ただし、現在ではその区別が明確ではなくなったとも指摘されている。

※７　**専守防衛**　戦争の可能性が高まっても、敵国への先制攻撃を行わず、自国領土内でのみ武力による反撃を行うとする、日本の軍事戦略。

※８　**個別的自衛権**　武力攻撃を受けた国家が反撃する権利のこと。同盟国に対する攻撃に反撃する権利であ

る集団的自衛権と区別して言われる。国連憲章51条において、国際法上戦争をしてもよい場合と認められたもののひとつ。

※9　**鳩山一郎**　1954～1956年、内閣総理大臣を務める。1955年、自由党と日本民主党が合同し自由民主党となった立役者。鳩山由紀夫氏の祖父。

※10　**岸信介**　1957～1960年、内閣総理大臣を務める。戦前の商工省で台頭し、日産の鮎川義介の支援のもと、とくに旧満州国の制度設計に深く関わる。戦後は一時A級戦犯被疑者に指名されたものの、のちに釈放。戦前の政治体制を復活させようとする保守政治家の代表として知られ、1960年に日米安保条約を改定。安倍晋三首相の祖父。

※11　**池田勇人**　1960～1964年、内閣総理大臣を務める。第3次吉田内閣において大蔵大臣に任命されるなど、吉田茂の片腕としてドッジ・ライン（GHQ経済顧問ジョゼフ・ドッジによる戦後期の超緊縮金融財政運営）下の経済運営に活躍。のち、早期の対米講和・主権回復に向けて、吉田茂の特使として、米軍の日本駐留を日本側から申し出てもよいというメッセージを伝える。首相就任後は下村治ら経済企画庁のエコノミストたちをブレーンに、所得倍増計画を発表。外交では「吉田ドクトリン」を定着させた。自民党宏池会の創設者でもある。

※12　**押しつけ憲法**　現在の日本国憲法は戦後の占領期にGHQが強要したものだとする憲法観。

※13　**自動執行性**　国際条約が国内にただちに適用され得ること。直接適用可能性とも言われる。

※14　**改憲4項目**　2018年3月に自民党の党大会で提示された改憲条文素案。9条については1項、2項を残した上で「9条の2」を追加し「自衛隊」の存在を明記するほか、緊急事態条項の創設、参議院の合区解消、教育無償化の4つの改憲項目が提示されている。

《9条改正》

第9条の2

（第1項）前条の規定は、我が国の平和と独立を守り、国及び国民の安全を保つために必要な自衛の措置をとることを妨げず、そのための実力組織として、法律の定めるところにより、内閣の首長たる内閣総理大臣を最高の指揮監督者とする自衛隊を保持する。

（第2項）自衛隊の行動は、法律の定めるところにより、国会の承認その他の統制に服する。

（※第9条全体を維持した上で、その次に追加）

《緊急事態条項》

第73条の2

（第1項）大地震その他の異常かつ大規模な災害により、国会による法律の制定を待ついとまがないと認める特別の事情があるときは、内閣は、法律で定めるところにより、国民の生命、身体及び財産を保護するため、政令を制定することができる。

（第2項）内閣は、前項の政令を制定したときは、法律で定めるところにより、速やかに国会の承認を求めなければならない。

（※内閣の事務を定める第73条の次に追加）

第64条の2

　大地震その他の異常かつ大規模な災害により、衆議院議員の総選挙又は参議院議員の通常選挙の適正な実施が困難であると認めるときは、国会は、法律で定めるところにより、各議院の出席議員の3分の2以上の多数で、その任期の特例を定めることができる。

（※国会の章の末尾に特例規定として追加）

《参院選「合区」解消》

第47条

両議院の議員の選挙について、選挙区を設けるときは、人口を基本とし、行政区画、地域的な一体性、地勢等を総合的に勘案して、選挙区及び各選挙区において選挙すべき議員の数を定めるものとする。参議院議員の全部又は一部の選挙について、広域の地方公共団体のそれぞれの区域を選挙区とする場合には、改選ごとに各選挙区において少なくとも1人を選挙すべきものとすることができる。

前項に定めるもののほか、選挙区、投票の方法その他両議院の議員の選挙に関する事項は、法律でこれを定める。

第92条

地方公共団体は、基礎的な地方公共団体及びこれを包括する広域の地方公共団体とすることを基本とし、その種類並びに組織及び運営に関する事項は、地方自治の本旨に基づいて、法律でこれを定める。

《教育の充実》

第26条

（第1、2項は現行のまま）

（第3項）国は、教育が国民一人一人の人格の完成を目指し、その幸福の追求に欠くことのできないものであり、かつ、国の未来を切り拓く上で極めて重要な役割を担うものであることに鑑み、各個人の経済的理由にかかわらず教育を受ける機会を確保することを含め、教育環境の整備に努めなければならない。

第89条　公金その他の公の財産は、宗教上の組織若しくは団体の使用、便益若しくは維持のため、又は公の監督が及ばない慈善、教育若しくは博愛の事業に対し、これを支出し、又はその利用に供してはならない。

※15　**ポジティブリスト／ネガティブリスト**　ポジティブリストは「やっていいことのリスト」で、逆にこれ以外の行動は原則としてできない。主に警察権の統制はポジティブリストで行われる。ネガティブリストは「やってはいけないことのリスト」で、逆にこれ以外の行動は原則自由。何が起きるかわからない戦場に対応するため、軍隊はネガティブリストで統制されるのが基本。とくに国際法上の戦争ルール「交戦法規」は、各国の軍隊が守らなければならない「ネガティブリスト」である。一方、自衛隊については「ポジティブリストで統制されているので戦力ではない」という主張が繰り返し行われてきた。

※16　**愛国婦人会**　戦死者の遺族や傷痍《しょうい》軍人を助けるために1901年に結成された団体。太平洋戦争中は国防の役割も担ったという。

※17　**宮澤喜一**　1991〜1993年、内閣総理大臣を務める。英語に堪能で、池田勇人の腹心として日米交渉の通訳を担当したこともある。

※18　**竹下登**　1987〜1989年、内閣総理大臣を務める。

※19　**非対称戦**　交戦する両者の軍事力や戦術が大幅に異なる戦争のこと。一般的には国家対テロ組織の戦争が非対称戦と呼ばれる。

※20　**南スーダンの事件**　南スーダン国連平和維持活動（ＰＫＯ）に派遣された自衛隊部隊の宿営地をはさんで、政府軍と反政府軍の戦闘が行われ、宿営地にも銃弾が飛び込んでいた。にもかかわらず防衛省は当時の日報を隠蔽していたことが発覚、大問題となった。

※21　**フルスペックの軍隊**　自衛隊が専守防衛・個別的自衛権の枠内でしか武力行使できない、戦力未満の実力組織であることに比べて、そのような限定がない普通の国の軍隊は「フルスペックの軍隊」と表現される。

※22　**マッカーサー草案**　現在の日本国憲法は、マッカーサーの示した3原則（マッカーサー・ノート）に沿ってＧＨＱ民政局が作成した「マッカーサー草案」を適宜修正し、日本語訳したものである。

※23　**佐藤栄作**　１９６４～１９７２年、内閣総理大臣を務める。岸信介の実弟。

※24　**日米合同委員会**　日米地位協定の運用に当たる日米の実務者協議機関。日本側の代表が官僚であるのに対し、アメリカ側は在日米軍が出席する。議事録は非公開。

第2章
なぜいま
憲法改正が必要なのか

憲法を破壊し続ける「護憲派」憲法学者

田原　憲法の問題は、いずれ「朝まで生テレビ！」でも取り上げようと思っています。ただ、憲法について真面目に討論してもらおうとすると、井上さんしか出てくれない。ほかの憲法学者がみんなごまかしているからだ。

木村草太（※1）さんの言っていることなんて、完全なるごまかしだよ。

井上　田原さん、それを見破っておられるのはさすがです。

木村君の説は憲法学説、法学説としてあまりに荒唐無稽《こうとうむけい》なので、まともに相手にするに値しないと私は思っていました。しかし、テレビ朝日の「報道ステーション」などに出演した際、番組関係者と話して、学界での彼に対する評価を知らないメディアが、木村説を護憲派憲法学の通説であるかのごとく扱っているのに気づきました。これは放っておけないと考え、私も公開討論やテレビ討論でそのひどさを指摘するようになりました。

近々、東京大学出版会から刊行される予定の『立憲主義という企て』という学術書の中でも、長谷部恭男さんや愛敬浩二さんのような、主流派の護憲派憲法学者の「批判に値する謬説《びゅうせつ》」を批判した後で、「お話にならない暴説」として、木村説に鉄槌《てっつい》を下しています。

田原　憲法13条なんて出して説明したって、普通は納得しないよ。

井上　そう。憲法９条２項は、たとえ自衛のためであっても、戦力の保有と行使を禁止している。それは木村君も認めているんです。彼は私の授業を聴いていた元学生なので、親愛の情を込めて木村君と呼ばせていただきます。

しかし彼は、13条において、「生命、自由及び幸福追求に対する国民の権利」が保障されていることを理由に、自衛のための戦力保有と行使は合憲だ、と主張しているんです。これは、政府が従来繰り返してきた立場と基本的な部分を共有しています。

しかし13条では、戦力に一切触れていません。ただ「生命、自由及び幸福追求に対する国民の権利については、公共の福祉に反しない限り、立法その他の国政の上で、最大の尊重を必要とする」と述べているだけの規定です。その13条が、戦力の保有と行使に対する９条２項の一般的禁止を、専守防衛・個別的自衛権の枠内で、例外的に解除していると彼は主張する。この時点ですでに変だと大抵の方が思われるのではないでしょうか。

戦力とは、もっとも恐ろしい国家の暴力装置です。その保有・行使に対する憲法の明示的禁止規定を、戦力に一切触れていない一般的な人権規定、すなわち13条の、それも条文のはっきりした規定ではなく、単なる「解釈」によって、９条２項の禁止を勝手に解除しているんですよ。

そもそも13条を解釈するに当たっても、「生命、自由及び幸福追求に対する国民の権利」は、「公共の福祉に反しない限り」という制限に加えて、9条2項があるのだから「戦力という手段を使わない限り」という制限があると解するのが当然でしょう。木村君だって9条2項が戦力の保有・行使を禁じていることを認めているわけですから。

木村君は9条2項にこだわるかぎり、これをどう解釈しても、戦力の保有と行使を合憲だと言えないことはわかっている。一方、彼の政治的な立場として、集団的自衛権容認の前までの自衛隊と専守防衛については認めたい。それで木村君は自らの政治的立場を押し通すために、9条を無視する手段に打って出た。

「生命、自由及び幸福追求に対する国民の権利」を保障するには、戦力の保有・行使が必要だ、だから「専守防衛・個別的自衛権の枠内の戦力の保有・行使は許される」という命題を、戦力に一切触れていない13条の中に、勝手に読み込んでしまっている。これは解釈改憲という以上のもの、科学実験や官庁統計で問題化しているデータ改竄《かいざん》ならぬ、憲法の改竄に近い暴論です。

9条解釈では無理だから、13条解釈というもっと無理筋の解釈を持ち出した。まるで「戦力禁止」と書いたドア（9条）の前を素通りして、「人権尊重」と書いたバックドア（13条）から、無理やり戦力を押し込んだような、乱暴な議論です。安倍政権による集団的自衛権行使容認では13条を補足的に援用したが、あくまで9条2項の解釈変更が主論。9条解釈じゃ無理だから、９条を無視して13条で戦力承認という木村説は、安倍政権の解釈改憲よりひどい。

ちなみに、専守防衛・個別的自衛権の枠内において、戦力の保有・行使は必要だ、という彼の政治的見解自体には、私は反対ではありません。しかしこの政治的見解を憲法規範として実現したければ、憲法96条が定める憲法改正手続きにしたがって、９条２項の明文改正を国民に発議し、国民投票で国民の審判を受けるのが立憲主義の要諦です。

しかし、木村君は正規の憲法改正プロセスで自分の政治的目的に合致した憲法改正を実現するのが簡単ではないと見て取って、めちゃくちゃな憲法「改竄」による解釈改憲をやっている。専守防衛・個別的自衛権の枠内なら自衛隊・安保は合憲だとする長谷部説のような修正主義的護憲派（※２）と似ているように見えますが、木村説はより悪辣《あくらつ》、かつ暴力的な解釈改憲です。

従来の修正主義的護憲派は、あくまで９条の解釈によって最小限の戦力を認めようとしていた。いわば、「９条ドア」への敬意をまがりなりにも払ってきたわけです。

しかし、木村説は、「９条ドア」の解釈なんていう面倒な作業はもうやめよう、それより「人権尊重」の「13条ドア」から、戦力を押し込むほうが簡単だ、と吹聴している。

そもそも、人権の名で戦力の保有と行使を許すのは、人権理念の濫用であり、人権という理念への信用すら破壊するという疑念があります。

13条への敬意がないだけではなく、９条への敬意もありません。木村説は９条が戦力の保有・

行使を禁止していることを認めながら、9条の関門を無視して13条の「裏口」から戦力を通行させているわけですから。

私は近時の論考や近刊の中で、「木村説は、暴力ならぬ暴説によって、憲法学者が国民の憲法改正権力を簒奪《さんだつ》し、勝手に違憲の戦力を合憲化しようとする、限定的無血クーデターの試みである」と書いています。

田原　だって日本国憲法は明らかに、マッカーサーとGHQが、日本に軍隊を持たせないために作ったものですよ。

井上　かつてのタカ派的改憲派はそれに怒って改憲を唱えた。ところが、木村君は日本に軍隊を持たせない9条なんか無視すればいい、だって13条で軍隊を持てるんだから、と主張している。これはタカ派的改憲派もびっくりの憲法蹂躙《じゅうりん》ですよ。

木村君の言説でさらにひどいのは、『「改憲」の論点』（集英社新書）という、護憲派知識人たちが2018年7月に出した共著への彼の寄稿の中での主張です。木村君は、伊勢崎さんに対してまで、姑息《こそく》にも直接の名指しは避けながら、不当に誹謗《ひぼう》する暴説を振るっています。

伊勢崎さんが、9条2項があるため、自衛隊による軍事犯罪を裁く国内法体系が日本にないことを常々指摘していますが、木村君はそれを「安倍氏の提案に便乗する形で、この機会に、軍法・軍法会議の規定を憲法に盛り込もうとしている」と言って、まるで伊勢崎さんのことを軍国主義者か、好戦的な論客であるかのように茶化している。伊勢崎さんほどの平和主義者もそうそういないのですが。

その上で木村君は、軍事刑法がなくても、自衛隊法にも罰則規定があるからいい、それで足りないなら自衛隊法や関連する法律の罰則規定を拡充すればいい、だから改憲は不要だと主張している。けれど自衛隊法の罰則規定は、一般の公務員の職務規律違反と本質的に同じレベルのことしか規定していないし、それしかできないんです。

たとえば業者と癒着した場合とか、上官の命令に従わなかったとか、職務怠慢だとか、そういったものを罰する規定です。自衛隊法が規定する防衛出動命令に従い、かつ上官の指揮にも従って、自衛隊員が行った武力行使の結果、民間人を誤射した、巻き込んだというような、国際法上の交戦法規違反、軍事過失を処罰する規定はないし、憲法上そういう規定を置くことはできません。9条2項が「交戦権を行使しない」と明定している以上、自衛隊は交戦行動をしない建前なので、交戦法規違反の行為を罰する規定など憲法上置けるわけがありません。

安倍政権ですら、このことを自覚していたからこそ、集団的自衛権行使を一部解禁した安保法制においても、国際交戦法規違反の自衛隊の行動を処罰する規定を定められなかったのです。

木村君はこういったごく基本的なことを知らずに発言しているか、知っていて嘘をついているか、どちらかです。彼も研究者である以上、知っていると思いたい。伊勢崎さんは政府が国際法を無視して自衛隊を海外派遣していることを「外交詐欺」と呼んでいますが、それをまねて言えば、木村君の言説は、「言論詐欺」でしょう。

ついでに言いますが、自衛隊の交戦法規違反行為を日本の一般刑法で裁くというのも無理筋の議論です。刑法の国外犯規定が過失による殺傷を含まないから、海外での自衛隊の軍事過失を裁けないということもありますが、それ以前に、もっと基本的な問題として、日本の領土・領空・領海内であっても、防衛出動命令に基づく自衛隊員の武力行使は、刑法35条が処罰対象から外している「法令または正当な業務による行為」に当たるとみなされるでしょう。刑法35条の「正当な業務」に当たる医療行為で医師が過失により患者を死なせたりした場合は、刑事責任が問われます。しかし、医療は患者の生命健康の回復を目的としているのに対し、防衛出動における自衛隊の武力行使は敵の殺傷を法律が許容・要請しているものであって、それに伴う民間人への付随的被害を一般刑法の過失致死傷罪と同列に扱うのは筋違いです。これを裁くには、一般刑法とは範疇《はんちゅう》を異にする、交戦法規違反行為を罰するための「軍事刑法」が必要ですが、さっき言ったように9条2項がある以上、そんな軍事刑法は制定できないのです。

『「改憲」の論点』における木村君の言説に戻ると、彼は、軍事法廷についても、家裁や知財高裁といった専門裁判所があるから、憲法76条2項の特別裁判所禁止規定（※3）を改正しなくても、自衛隊員の軍事過失を裁く「防衛裁判所」を設置できると主張しています。

これもめちゃくちゃな話です。軍事司法システムを日本が持てない根本的理由は、76条2項以前に、９条2項にあります。９条で戦力を放棄したせいで、軍事刑法を制定できない以上、軍事刑法を適用する特別裁判所を設置できるはずがありません。これが彼の強弁の根本的欠陥です。

これに比べると二次的な問題ですが、木村君の言う、すでに知財高裁や家庭裁判所があるのだから、76条2項の特別裁判所禁止規定を変えなくとも、「防衛裁判所」を設置できるという主張は倒錯しています。

知財高裁や家裁は、通常裁判所の支部組織であり、特別裁判所ではありません。これに対し軍事法廷は、これを「防衛裁判所」と呼ぶかどうかはさておき、非常事態において戦闘状況を把握しつつ、迅速かつ実効的な裁定をする必要があるため、裁判所の下部組織としてではなく、軍事組織の内部に自己統制機構として組み込まれるのが通常です。軍事法廷の裁定に異議がある場合、通常裁判所への異議申し立てが認められる可能性がありますが、だからといって軍事法廷が通常裁判所の下部組織になるわけではありません。

このような軍事法廷が、家裁や知財がすでにあるから76条2項を変えなくても設置できるというのは、軍事司法の特異性をまったく理解していないか、理解しながらも、憲法改正せずに法律を作ってしまえば、認められると主張していることになります。

前者だとすると彼は単に無知だということになる。後者だとすると、これは法律によって憲法を解釈する行為で、憲法学が厳に戒める姿勢です。

立憲主義を貫徹するためには、憲法が法律を規制するという前提を変えてはいけません。家裁や知財高裁が「特別裁判所」的性格を持つにもかかわらず、法律で認められているのだから、軍事法廷（防衛裁判所）も法律で認められると彼が考えているなら、違憲の事実も既成事実として存続すれば合憲化するという主張にほかならず、それは立憲主義を骨抜きにするものです。

以上述べたように、木村君の議論はどれもこれも憲法学者にあるまじき暴論で、法学説としてめちゃくちゃです。その彼が、伊勢崎さんをあてこすって、「軍法・軍法会議を云々《うんぬん》する人は日本の法体系への基礎的理解を欠くと言わざるを得ません」と、本の中で偉そうなご託宣をしている。「日本の法体系への基礎的理解を欠く」という批判はまさに彼自身に当てはまるもので、私は読んでいて、ついふき出してしまったくらいです。

木村説の問題は、木村君だけの問題ではありません。こういう暴説が憲法学界で学問的に厳しく批判され、淘汰《とうた》されるどころか、護憲派憲法学者の有力な新説であるかのようにメディアに持ち上げられ、またその状況が憲法学者によって放置されている。これは、日本の憲法学自体の学問的信憑性《しんぴょうせい》を危うくしています。

田原　井上さん、そんなことを言って大丈夫ですか？

井上　いやいや、私が木村説を厳しく批判しなさいと憲法学界に忠告するのは、自説を守るためというよりもむしろ、護憲派憲法学者のためなのです。なぜなら、木村君は護憲派が守り続けた「封印」をすべて切ってしまったんですから。

木村君の主張では、専守防衛・個別的自衛権の枠内なら、自衛隊・日米安保は戦力の保有・行使として、合憲性を承認されます。これは護憲派が大事にしてきた「2つの封印」をバッサリと切るものです。

第一に、原理主義的護憲派の封印、つまり、自衛隊・安保は違憲だけど、この枠内ならば違憲の烙印《らくいん》を押し続けつつ政治的に容認するという封印、「自衛隊違憲」という封印が切られてしまっています。

第二に、この枠内なら自衛隊は「戦力」ではない、自衛隊の防衛出動による武力行使や日米安保の下での共同防衛行動は「交戦」ではない、つまり「自衛隊は軍隊ではない」という別の封印を修正主義的護憲派は守ってきた。

しかし、9条2項の禁止が、専守防衛・個別的自衛権の枠内であれば、13条によって解除されているというのが木村説です。ゆえに、この枠内ならば戦力、つまり軍を持つことも、戦力を行使することも合憲となります。それゆえ木村説は、「自衛隊は戦力・軍隊ではない」という修正主義的護憲派の封印も切ってしまったのです。

木村説にはもはや9条への敬意の片鱗《へんりん》すらない。にもかかわらず、護憲派憲法学は木村説を放置し、新たな援軍扱いすらしている。それも、9条を改正する必要はないという彼の結論が、護憲派の主張と同じというだけの理由でです。しかし、9条に完全なるとどめを刺す木村説を仲間扱いすることで、護憲派は自分たちが憲法破壊勢力であることを自白している、とすら言えるでしょう。

護憲派にとって、本来なら木村説は到底容認できないはずなんです。安倍首相ですら、9条2項を残し自衛隊を明記する安倍改憲案は、自衛隊を「フルスペックの軍隊にしない」趣旨だと言っています。木村説は安倍政権が残した封印すら切っている。木村君のほうが安倍首相よりタカ派なんですよ。

伊勢﨑　9条の自衛権の議論を生存権、つまり個人に帰属する「人権」に結びつけることは、大変にやばいと思います。だって、自衛権は国家に帰属する、いわば国家の暴力ですから。その暴力に蹂躙されるのが人権ということで、戦後、国連の誕生とともに、人権という概念が発展してきているのです。

木村さんの論法だと、人権は大切、だからそれを守るのは国家の責任、ゆえに国家の安全保障、つまり自衛権は一番大事、となる危険性があります。つまり、人が殺されないように守るためなら、戦争をしてもいいと、都合のいい言い訳に利用されてしまいます。

そうならないように、つまり、単なる殺人事件が国家の戦争の言い訳にならないように、国際法、交戦法規と並行して開戦法規、現在の国連憲章51条があるのです。国家が自衛権を行使できるのは、その国家が武力攻撃されたときに限定されています。殺人事件が武力行使の言い訳になるのは、その重大さを国連安保理が取り上げ、解決のために集団安全保障の措置がとられるときだけです。

つまり、木村さんの論法は、拉致問題の解決のために北朝鮮を武力攻撃しろと息巻く右派と同じです。人権と国家の自衛権をリンクさせては絶対にいけません。

田原　護憲派なんていいかげんだよ。

井上　護憲派の憲法破壊がどんどんひどくなって、私の血圧もどんどん上がる。体に悪いので、私はこれから「怒りの法哲学者」の看板をおろし、クールダウンしていこうと思います。代わりに「悲しみの法哲学者」を名乗ります。ひどい政治、あきれた言論を見つけても、怒らずに、哀れむ。哀れだと、悲しむことにしたんです。

田原　木村草太さんをメッタ斬りにしたあとでよく言うね。

実は自民党は国会での改憲論議を避けていた?

田原　２０１８年12月、石破茂さんのパーティーに出席したんだけど、その席上で僕は言ってやったんです。はっきり言って、いまの自民党は腐っているとね。

国民の70％以上が、森友・加計問題はおかしいと思っている。自民党の議員だって本音ではそう思っているはずだ。思っていなければただのバカですよ。

それでも自民党の議員は誰ひとり、安倍さんを批判しないどころか、安倍さんのご機嫌とりしか考えていない。

この国はいま何をすべきか、何をしてはいけないか、いまの自民党はまったく考えていない。その中では、石破さんは頑張っている。

だからもっと頑張れと言うつもりで、あなたが総裁選に出たのは自民党にとってよかったと言った。もし出なかったら、日本は完全なる独裁制になっていたと。いまの状況なら、まだ何とかかろうじて民主主義が残っている。

憲法の問題について、自民党は２０１８年の臨時国会において、どうも審議自体を嫌がっていた。なぜか。審議すれば、もうひとつの大問題である入管法改正、移民受け入れ問題に注目が集まる。それを嫌ったからじゃないだろうか。

政府は何度も「移民政策ではない」と言ったが、誰がどう見たって移民政策ですよ。安倍さんの応援団である日本会議は移民には絶対反対だから、移民じゃないと言い続けている、ただそれだけのことですよ。

けれど国会でまともに議論すれば、こんな化けの皮はすぐはがれる。だから、移民受け入れ問題はできるだけ議論したくない。

井上　移民ではなく「外国人材」だと言い換えている。自衛隊は「軍隊」ではなく「実力組織」だと言い換えているのと同じですね。日本はいまだに言霊が呪縛する国家ですよ。

田原　前の法務大臣の上川陽子さんは、本当なら続投でもよかったんです。けれど彼女は続投しなかった。なぜか。彼女は移民解禁に反対していたからです。

後任の山下貴司法相は石破派で、派閥が安倍さんからにらまれている関係もあって、余計に安倍さんに対して反対しにくい。それを見越して大臣にしたわけ。

あと、技能実習生が3年で69人亡くなっているというデータが出てきた。あれは、法務省が野党にリークしたんです。法務省は移民解禁に反対していたから。

改正入管法はすべて官邸の指示。このことは「週刊朝日」にも書いたんです。

井上　官僚も内閣人事局にコントロールされていて、表立っては意見を言えないですから。鬱憤がたまって隠れた抵抗に出始めたのでしょうね。

「働き方改革」のとき、裁量労働制導入の根拠となるデータがずさんだと朝日新聞に批判されていた。あれも厚生労働省の仕掛けだったという話ですよね。

田原 要するに、めちゃくちゃな法案だと国民に伝えたいがゆえ、官僚が内部からリークしたのでしょう。

政治家にこそ想定外事態への対応力が求められる

田原 歴代防衛大臣に聞いたことなんだけど、おふたりが言っているような想定外の事態が起きた場合、戦うのはアメリカだと言っていた。日本は戦わないと。

井上 いや、それはまったく違います。日本が防衛出動（※4）しなければ、米軍は出動しません。

田原 だけど、小野寺五典《おのでらいつのり》さんも中谷元《なかたにげん》さんもみんなそう言うんですよ。

井上 それは明らかに嘘です。在日米軍基地がいきなり攻撃されたら米軍が出動するでしょうが、それ以外の日本の領土・領空・領海が侵犯されたら、自衛隊がまず防衛出動するしかないんです。

ただ、専守防衛の建前からすれば、基本的に自衛隊は迎撃しかしない。あるいは領土内に侵犯した敵を攻撃するだけです。敵地攻撃については、米軍が担当する。これが日米安保条約のいわゆる「盾」と「矛」論です。日本は「盾」の武力だけを行使し、米軍が敵地への反撃といった「矛」を担当する。

日本も敵地攻撃ができるという説だって実はあります。安倍政権内で言われているだけでなく、立憲民主党の枝野幸男さんも唱えている。２０１７年８月６日の原爆記念日に開かれた「ゴー宣道場（※５）」で、枝野さん（当時は民進党代表選候補者）と私が公開討論したとき、私が「敵地攻撃はどうなんですか」と突っ込んだら、それも専守防衛の枠内でできると、驚くべき発言をしていましたよ。

前にもちょっと触れたけど、もし尖閣諸島が中国に侵略された場合、日米安保条約の適用対象になりますが、実際に米軍を出動させるかどうかはわかりません。アメリカ議会が反対すれば、米軍は出動できません。「無人の岩を守るために俺たちを巻き込むな」と、米軍機関誌で米軍関係者も公言しているんですから。

尖閣防衛に出動できるのは自衛隊以外にはありえないんです。米軍は来るかどうかわかりませんし、仮に来たとしても有事発生のずっと後のこと、しかも「矛」として反撃を担う必要がある場合だけです。アメリカが日本の「無人の岩」を守るために米中戦争の危険を冒すとは思えないから、矛の役すら米軍が果たすかどうかわかりません。これをアメリカがやってくれるはずだとただ信じるのは、「幼児的願望思考」です。

田原　でも、防衛大臣たちは中国が尖閣諸島を攻撃することなんてありえないと言っていたよ。

井上　いや、「ありえない事態」すなわち想定外の事態がもし発生した場合、どうコントロールするか、それが危機管理の要諦なのです。

そのとき、少なくとも最初は自衛隊が防衛出動するしかありません。最初から米軍が代わりに戦ってくれるような条約になっていませんし、日本の領土・領空・領海の侵犯に対しては自衛隊が防衛出動することを前提に、米軍との役割分担がなされています。

田原　井上さんはやっぱりタカ派だよ。中国が尖閣諸島に攻めてくることはないと、防衛相でさえ断言していて、だから日本には中国に対する防衛対策がないのでしょう。

井上　いや、危機管理について、タカ派かどうかは関係がないんですよ。想定外の事態が発生したとき、どう対処するか、とくに自衛隊の武力行使をどう統制するかは、反中派か親中派かにかかわりなく、真剣に考えなければならない。現状では自衛隊が防衛出動せざるをえなくなったとき、交戦法規違反の行動を統制する国内法体系がないまま武力行使する、無法の武装集団に自衛隊はなってしまうのです。

自衛隊が「使えない軍隊」なのは、法的統制でがんじがらめに縛られているからではありません。まったく逆です。９条2項により、自衛隊の武力行使を統制する国内法体系を整備できないため、危なくて使えないからです。

ただ、「危なくて使えない軍隊」であっても、使わざるをえないような想定外の事態も発生します。そういう場合に備え、国内法体系を整備するために、これを阻害する９条2項を改正するのは、ハト派こそ、むしろ真剣に考えなければならないことです。

田原　だけど、中国が日本を攻撃することはないよ。政府も自民党もそう思っていますよ。

井上　中国軍が政府の命令で意図的に侵攻することがなくても、偶発的事故による誤解・誤認に基づく武力行使や、軍の中の一部の跳ね返り分子とか一部の活動家の挑発的行動で軍事衝突が発生してしまうことは十分ありえます。伊勢﨑さんも指摘しているように、国家対国家の戦争は時代遅れになりつつある。非国家的武装集団によるテロも含めて、想定外の事態が発生することに備えるべきなんです。

田原　でも、習近平《しゅうきんぺい》が抑えているからそういうことは起きない。防衛大臣たちはそう言っているわけ。

井上　いや、だから、想定外の事態は起こらないはずだという願望思考にふけるのはやめて、想定外の事態に対処する危機管理体制をしっかり確立するのが、安全保障の眼目なんですよ。

東日本大震災のときの福島第一原発事故と同じですよ。「想定値」内の地震や津波が起こっても大丈夫です、というのでは意味がないんです。想定値を超える「過酷事故」が起こったときのダメージコントロール体制を事前に整備しておくこと、想定外の事態を想定して対処策を確立しておくことが、危機管理の眼目です。

ところが、「原子力ムラ」のエリートたちも政府も、想定外の事態は起こるはずがないから想定しなくていいとして、その対策の整備をさぼり、その結果、電源喪失でメルトダウンまで行ってしまった。日本の政治家も官僚もテクノクラート（専門家集団）も、危機管理の本質がわかっていない極楽トンボたちです。

田原　なるほど。

井上　「想定外の事態への対策から逃げている」のは、なにも自民党に限った話ではなく、護憲派も同様ですが。

田原　櫻井よしこさんとか百田尚樹さんは、中国との戦争がいずれ起きると言っているじゃない。

井上　彼らは日米安保条約でアメリカが日本を守ってくれるという「幻想」に逃避していますよ。それが誤りであることは、いま述べた通りです。

田原　逆に櫻井よしこさんは、中国が脅威だから、アメリカとの関係強化が必要だと主張していますよ。

井上　右の論客は口先では「中国脅威論」などを説いていますが、日本の安全保障体制の脆《ぜい》弱《じゃく》性に対する本当の危機感を欠いています。私は、右も平和ボケに陥っていると、ずっと主張しています。このことは、安倍改憲案に対する彼らの姿勢からも明らかです。

ＢＳフジの「プライムニュース」の憲法特集番組に何度か出ましたが、西修《にしおさむ》さん、百地章《ももちあきら》さん、櫻井よしこさん、この3人の右派論客と別々の機会に議論したことがあります。そのとき、彼らに確認してみたんです。「9条2項を残し、ただ自衛隊を追記するだけで、自衛隊が戦力だとさえ言わない、こんな中途半端な安倍改憲案に、なぜ右派が反対しないのか」と。

すると、彼らも内心では忸怩たるものがあるとはっきり言っていた。ただ、現状ではまだ護憲派が影響力を持っている以上、9条2項の明文改正は難しい。だからいまは中途半端でもやむをえない。安倍改憲で日本人を改憲に慣れさせてから、きちんとした憲法改正を目指す。これが彼らの主張で、日本会議も同じ立場です。

ただ、本当に日本の安全保障に対する危機感があれば、「右」がこんな呑気なことを言っていていいはずがない。

憲法改正は、通常の法改正と違って、国会で発議するだけでもハードルが高い。しかも、国民投票が必要だから、世論を盛り上げるための膨大な政治的エネルギー、人・モノ・カネという政治的資源の投入が必要です。毎年、憲法を変えられるものではありません。せいぜい10年に1回できるかどうかではないでしょうか。

9条以外の条文で「お試し改憲」をまずやり、その後で本丸の9条に切り込むというのなら、まだわかる。ところが、右の連中の安倍改憲案支持論は、何と9条自体で「お試し改憲」をやろうというものです。しかし、安倍改憲案が発議され国民投票で可決されたら、9条問題には一応決着がついたとみなされることになります。もう一度、9条問題について改憲運動を盛り上げるのは至難のわざだし、できたとしても相当先の話になりますよ。10年どころの騒ぎではありません。

想定外の事態はいつでも起こりうるのに、自衛隊を「危なくて使えない軍隊」のまま放置し、いざとなったら米国が守ってくれるという根拠なき願望思考にふけっている点で、日本の安全保障体制はきわめて脆弱です。これを根本的に是正するには、自衛隊を戦力として認知してそれに対する憲法的・法的統制を確立するために、9条2項明文改正がすぐにでも必要なのに、右の連中もこれを呑気に先送りしている。右も左と同様、平和ボケです。

きちんとした憲法改正と、地位協定の見直し、自衛隊関連法制の整備が必要だと言っているのは、中国の脅威が切迫しているからとか、北朝鮮が日本を侵略するためにミサイルを撃ち込もうと狙っているからとか、そういうことではないんです。

想定外の軍事衝突は、地震と同じでいつ起こるかわからないが、いつでも起こりうる。安全保障を真剣に考えるなら、想定外の危険に備えるのは当然のことだと言っているんです。

たとえば、北朝鮮がいますぐ日本を侵略する意図を持って攻撃してくるということはありえないと私も思います。けれど、仮に、いまは北朝鮮融和策をとっている米国トランプ政権が、北朝鮮が非核化に向けての具体的行動を起こさないことに業を煮やして、金正恩を脅すために軍事的圧力を高める手段をとったとする。

実際に北朝鮮を軍事的に破壊する意図はアメリカにないとしても、「アメリカをカモにすると身の破滅だぞ、こっちは本気だぞ」と、軍事的威嚇《いかく》を強めたとする。威嚇が実効性を持つには、現実的遂行の確実性を相手が認識できるものでなくてはならず、英語ではこれを「credible threat（確実な威嚇）」と言います。アメリカの確実な威嚇を北朝鮮がアメリカの攻撃準備と誤解して、「窮鼠《きゅうそ》猫をかむ」的に軍事的反攻に出る可能性はあります。

日本を侵略するためではなく、米国の侵略に対する自衛行動のつもりで、北朝鮮が在日米軍基地をまず叩く可能性はある。これは普通なら起こらない「想定外」の事態でしょう。しかし、何度も言うように、想定外の事態を想定して危機管理体制を確立するのが安全保障の要諦なんです。

全員が合理的に立ち回って、物事がうまく進んでいる状況ばかり起こるわけはない。いま触れたシナリオは、さまざまな想定外事態発生シナリオのひとつにすぎない。誤解・誤認による軍事衝突は歴史上何度も繰り返されたことです。コントロール不能なところで、不満分子が勝手に行動し、予想できない事件が起こることもありえます。想定外のことは必ず起こるのです。だから、いつ起こるかわからないが、いつでも起こりうる想定外事態に備えて、ちゃんとした対策を用意しておかなければならない。それが政治家の使命でなくてなんでしょうか。

自衛隊という世界有数の武装組織を持ちながら、自衛隊が防衛出動する状況を想定しなくていいなんて、国政を預かる立場の政治家には許されざる、無責任きわまる暴論ですよ。防衛出動せざるをえない状況にもかかわらず、自衛隊の法的統制ができないから使えません、なんていう事態に本当になったらひどい話でしょう。

だから、田原さんが最初の問題提起でおっしゃった、自民党議員たちに憲法改正がなぜ必要なのか教えたいという点については、私はこう答えます。

安倍改憲案で「自衛隊の立場を改善する」という目標を掲げた以上、あなたたちは自衛隊のことを真剣に考えようと思っているはずだ。ならば、日本の安全保障体制をきちんと整備して、自衛隊員が日本を防衛する任務を着実に全うできるようにすることが必要不可欠でしょう。であるなら、自衛隊を戦えない軍隊のままにしておいてはならない。それは自衛隊を敵の銃弾の前に反撃できないままで突き出すことでしょう。

ではなぜ自衛隊が使えないのか。結論はひとつ、9条2項に抵触するからです。

田原　そんなことを自民党の議員はまったく考えていないよ。とにかく自衛隊と憲法に触るのは危険だから嫌だと思っているんだ、彼らは。だから、いままでみんなこの問題から逃げていたんですよ。

井上　でも、石破さんぐらいは、わかっていると思っていたんだけど。

在日米軍は日本の軍国化を抑える「瓶のふた」なのか

田原　20年ほど前に、キッシンジャー、ゴルバチョフ、中曽根康弘（※６）さんによるシンポジウムを東京で開催して、僕が司会をやったの（グローバリゼーション・フォーラム２００１「アジアの平和と安定」２００１年11月13日）。

中曽根さんがそろそろ日本も憲法改正をしたいと言い、当時の小泉内閣が憲法改正に関心を示していたので、キッシンジャーにどう思うかと聞いた。すると彼は少しの間考えて、反対だと言った。アジアとアメリカが日本を信用できるのは、いまの憲法のおかげだという理由で。その憲法を変えて、もしも戦争になれば大変だ、だから憲法改正には絶対反対だと。

一方、ゴルバチョフに、日本の憲法改正についてどう思うかと質問すると、自分も反対だと言った。中曽根さんも、困ったなと言っていました。

在日米軍とは日本が再び軍国主義化しないための「瓶のふた」だとアメリカは言っている。アメリカだけでなく、日本においても、自民党かリベラル護憲勢力かを問わず、この「瓶のふた」論はわりと信用されている。これについて、どう思いますか。

伊勢崎　「瓶のふた」論は、要するに日本にとっての「有事」を想定外にしているわけですよね。

さっきも申しましたように、「自衛」という概念は、すべて「相手次第」、つまり相手が戦端を開くことに依存している概念です。自分から仕掛ける戦争は、国連憲章、とくに現代の開戦法規である51条ができてから、厳禁されているわけですから。

依然として「敵国条項」がある国連憲章です。日本は、9条以前に普通の国以下の「保護観察」国家、世界でもっとも武力行使がやりにくい国なのです。国連憲章があるかぎり永久に、日本は自分から戦争を仕掛けることはできません。ですから、ゴルバチョフとキッシンジャーの心配には及びません。

また「瓶のふた」論が通用するのは、国家間の戦争が支配していた時代だけではないでしょうか。

そのシンポジウムが開催されてからのこの20年の間に、戦争の様相は激変し、対テロ、非対称戦というアメリカが勝てない敵を作ってしまった。２００１年に始まったアフガニスタン戦争は、まだ決着がつかないアメリカ建国史上最長の戦争になっています。この時代に、在日米軍、および憲法9条という「瓶のふた」があれば、日本は諸外国にとって軍事的脅威にはならず、結果として攻撃もされない、という論理が、果たして通じるでしょうか。なぜ、アメリカの代わりに狙われるというリスクをヘッジしないのでしょうか。なぜ、日本が自分自身の軍事を国際法に則って見つめ、そして統制する機会を奪うのでしょうか。

田原　伊勢﨑さんは、フルスペックの軍隊を持てばいいと考えていますか。

伊勢﨑　そもそも国家の戦う力に、フルスペックもクソもないのです。繰り返しになりますが、開戦法規である国連憲章51条に則って自衛権を行使する以上、フルスペックだろうが何であろうが、自衛隊だろうが、暴力団であろうが、交戦法規である国際人道法上の違いはありません。どれも等しく同法を遵守し、違反した場合は国内法廷で裁かなければならない「交戦主体」です。

そして、フルスペックの軍隊があれば他国からの攻撃を抑止できるという議論は、軍事を知らない議論です。法治国家として撃った後の法的責任をとれない国家の軍事力は、単に「撃てないハリボテ」です。どんな高価な武器をアメリカから買い続けようと、ハリボテなのです。

逆に「我が国を攻めたら、どんな貧弱な武器、竹槍でも、国民一丸となり国際人道法に則って、正々堂々と死ぬまで戦う」と宣言したらどうでしょうか。このほうが、ハリボテより、よっぽど抑止力になると思います。

田原　でも、日本には「瓶のふた」を外そうという気はないよ。少なくとも、自民党の歴代総理大臣にはなかった。

２００５年、小泉政権のとき山崎拓さんが中心になって、憲法改正草案を作った。すると小泉純一郎さんが、郵政民営化が先だといって逃げてしまった。山崎さんから僕に、小泉さんに逃げられたと電話が来たからよく覚えている。

山崎さんからの電話の１週間後に小泉さんと会ったんだけど、憲法改正をやるつもりがあるかどうか尋ねると、まったくないと言っていた。

伊勢﨑　田原さんのプレゼンのしかたって非常に面白いですね。

田原　えっ？

伊勢﨑　基本的に、想定外にする理由をいつも考えているわけですよね。

田原　どういうことですか。

伊勢﨑　田原さんというか、要するに、これまで自民党の人々が、憲法改正とか、日米地位協定の問題から逃げてきたことを正当化する理由です。

つまり、原発へのテロ攻撃にしろ、北朝鮮の暴発にしろ、安全保障上のリスクというものは、ひとたび発生したら、とりかえしがつかない性質のものなんです。それに対して、発生することはありえない、という前提に常に立とうとするのは、すべて間違いとまでは言いませんが、少なくとも合理的な問題解決を探る姿勢ではありませんよね。

こちらが「もしもテロが発生したら」という話をしているのに対して、「それは発生しないから考えなくていい」という反論は、まったくかみ合っていません。

一言でいうと、面倒な仕事をやらないための言い訳を探しているだけの、一種の詭弁《きべん》のように感じます。

自民党の人たちが本当にそのように考えているかどうか僕にはわかりませんが、もしそうなら、少なくとも日本の安全に彼らは役立っていないどころか、むしろそれを損なっています。

それが保守という政治的立場にとって、本来許容しうるものなのかどうかは、あえて僕は論評しませんが。でも、保守とは、「想定しない」ことではないはずです。

田原　うん。基本的に伊勢﨑さんの言う通りの部分はあると思うよ。

だって、日本が「専守防衛」を言い出したのは、中曽根さんが防衛庁長官のときの話ですよ。

僕は専守防衛なんてインチキだと思っている。第二次世界大戦で、最終的に本土決戦に持ち込むと、日本人がさらに数百万人死ぬと言われていた。だから本土決戦を避けた。

一方、専守防衛をやろうとすると、本土で戦うしかない。ということは、日本人が何百万人も死ぬことが前提になるわけ。

こんなものでいいのかと、僕は中曽根さんに聞いたんだ。すると彼は、専守防衛というのは、実際には戦わないという意味だと答えたんです。専守防衛で、日本は盾でアメリカが矛。しかし、アメリカの抑止力が非常に強いので、日本が攻撃される事態は起きえないと。

伊勢﨑　竹下登さんの言った、日本には自衛隊があるが、自衛隊は戦えない軍隊だ、だから日本は安全だという議論と同じですよね。

田原　その通り。小泉さんもそう言った。

「自衛隊＝戦えない軍隊」論の誤解と嘘

井上　しばらく静かにしていようと思っていたけれど、少しくちばしを突っ込んでいいですか。

竹下登さんの言う、自衛隊は戦えない軍隊だ、だからいいんだ、という論理ですが、これは護憲派もよく言うことなんです。ただ、根本的な誤解があるんです。

なぜ自衛隊は戦えない軍隊なのか。護憲派は、普通の軍隊はネガティブリスト、すなわち明確な禁止事項以外はなんでもやっていいというルールで動くけれど、自衛隊はポジティブリスト、すなわち、明確に許可されたこと以外は、何もできないというルールで規制されているから、警察力と同じで軍隊じゃないと主張しています。ただ、これは嘘なんです。

自衛隊が治安維持のために警察を補完する「治安出動」については、自衛隊法90条が、「自衛官の武器使用」が許される場合として、警察官職務執行法が定める場合に加え、3つの場合（「警護対象たる人・施設・物件が侵害される場合」「多衆集合した暴行・脅迫の場合」「殺傷力の高い兵器による暴行・脅迫の場合」）を限定列挙して、ポジティブリスト的規制の形式になっています。列挙された条件規定が広範なため、十分な限定性を持つかどうかなど議論の余地はありますが、いずれにせよ、自衛隊があくまで警察力として行動する「治安出動」の場合は、たしかにポジティブリスト的規制になっています。

一方で、自衛隊が「警察力」としてではなく、本来の「防衛力」として行動する場合、つまり、自衛隊法76条に従い、防衛のため内閣総理大臣の命令を受けて出動する「防衛出動」の場合は、自衛隊法88条1項が「自衛隊は、わが国を防衛するため、必要な武力を行使することができる」と定め、同条2項が「前項の武力行使に際しては、国際の法規及び慣例によるべき場合にあつてはこれを遵守し、かつ、事態に応じ合理的に必要と判断される限度をこえてはならないものとする」とだけ定めています。

つまり、防衛出動においては、単なる「自衛官」個人が「武器使用」を許可されるという治安出動時の規定とはまったく異なり、組織としての「自衛隊」に、日本の防衛のために必要な「武力行使」が、まず一般原則として許容・授権されています。その上で、国際的な法規・慣例の遵守と、合理的必要性の限度というきわめて抽象的な条件だけが課されている。ゆえに防衛出動においては、自衛隊は通常の軍隊と同様、ネガティブリスト的ルールだけに制約されて活動することになります。

これが示すように、自衛隊がポジティブリスト的規制に縛られているから、軍隊でないとか戦えない軍隊だというのは嘘です。自衛隊は、防衛出動においては普通の国の軍隊と同じように、ネガティブリスト的ルールに従って武力行使することが自衛隊法上は授権されています。

それなのに、「戦えない軍隊」だとされるのはなぜか。

その理由は、自衛隊法88条2項が定める「国際の法規及び慣例」の遵守という制約を国内法で十分に担保することができないからです。この制約条件は真面目に読むなら、戦時国際法（国際人道法）の交戦法規の遵守を含意するので、民間人への誤射といった交戦法規違反に当たる自衛隊の行動を処罰する、軍事刑法・軍事司法システムを日本は整備しなければならないはずですが、すでに述べたように、憲法9条2項があるため、それができない。

要するに、自衛隊はポジティブリストの法的統制でがんじがらめに縛られているから「戦えない軍隊」だというのは嘘です。自衛隊は普通の軍隊として戦うことができ、そのように戦うことが自衛隊法で規定されている。

にもかかわらず、軍隊として戦う場合に必要な交戦法規違反に対する法的統制が憲法9条2

項のせいで欠損しているため、「戦えるけれど戦わせたらやばい軍隊」なのです。前に言ったように、法的統制が欠損しているがゆえに「危なくて使えない軍隊」なのです。

田原　伊勢﨑さんと井上さんの議論は高級すぎるよ。日本の総理大臣はそんな高級なことを考えていない。

井上　いやいや、９条2項があるかぎり、自衛隊が「危なくて使えない軍隊」だということはさすがの安倍首相だってよく知っているはずですよ。だから、９条2項を温存した安倍改憲案は「自衛隊をフルスペックの軍隊にしない趣旨だ」などとごまかして言うのです。

自衛隊を「戦力」として、「フルスペックの軍隊」として承認するなら、交戦法規違反を裁く軍事刑法・軍事司法システムを整備しなければならず、それには9条2項を改正せざるをえなくなるからです。そうすると公明党の協力が得られないという政治的計算が働いている。

しかし、安倍政権は、自衛隊を「危なくて使えない軍隊」のまま放置しながら、集団的自衛権行使を解禁する安保法制や安全保障政策における対米追従姿勢で、「危なくて使えない軍隊」としての自衛隊を使ってしまうリスクを高めている。それなのに、現状を是正するどころか、悪化させるだけのデタラメな安倍改憲案を掲げている。

これは、中身はデタラメでもいいから、改憲を初めて実現した首相として歴史に名を残したいという、ナルシシズム的欲望によるものとしか理解できない。自分の「レガシー作り」のために、日本の安全保障の脆弱性を放置し、自衛隊員を危険な状況に置き続ける姿勢は、日本の指導者としては許しがたい無責任さです。本当にレガシーを残したいなら、近視眼的な政局判断を越えて、9条2項の明文改正に向けた国民的議論を喚起するような問題提起をしろ、と言いたい。

戦地医療ができない自衛隊

伊勢﨑　もうひとつ、戦場における医療の問題があります。

井上　そう。伊勢﨑さんにこの問題を教えられて、私もショックを受けました。

伊勢﨑　自衛隊は戦地での負傷に対応する医療装備がまったく不足しているんです。自衛隊は専属の病院を持っていて、国内でもし戦闘やテロが発生し負傷した場合は、それらの施設に運ばれますが、自衛隊のほとんどの医官たちは救急救命をやっていません。

加えて、銃や対人地雷による負傷、つまり戦傷医療の臨床経験は皆無なのです。戦場で相手が国際人道法上の合法的な攻撃目標として自衛隊を狙ってくるときの医療と、一般医療の区別がついていない状態です。

田原　なるほど。

伊勢﨑　僕は、元防衛庁の幹部だった柳澤協二さんと「自衛隊を活かす会」という会をやっていて、この問題に携わった元政府医療関係者を招いて勉強会を開いています。自衛隊の抱えるリスクを野党も問題にする昨今、現場の自衛隊員の命を保障することに野党は反対しません。自衛隊の活動範囲を広げたい与党は、もちろん賛成でしょう。

しかし、自衛隊の緊急医療、そして戦傷医療の拡大を予算化する段になると、戦争する準備か、いやそうじゃない、という議論になって、全然前に進まず、今日に至っているのだそうです。

井上　戦場での負傷の治療には、通常の医療チームでは対応が難しいから、特別の医療チームが必要ですが、そのチームを用意することができないということですね。

田原　それは、9条2項があるからですね。

井上　そうです。戦傷医療チームは、戦争をすることが前提になってしまうからです。いまの自衛隊は本当にひどい扱いを受けていますよ。戦傷医療チームもなく、攻撃される危険がある地域にずっと派遣されているのですから。

伊勢﨑　さらに、自衛隊内の幹部はこの問題にあまり熱意を持っていないのだそうです。本来なら、「こんな状態では現場の隊員には命令が下せない」と、断固体を張って取り組むべきでしょう。

先ほどの3人の元幕僚長の話は、この点で二重に問題です。戦傷医療体制がない中で、あなた方はどういうつもりで部下に自衛隊法違反の命令を下すのですかと、問いただしたい。

まあ、一番頭にくるのは、こんな状態で自衛隊の活動を好戦的にしようとしている、最高司令官を気取った安倍首相と政府、そして与党をはじめとする保守勢力なのですが。

田原　なぜ自民党はこういう問題に対応しなかったんだろう。

伊勢崎　いまの官邸にはこの問題に詳しいスタッフもいるのですが、それでも進まないのは、結局のところ憲法問題のせいで「戦闘」という概念を隠蔽しなければならないからです。

田原　なるほどね。

伊勢崎　「一緒に血を流してこそ同盟」と息巻く保守は、流れた血をどうやって止血するか考えていない。何か、戦前戦中の精神論の世界を思わせますね。

また自衛隊のリスクを心配し同情するフリをするリベラルも「じゃあ、もし自衛官が怪我をしたら」という具体的な想定になると、9条2項のために尻込みする。結果、何も動かない。日本人は起こりうる最悪のケースを想定しないのです。

井上　原発に関しても、事故発生を想定した避難訓練をしないし、稼働していないものも含めて原発をテロリストからどう守るかという問題からも逃げています。原発の警備を強化するためには、テロリストとの戦闘をある程度念頭に置いた組織が必要ですが、これはいかにも世論の反発を招きそうなテーマですよね。

田原　戦えない軍隊しか持たないから戦争にならないと言っていたように、警備をしていないから日本の原発は安全だ、そう言っているようなものだと。

井上　まさにそうですね。

田原　福島第一原発の事故の前、東京電力は、福島の地元に事故は起きないから、避難訓練は必要ないと言っていた。

井上　原発に警備組織を置くことは、原発がテロリストに狙われやすい危険な施設だと、公式に認めることになるから政治家や高官は逃げている。その姿勢を正当化するために、日本は攻撃されないはずだっていう「幻想」を宣伝している。その「幻想」をいつの間にか自分たちも信じてしまう。

田原　その通り。

井上　だけど、危機を考えたくない国って、いったい何なのか。国家権力の物理的基盤は警察と軍隊だけど、もとを正せば国民を守るための危機管理能力を持つということでしょう。

田原　そう、その通り。

福島第一原発の事故の後の話。当時の民主党は、論客は多いものの、汚れ役を積極的に引き受けようという議員は一人もいなかった。たった1人の例外が、仙谷由人《せんごくよしと》さんだった。だから、僕は仙谷さんのことは信用していました。

仙谷さんと、いま経済産業省事務次官の嶋田隆さん、そして当時は資源エネルギー庁のナンバー2、いまは安倍さんの秘書官としてよく名前の上がる今井尚哉《いまいたかや》さん、この3人で原発事故の後始末をやろうとした。

僕は、こんな大事な問題を民主党だけで進めてはいけない、自民党とも話をしたほうがいいと思って、大島理森《おおしまただもり》さんにつないだ。大島さんは喜んで引き受けた。

ただ、次の選挙で民主党が敗れてしまう。その際、仙谷さんは原発推進派だと誤解されてしまって、落選してしまうんだ。大島さんは引き続き原発の問題をやるつもりだったけど、理屈っぽくて面倒くさいと安倍さんが思ったのか、実質的な権限がない衆議院の議長にしてしまった。

だからいま原発問題をやる人間、責任者は自民党に誰もいない状況なんです。

井上　ダチョウは危険が迫ると首を穴の中に突っ込んで敵を見ない動物とされていて、これになぞらえて、国防をタブー視し、危機管理から逃げる風潮を、欧米では「オストリッチ（ダチョウ）ファッション」と呼びます。日本はまさに「ダチョウ国家」です。

田原　自民党の幹部たちがなぜ危機管理を考えたくないかというと、一歩間違うと再び戦前のような国家に戻ってしまうのが怖いんですよ。

井上　でも、いまのままでは、日本が望まない戦争に巻き込まれるリスクが非常に高いのですよ。

田原　巻き込まれるなら、しかたがない。そのときは戦争してしまおうという話になる。現に昭和の戦争はそういう流れで突入していったんです。

当時イギリスもフランスも、国際連盟を作った欧米列強は、みな世界に植民地を持っていた。ところが、日本にはこれ以上、植民地を作らせないように結託したわけだ。

そのためにワシントン会議（※7）などを利用して日本の勢力拡張を妨害し、極東に封じ込めようとした。これに日本国内では反感が高まり、日本はアジアの盟主になって、ヨーロッパ列強の支配下にあるアジア諸国の自立を応援すべきだという思想が広まった。それで満州が建国されたが、中国にとってもよいことだと当時は宣伝されていた。

満州事変（※8）では、ちゃんとイギリス、フランスに根回しをして同意を取りつけていたんです。言わばイギリスの暗黙の了解のもとに日本の大陸侵略が行われた。

満州問題の実態を調べるためにリットン調査団（※9）が派遣されましたが、当初は満州を認める方針だった。

ところが、リットン調査団の報告を国際連盟で検討している最中に、関東軍が中国の熱河省《ねっかしょう》を攻撃（※10）してしまう。これで国際世論は満州を認めない方向に傾いてしまった。

井上　戦前といまに共通するのは、この国の政治が無責任の体系によって動いている点ですよ。

田原　そう。

井上　関東軍の将校のような一部の跳ね返り分子がやったことを、当時の政府は既成事実として追認してしまった。事件は遺憾だけれども、事実は事実としてこれを認める、よって予算は出す、というかたちで。

田原　満州事変の首謀者、石原莞爾《いしはらかんじ》（※11）はもともと日中戦争には反対していたんですよ。政府だって、満州事変の拡大には反対だった。それなのに、なぜ日本は日中戦争、太平洋戦争に突入していったかが問題なんです。

　僕は戦争を知っている世代だから、国は国民を騙すと思っている。いまでもそれは変わっていないんですよ。

憲法9条2項を削除したらどうなるか

田原　9条2項があるから、安全保障の大事な問題をまったく議論できないと。じゃあ、仮に9条2項を削除したら、どうなりますか。

井上　9条の問題は、2つあるんですよ。ひとつは、安全保障政策についての実質的議論が棚上げされ、9条解釈の「神学論争」にすり替えられてきたという問題。もうひとつは、9条があるせいで、私の言う「戦力統制規範」（戦力が濫用されないよう、戦力の編成方法・行使手続きを統制する規定）、具体的には、武力行使の国会事前承認、文民統制、軍事司法制度などがミニマムな戦力統制規範ですが、こういった規定が憲法に盛り込めないという問題です。

田原　なるほど。

井上　私の言う「ミニマムな戦力統制規範」さえ、いまの憲法には定められない。なぜなら、9条2項で「戦力は持たない」と書いていますから。

「戦力は持たない」と書いているのに、その後に「戦力の行使には国会の承認が必要」とか、「戦力の最高指揮命令権は首相にある」なんて書けない。

田原　うん、書けない。

伊勢﨑　繰り返しますが、9条2項は単に欠陥条項です。「戦争はやめたと自分に言い聞かせているから、戦争犯罪をおかす場合については考えない」と言っているのですから。9条2項の存在自体が国際人道法違反です。

井上　現時点で自衛隊は、世界有数の武装組織です。

アメリカの「グローバルファイヤーパワー」という機関が、世界の軍事力ランキングを公開しています。これの2018年のランキングで自衛隊は8位にランクされています。

自衛隊より上には、国連安全保障理事会常任理事国及びインドという核保有国、あとは朝鮮戦争がいまも休戦中であり、徴兵制実施国の韓国しかいません。

非核保有国の中では、自衛隊は最強クラスの軍隊だと評価されているんです。これが「戦力ではない」と言うのは、明らかな欺瞞です。

この世界8位の軍隊を、いざ使わざるをえなくなったとき、軍事犯罪さえ裁けないというのは、ものすごく危ない状況です。

2004年にイラクのサマワに行った自衛隊員に、最低限身を守るための武器使用は認めましたが、いざ武器を使用して民間人を誤射してしまうと、どうなるか。

世界各国から日本政府が非難を受け、何らかの制裁措置がとられるかもしれません。自衛官が現地住民の怒りを買い、私的な暴力行為の犠牲になるかもしれません。だから自衛官は武器を使えない。それで、わざと砂漠で目立つ緑の迷彩服を着て、「自分たちは無防備で攻撃意思がないから、攻撃してこないでくれ」というシグナルを送ったそうです。それでも攻撃を受けましたが。

これは、伊勢崎さんがずっと警鐘を鳴らしてこられたことですが、自衛隊を危険にさらしているだけでなく、国際社会に対する裏切り行為です。世界有数の武装組織を海外に送りながら、法的な統制ができていないため、軍事犯罪のリスクがきわめて大きい。これを国連の名のもとに海外へ派遣しても、感謝されるどころか、国連の名を汚すだけです。

こんな自衛隊なんて、平和維持活動のお荷物でしかありません。サマワに派遣された自衛隊は、はじめオランダ軍に、その撤退後はオーストラリア軍に守ってもらっていました。国際貢献どころか、邪魔をしにいったようなものです。

ミニマムな戦力統制規範の中身

田原　９条２項はどう変えるべきですか。

井上　単に９条という条文を変更するというより、９条を削除して、その代わりにさまざまな戦力統制規範を憲法に盛り込むために、種々の新規定を加えたり、種々の現行関連規定を改正したりするというのが、私の主張です。

なお、９条２項だけでなく、９条全部を削除するのは、１項を残すと、２項についてなされている自衛戦力の是非・範囲についての「神学論争」が１項解釈に移されるだけという問題があるからです。１項を削除しても侵略戦争が許されるなんてことはありません。憲法98条２項が、侵略戦争を違法化している現行国際法の遵守を義務づけているからです。

詳細については、小林よしのり氏との共著『ザ・議論』（毎日新聞出版）で示した私の憲法改正案や、この鼎談と前後して刊行される予定の私の新著『立憲主義という企て』（東京大学出版会）での議論を参照していただきたいと思いますが、ここで骨子だけ触れます。

戦力統制規範の中身としては、最低限中の最低限の規定として、文民統制の規定が必要です。いまの憲法には「文民条項」と呼ばれる66条2項がありますが、これは内閣総理大臣は文民でなければならないと規定しているだけで、文民統制にはなりません。文民である首相が軍隊の最高指揮命令権を持つと、はっきり書いてはじめて文民統制規定になるのですが、9条2項があるかぎり、いまの憲法では規定できません。

それから、武力行使には国会承認が必要だと規定するべきです。ただし、事後承認では駄目です。事後ということは、すでに戦争に突入しているということ。戦争を始めてから、国会の承認が得られないので撤退する、などということは不可能です。だから、武力行使の「事前」に国会が承認する必要があります。

ただこの場合の「事前」とは、なにも他国の武力攻撃を待って、その後で悠長に国会で議論するという意味ではありません。もっと前の「事前」です。ある他国が日本を攻撃する意図を持ち、準備を進めているという明白な証拠を、政府が国会に提出します。国会がそれを精査し、その通りだと判断すれば、他国が攻撃に着手したら間髪を入れずに防衛出動を命令できるよう、政府に前もって授権する決定を国会がしておく、ということです。

しかも、この国会の事前承認手続きについても、緊急を要することを考え、衆参両院を統合した「合同国会」という、「暫定的一院制」の決定手続きも私は提唱しています。

田原　いま、9条2項があるからそれができないんだ。

井上　はい、憲法で武力行使に対する国会承認手続きを定めることはできません。

あとは、これまで再三論じてきたように、きちんとした軍事司法制度の整備を要請し授権する、憲法上の規定を用意する必要があります。9条を削除することで9条2項という根本的な障害は除かれますが、特別裁判所の設置を明示的に禁じる憲法76条2項がある以上、その改正が必要です。特別裁判所禁止の一般原則は維持すべきだと私は考えるので、軍事法廷を例外的に許容するように、76条2項を改正すべきです。

なぜいま民主国家で徴兵制が復活するのか

井上　少なくともきちんと考えている専門家なら、以上述べたミニマムな戦力統制規範についてはおおむね賛成してくれるはずだと思いますが、私の主張の中には、もっと論争の的になりそうなものも含まれます。それは何かというと、徴兵制の導入です。

田原　ああ、徴兵制ね。

井上　徴兵制は怖いと思われていますが、実際は違います。専制国家における徴兵制は最悪ですが、民主主義国家においてもっとも危険なのは、志願兵制なんです。

最近では「経済的徴兵」という言葉もあります。中流階級以上の出身者で軍隊に志願する人ももちろんいますが、生活が貧しい人や、貧しくはなくとも大学など高等教育機関に進む教育投資ができるほど豊かではない人々が、経済的保障や技能習得を求めて、軍隊に志願し、危険な任務を負うというケースが多い。その一方で、大多数の国民は兵役につかず、安全地帯に身を置いたまま。すると、好戦的なムードがあおられ、世論がイケイケドンドンになって歯止めがきかない。これはアメリカにおけるイラク戦争など、多数の事例が証明しています。

「経済的徴兵」の問題が簡単に解消できるとは考えませんが、仮に、この問題が解消されたとしても、そうなると今度は、好戦的な傾向の強い人々が志願兵になり、大多数の国民は軍隊のあり方に無関心になるという危険性が出てくる。

徴兵制のもとでは、政府が間違った方針をとると、国民の血が平等に流される。だから国民が無責任な好戦感情に駆られたり、政府の危険な軍事政策に無関心になったりという傾向に歯止めをかけることができます。

田原　20年前に、当時徴兵制をしいていたドイツを取材したことがある。基本的人権というものがあり、軍隊に入りたくない人間はどうすればよいのかと問うと、徴兵されて軍隊に行くのが嫌なら、その地域の役所に申告して、代わりに社会奉仕の仕事をやればいいというのです。

なるほどと思いました。

井上　はい。徴兵制を導入するなら、当然、良心的兵役拒否権の保障もセットで導入する必要があります。しかし、利己的動機で濫用されないようにするためには、兵役拒否者に重い代替的役務を課さなければならない。ドイツの「市民的奉仕（Zivildienst）」はそのような代替的役務ですが、少し軽すぎたという問題がある。

東西ドイツ統合までは冷戦の緊張感もあり、多くの市民が徴兵に応じたそうですが、緊張が緩和されると、良心的兵役拒否権を行使する人が増えてしまい、徴兵制が機能しなくなった。市民的奉仕の義務が兵役負担に比して軽かったことも一因です。

ドイツが２０１１年に徴兵制を停止したのは、軍事的必要性がなくなった等々の理由も挙げられますが、もともと、徴兵制は軍事的必要を満たすための軍事戦略ではなく、軍事力の無責任な行使を国民が統制するための政治的制度です。ところが良心的兵役拒否権を行使する国民が増えると、この目的のために徴兵制が機能しなくなる。だから代替役務は厳しいものでなければならない。

この問題には後でまた触れますが、ドイツは徴兵制を「廃止」したのではなく、暫定的に執行を「停止」しただけだということに注意してほしいですね。徴兵制はいつでも復活可能です。ドイツ基本法、つまりドイツの憲法では、必要に応じて国民に兵役を課すことを政府に授権する徴兵制は存続しています。

田原　なるほど。残っているんだ。

井上　ちなみに、軍隊を持たない国だと護憲派がよく引き合いに出す国、コスタリカも、ドイツと似たような状況です。常備軍はありませんが、重要なのは、防衛上の必要に応じて臨機応変に軍隊を組織する権能が、憲法上、政府に付与されていること、さらに、コスタリカ憲法では、国民の祖国防衛義務が定められ、徴兵制も可能であることです。

　コスタリカは、日本の9条の理想を体現した国であるかのように護憲派が語りますが、これは真っ赤な嘘です。コスタリカは、常備軍がないというだけで、必要に応じて軍隊を組織し、国民を徴兵できることが憲法で定められている国だということ、日本の9条とは真逆の憲法を持つ国だということを自覚してほしいですね。

田原　アメリカの徴兵制はどうなんですか。現在は徴兵制ではありませんか？

井上　アメリカも同じです。いつでも徴兵制を復活できます。

田原　できるんだ。

井上　憲法上、できるかできないかの話と、現在実行しているかどうかは別問題なんです。

　良心的兵役拒否権の話に戻ると、これを保障することは重要ですが、ただ、代替役務は厳しいものでなければ意味がありません。自分は安全地帯に身を置きながら、兵役を引き受けた同胞が命を懸けて国を防衛してくれることにただ乗りする、そういう利己的目的で良心的兵役拒否権を濫用する国民が多数を占めていては、徴兵制の目的が達成できません。だから代替役務は、兵役拒否者にもある程度は生命のリスクを負う役務、たとえば消防隊員といった仕事を用意すべきです。

韓国は徴兵制ですが、実は良心的兵役拒否権を原則的には認めていません。

田原　だから、スポーツ選手だって基本的に全員兵役につく。

井上　そうです。ただ、韓国でも消防隊員としての役務は、兵役とみなされるそうです。これは良心的兵役拒否権の「機能的等価物」というものですが、なぜ良心的兵役拒否権を原則的には認めないかというと、その利己的濫用を抑止するためでしょう。

「悪魔」がいるからこそ戦闘は正当化できる

井上　1999年、ドイツはコソボ紛争におけるユーゴスラビア連邦のセルビア空爆でNATO(北大西洋条約機構)軍の一員として戦後初めて戦闘参加することになりました。

第二次世界大戦の経験とナチズムへの反省から軍事力行使に慎重であったはずのドイツが、このような変貌を示した背景的要因のひとつとして、徴兵制の破綻があると私は考えています。

先ほど触れたように、冷戦が終焉し東西ドイツ統合後、ドイツでは、冷戦的緊張感の緩和と市民的奉仕役務の軽さが相まって、良心的兵役拒否権行使者が増大した結果、徴兵制が２０１１年に停止される以前にすでに、事実上骨抜きにされ、無責任な好戦感情の高まりによる武力行使を止められなくなったのです。

冷戦終焉後の旧ユーゴスラビア解体過程における民族紛争では、欧米諸国によってセルビアだけが悪者にされていますが、塩川伸明さんや岩田昌征さんなど、旧ソ連・東欧地域の専門的研究者によって、これは事実認識としてゆがんでいることが指摘されています。セルビアとほかの諸民族の間で加害と被害は相互的だし、平和的交渉による解決の破綻には欧米諸国の責任もある。

いずれにせよ、コソボ紛争におけるＮＡＴＯのセルビア空爆は国連安保理の承認なしに、一方的に行われた、国際法上は違法な侵略行為です。しかも、ＮＡＴＯ空軍のパイロットの安全を最優先して、対空砲火が届かない高空からの爆撃が行われました。高度が高いぶん、爆弾の命中精度は必然的に下がります。その結果、セルビアにおける民間人の被害が拡大しました。結果的には民間人を無差別に爆撃したに等しいのです。

それに、空爆の間、セルビア兵は防空壕に隠れて、空爆が終わると反攻に出る。だから空爆だけではセルビア兵を鎮圧できない。逆に、セルビア人の恨みを買い、虐殺をエスカレートさせてしまう。これをNATOは「人道的介入」だと言っていたんです。
　個人的にショックだったのは、国際的に著名なユルゲン・ハーバーマス（※12）というドイツの左翼リベラル派の代表的哲学者が、NATOのセルビア空爆に対して賛成していたことです。「ベスティアリテート・ウント・フマニテート（Bestialität und Humanität）」、「獣性と人間性」という題目の論文記事をドイツの有名な新聞「ツァイト」に発表し、セルビア側の武力行使を他民族を抹殺する野蛮（獣的）な行為として一方的に断罪して、NATOのセルビアに対する国際法上違法な空爆を、人間性ないし人道の名で擁護したんです。
田原　それはおかしい。考えが違う人間をいちいち攻撃していたら世界はめちゃくちゃになる。多様性を認めなきゃいけない。自分の考えと違うから獣だというのはおかしいよ。
伊勢﨑　おっしゃる通りです。でも、とくに民主主義国家がやる戦争って、必ず、相手を「獣」に見立てる傾向、僕らは「デーモナイゼーション（悪魔化）」と言いますが、そういう傾向があります。
田原　われわれのように戦争を知る世代は、日中戦争時に中国人を「獣」と呼んでいたことを思い出すんです。それはおかしなことじゃないですか。
井上　敵を「獣」と呼ぶのは、なにも日本だけではありません。第二次世界大戦では、アメリカの大統領だったトルーマンも、日本人を「獣」視していました。

映画監督のオリバー・ストーンが、いま、世界史をアメリカ中心ではなく、グローバルな観点から読み直すという本『オリバー・ストーンが語るもうひとつのアメリカ史』1〜3巻（早川書房）を刊行しています。

その中で、広島と長崎への原爆投下は正しかったのか再検証しています。トルーマンでさえ、原爆という武器は「ビーストリー（beastly）」、つまり獣的な武器だと考えて、投下するかどうかを悩んでいた。しかし、ジャップはビーストだから原爆を使ってもよい、として、最終的に投下を決断したそうです。女性・子どもを含む膨大な民間人を一瞬にして抹殺した原爆投下の破壊的帰結を見て、さすがに良心の呵責《かしゃく》に苦しみ、１００万人の米兵の命がこれで助かったという理屈を後で持ち出しますが、これは事後的な合理化にすぎず、しかも根拠のない理由です。

田原　それはおかしい。結局アメリカがなぜ原爆を使ったかというと、対日戦争終結のためではなく、戦後の米ソ対立を見越して、ソ連に原爆の威力を見せつけることが目的だったんです。

井上　米国の狙いは、おっしゃる通りです。日本側から見ても、原爆で降伏を決断したわけではありません。広島と長崎への原爆投下以前に、日本の各地は東京・大阪・名古屋のような大都市だけでなく中小の地方都市に至るまで空襲で壊滅していました。被害規模で見ても、１９４５年3月10日の東京大空襲だけで、一夜にして10万人以上が殺され、罹災者《りさいしゃ》は１００万人以上です。犠牲者数でも広島原爆に匹敵し、長崎原爆より多かった。

こういう空襲が日本中の都市を何度も破壊していた当時の状況では、日本にとっては、原爆投下も、打ち続く都市無差別爆撃の一部にすぎず、日本は原爆を落とされた衝撃で厭戦《えんせん》気分になって降伏したわけではありません。決定的だったのは、日ソ中立条約を破棄して、ソ連が参戦したことです。これで日本政府は、もうお手上げと、ポツダム宣言受諾を決定したんです。

米国側の狙いについては、戦後の冷戦をにらんだ上でのソ連に対する威嚇に加えて、もうひとつ、お家の事情もありました。原爆開発プロジェクトであるマンハッタン計画（※13）には巨額の予算が投入されていた。だから議会対策として、武器の効果を実証しなければならなかった。

もし日本を脅すことだけが目的であれば、広島に落とせばすんだはず。ところが、長崎にも原爆を落としたのは、ウラン型原爆だった広島とは違う、プルトニウム型原爆を実験する必要があったからです。それも、アメリカ議会に対してその威力と有効性を証明するために。

世界の歴史上、これほど非道な行為におよんだ国はアメリカしかありません。

だから私は、核兵器を、その大量破壊効果の実証のため、実際に無辜《むこ》なる多数の子どもを含め、他国の民に向けて使った「前科」があるアメリカのほうが、北朝鮮よりも怖いとさえ思っています。

田原　僕はキッシンジャーに、アメリカが広島と長崎に原爆を投下して、20万人以上の一般市民を殺したことを、あなたはどう思うかと聞いたことがある。

するとキッシンジャーは、本土決戦を回避するためにはやむをえなかった。もし本土決戦をやっていたら、日本人が数百万人から1000万人も余計に死んでいたはずだ、と答えた。

でも、それはアメリカが一般国民や日本人を教育・啓蒙してきた見方で、インチキだ。たとえば、日本軍は南京を陥落させるとき、20万人を殺したということで、大犯罪とされている。あなたは人間として原爆投下を本当によかったと思っているのか、と聞いたら、彼は答えられなかったよ。

伊勢﨑　アメリカが敵を「悪魔化」するのは、現代でも健在です。2001年9月11日から始まった対テロ戦争はすでにアメリカ建国史上最長の戦争になりました。これまでのやり方では勝てないと気づきはじめたのですね。それで、本気で考えはじめたのです。

内部告発によって明らかにされたのですが、アメリカ軍幹部の教育機関であるアメリカ統合軍参謀大学で、現役アメリカ軍中佐の1人の教官が次のような授業を行っていたのです。

世界に14億人以上いるイスラム教徒と全面戦争になったとき、無差別攻撃は容認されるものであり、かつての広島、長崎への原爆投下や東京大空襲を例にあげて、「この前例はイスラム教聖地のメッカやメディナにも適用可能」だと。

田原　なるほど。いつごろからですか。

伊勢崎　対テロ戦争が史上最長の戦争になりかけていた2012年のことです。この教官が作成し、2011年まで使われていた教材の一部を見ましたが、テロリストの戦いは、もはやイスラム教徒の一部の過激派との戦いではなく、イスラムという概念との戦いであると。不特定多数の穏健なイスラム教徒も、信条的には過激派と一緒であるという論法に、正当性を与える工夫が、情報戦略として綿密に書かれていました。無辜の市民は、イスラム教徒ではごく少数で、大部分はテロリストと同様の義勇兵のようなものだと。

アメリカ政府は、同じような心理的な決断を当時の日本人に対して行い、広島、長崎に原爆を投下したのでしょう。この教官は、かつての原爆投下を事例の根拠として、現代においてもイスラム教徒に無差別攻撃をしてもいいという作戦の根拠を引き出しています。

これは、アメリカのメディアが内部告発に基づいてすっぱ抜きました。現在、この授業は中止され、もちろんアメリカ国防総省は不適切だったと声明しました。

無差別な一般市民への攻撃を正当化する動機は、時を越えて根強く存在していることを、僕たちは忘れるべきではありません。

田原　でも、アメリカのメディアは偉いね、それをすっぱ抜くんだから。日本ではできないもん。

伊勢﨑　たしかに日本はできないですね。

護憲派の本音は「アメリカに守ってもらおう」

井上　日米安保条約、日米地位協定を対等なものにすること自体は、まったく反米的ではないんです。

田原　そう、その通り。

井上　けれど日米地位協定の改定を主張すると、いまの日本では反米的な主張だと思われてしまう。だから敬遠されているのかもしれませんが、ほかにも理由があると思います。

アメリカと対等な関係にはなりたくない、属国でいるほうが楽なんだと、そういう本音が透けて見えるところがある。

田原　自民党の議員たちは、本当にそう思っているのではないかな。

井上　アメリカが守ってくれるから、自衛隊を「戦えない軍隊」のままにしておいていい、あるいはさらに倒錯して、アメリカに守ってもらうためには、自衛隊を「戦えない軍隊」のままにしておこう、と。「戦えない軍隊」とは、前にも言ったように、実際は「危なくて使えない軍隊」のことですが。

こういう考え方は、本来なら自主防衛を目指しているはずの右派勢力にしばしば見られます。それだけでなく、実は護憲派も、いざとなったらアメリカに守ってもらおうと考えている点ではまったく同じなんですよ。

自衛隊を日陰者扱いして、戦力未満の存在だから軍隊ではない、などという詭弁を弄《ろう》して彼らが澄ましていられるのは、いざというときにアメリカが日本のために戦って日本を守ってくれると信じているからです。

田原　野党も同じですよ。

井上　そうなんです。砂川事件（※14）における朝日新聞の姿勢がこれを象徴しています（これについては、上丸洋一『新聞と憲法9条「自衛」という難題』〈朝日新聞出版〉参照）。

砂川事件で日米安保条約は違憲だという一審判決、いわゆる「伊達判決」が出たとき、読売新聞ですら問題提起としては意味があると言ったんです。にもかかわらず、朝日新聞はこれを「異様な判決」だと社説で酷評したんです。

その後「伊達判決」は、最高裁によって覆されます。通常なら高裁にいくところを、それをスキップした跳躍上告で、いきなり最高裁に持ち込まれ、短期間で破棄判決が出た。

しかも何と、最高裁長官だった田中耕太郎は事件係属中に、マッカーサーの甥だった当時の駐日アメリカ大使や在日米軍関係者と密会し、伊達判決を単に覆すだけでなく、15人の最高裁判事の全員一致で覆す方針を示唆して彼らを安心させたといわれています。司法の独立も、裁判官個人の独立も無視する暴挙を最高裁長官がやったわけです（この事実の検証は、布川玲子・新原昭治編『砂川事件と田中最高裁長官—米解禁文書が明らかにした日本の司法』〈日本評論社〉を参照）。

また、この最高裁判決では、高度な政治的判断を必要とする問題については、裁判所は違憲合憲の判断をしないという、「統治行為論」が採用されました。しかしこの統治行為論とはまったく自壊的な議論、いわば「司法の自殺」にも等しいものです。

第一に、憲法判断を回避すると言いながら、実質的に合憲判断をしている。第二に、高度の政治的問題は民主的政治過程に委ねるというのがその論拠ですが、それなら、司法が勝手に政治的考慮で9条2項を無視するのではなく、9条2項と日米安保が矛盾することを伊達判決のように率直に表明し、その上で日米安保を存続させることが必要だと政府・与党が判断するのであれば、国会で9条改正を発議し、国民投票で国民の審判を仰ぐという民主的改憲プロセスを発動せよ、と迫るのが司法の正しい姿勢です。

統治行為論は「政治からの司法の独立性」を確保するどころか、憲法を無視する政府の政治判断に阿《おもね》って、司法が政府に対する憲法的統制の責任を放棄すること、つまり、「政治に対する司法の従属性」を要求している。これは司法の自殺です。

このように、砂川事件最高裁判決は、そのプロセスにおいても内容においても、司法の独立も立憲主義も蹂躙するひどい判決だったのですが、当時の朝日新聞は、社説で、伊達判決を「異様な判決」と酷評する一方、それを覆したこの最高裁判決を「ほぼ相当」と是認し、統治行為論まで支持しました。

折しも1959年、60年安保闘争が盛り上がる前夜の出来事です。護憲派の牙城とみなされる朝日新聞が砂川事件でこのような態度をとったのは驚かれるかもしれませんが、実は護憲派の「論理」から見て、不思議ではありません。

朝日新聞は、岸信介による日米安保条約改正案には反対していましたが、日米安保条約そのものの存続は必要だと考えていた。なぜなら自衛隊を日陰者扱いし続けるためには、日米安保を維持してアメリカに「いざという時」には守ってもらう必要があったからです。

だから、米軍基地は違憲だと言った伊達判決は、朝日新聞にとっては「とんでもない判決」だった。それを覆してくれた最高裁判決に、アメリカだけでなく朝日新聞もホッとしたのです。

いざとなったらアメリカに守ってもらおう、当時もいまも、それが護憲派の政治的本音です。隠れた本音どころか、朝日新聞の社説において公然と語られ、言わばむき出しにされた意図です。

だから護憲派は山尾志桜里《やまおしおり》議員の「立憲的改憲(※15)」に反対するのでしょう。「立憲的改憲」

は、戦力の保有・行使に対し専守防衛・個別的自衛権の枠を明示的に課す、という内容の9条2項明文改正を主張しているので、本来は、護憲派の主張と相性がとてもよいものです。

ですが、山尾さんの改憲案には、自衛隊を日本の防衛を担う戦力として憲法上、明確に規定することで、対米従属をやめようという狙いも透けて見える。だから護憲派は山尾さんの案が嫌いで、反対しているんです。

田原 なるほど。山尾志桜里さんは具体的に憲法をどのように変えようとしているんですか。

井上 専守防衛・個別的自衛権の枠内、いわゆる武力行使の旧3要件（※16）までであれば、戦力の保有と行使を憲法上でも認めようという案です。

自衛隊は戦力であるとはっきりと認めた上で、国会の事前承認や文民統制といった、私の言っている戦力統制規範も憲法に書き込みましょうと。ただ、形式的に9条2項という条文を残し、枝番条文でこれを改正しているところがわかりにくいというのが、やや難点ではあるのですが、実質的には9条2項明文改正案です。現時点で政界から出された改憲案の中では、私がもっとも高く評価している案です。

安倍改憲案では自衛隊を戦力だとは言っていない。だから、われわれが議論しているような安全保障上の問題点は、何ひとつ解決されません。それどころか、自衛隊は軍隊かどうかという不毛な論争が残ってしまう。

田原　安倍改憲案は中途半端じゃないかと安倍さんには言ったんですが、公明党が反対するからしかたがないと言っていた。それだけなんだよ、理由は。

井上　前に言ったように、安倍さんが本当に憲法改正の実績をレガシーとして残したいのなら、こんな中途半端な案をゴリ押しするのは逆効果です。現状の改悪でしかないんだから。公明党と闘って、自分が本当にいいと思う筋の通った改憲案を出すべきですよ。

田原　なぜこうなるかというと、安倍さん自身は改憲案についてあまり考えていないからだよ。要するに、日本会議という安倍応援団が、改憲を目標に掲げているから、改憲するポーズを見せているだけなんだ。政権を維持できさえすれば、安倍さんにとって憲法改正なんてどうでもいい。

井上　でも、自民党総裁の任期は今回で終わりでしょう。本当なら、次の選挙を考えなくてもいい立場のはず。

「ポリティシャン（政治屋）」は次の選挙のことしか考えない、「ステイツマン（政治家）」は次の世代のことを考えると言われていますが、安倍さんはステイツマンとして、そろそろ次の選挙で勝つ戦術を超えて、日本の将来を考えるべきです。

田原　安倍さんはそんなことを考えていないよ。

井上　なら、こんな中途半端な憲法改正なんて、やっちゃいけない。

田原　彼が考えているとしたら、戦後初めて憲法を改正した総理大臣として、自分の名を残したいということだけですよ。

山尾「立憲的改憲案」と石破「9条2項削除案」はどう違う

田原　ほかの改憲案についてはどうお考えですか。

井上　いま政界から出ている案の中では、私は、山尾志桜里さんの「立憲的改憲案」に次いで、石破さんの「9条2項削除案」を評価しています。

石破案は、私のように9条丸ごと削除ではなく、9条2項だけ削除するというものですが、自衛のための戦力の保有・行使を明示的に承認する改正案である点が評価できます。

山尾案より劣ると考える理由は2つあります。

第一に、戦力統制規範をどこまで入れるか明確ではない点。第二に、「自衛権」行使という抽象的概念を示すにとどまるので、現状と同様、個別的自衛権か集団的自衛権かという問題が憲法解釈の神学論争にされ、実質的政策論議が棚上げされる余地を残している。「自衛権」といえば個別的自衛権も集団的自衛権も含む趣旨だというかもしれないが、それならそうはっきり書けばいい。はっきり書くと反発されるからと言って、抽象的表現で玉虫色にしていると、現状の不毛な論争を引きずってしまう。

田原　先日、僕の番組に自民党の中谷元さんと立憲民主党の山尾志桜里さんに出てもらいました。

結論として、僕が思ったのは、実は2人の言っていることはほとんど同じだということ。だから収録後、2人で勉強会を作ったらどうかと言いました。

井上　山尾案にも100点はつけられないのですが、いま政治家が出している改憲案の中では、山尾案が一番まともだと思って支持しています。

その理由は、改正案の中身だけではなくて、政治家としての彼女の姿勢にあります。

これは、『立憲的改憲　憲法をリベラルに考える7つの対論』（ちくま新書）という、山尾さんが憲法改正問題についてさまざまな専門家と対談した本の出版記念パーティーに、対談相手として伊勢崎さんと私も出たときの話なのですが、山尾さんが挨拶で、私は立憲的改憲を唱えることで、次の選挙では落とされるかもしれない、と言ったんです。しかも立憲民主党は「立憲的改憲案」には及び腰、条文案を発表することで彼女は党内の立場が悪くなるかもしれない。それでも彼女は信念を貫いて「立憲的改憲」を提唱し続ける、と。

山尾さんは、「私は一度選挙に落ちている。けれど、自分の信念をずっと語っていたら、支持者が集まってくれて、再選させてくれた」と言っていた。つまり、彼女は「次の選挙に勝つため」ではなく、日本の将来のために必要だと考える「立憲的改憲」を主張し、有権者の審判を仰ごうとしている。

彼女は、ポリティシャンではなく、ステイツマンとして、次の選挙ではなく次の世代のために必要なことをやろうとしている。その志が感じられるんです。

田原　井上さん、僕も山尾さんを全面的に応援しているんです。枝野幸男さんにも山尾さんをもっと大事にしろって言っているんですよ。

井上　山尾さんの挨拶と前後して、辻元清美さんが挨拶に立ちました。すると、『立憲的改憲』という山尾さんの編著の出版記念パーティーなのに、無礼にも、立憲的改憲になんて一切触れず、「あなた、選挙区をもっと大事にしなさい」という趣旨のことだけ言いました。憲法改正について自分の信念なんか語って護憲派の組織票を減らすな、そんな暇があったら選挙区に帰ってどぶ板政治をやれ、そうやって次の選挙に勝つことが大事だ、と言ったも同然です。

これには、正直言って頭に来ましたね。というか情けなくなった。政治家としての志のかけらもない。このような「辻元的人物」が立憲民主党の中で影響力を行使しているかぎり、この政党には未来がない。万年野党として縮小再生産し、やがて消失するでしょう。

志ある政治家が減っているのは自民党も同じです。志の高かった政治家も、安倍一強支配が自民党内にも及ぶにつれて、発言が難しい状況になっています。

憲法改正の国民投票は「2択」しかないのか
――諮問型国民投票の可能性

伊勢﨑　国民投票についてですが、法学の専門家や国会が、条文の改正案の選択肢を国民に選ばせる、ということとならわかるのです。

けれど、国際法と矛盾する、明らかな欠陥条項を維持する「護憲」という選択肢が、なぜ国民に提示されなければならないのか、僕には納得がいかないのです。

いま、巷《ちまた》で議論されている国民投票は、提示される改憲案ひとつで、それに対してイエスかノーかだけを問うものですね。でも、なぜ「改憲か護憲かではなく、どう改憲するか」を国民に問うものにできないのでしょうか。

どうしても「護憲」が外せないなら、複数の改憲案を提示する方法もありえると思うのです。いまから議論しても、間に合わないのでしょうか。護憲派政党と議員が理性的になって9条2項の欠陥を認めれば、国民投票は、あるべき姿になると思うのです。

井上　国民投票で、違うテーマについての複数の改正案、たとえば自民党の改憲4項目のようなものを同時に提示し、そのひとつずつの賛否を問うことはできます。

ただ、憲法96条1項は国民投票で「過半数の賛成を必要とする」としていますから、同じテーマについて複数の案を発議し、国民投票で一番得票数が多かったものに決めることは、想定されていないと言えるでしょうね。たとえば、A案とB案という2案だけでも、A案賛成40％、B案賛成30％、いずれにも反対30％となって、過半数の賛成を得られるものがなく、国民投票で決定不能ということになりえますから。

しかし、国民投票法（正式には、日本国憲法の改正手続に関する法律）の2014（平成26）年制定附則の5項に、「国は、この法律の施行後速やかに、憲法改正を要する問題及び憲法改正の対象となり得る問題についての国民投票制度に関し、その意義及び必要性について、日本国憲法の採用する間接民主制との整合性の確保その他の観点から更に検討を加え、必要な措置を講ずるものとする」と定められています。

この附則が検討を求めている国民投票制度は、憲法96条の国民投票とは別で、憲法改正国民投票にかけるべき憲法改正案を国会が発議する前に、どのような憲法改正が必要かについて国会が審議するための参考として、国民の意見を問うための国民投票で、「諮問型国民投票」と呼ばれています。

つまり、憲法改正について正式に決定するのではなく、どういう問題についてどのような憲法改正が必要かについて国民に諮問するための投票制度なので、ここでは、複数の選択肢を提示し、どれが良いか国民に選んでもらい、それを国会の憲法審査会（※17）や本会議での議論の参考にする、ということは可能です。

たとえば、A案、B案、C案を諮問型国民投票にかけた結果、C案を推す声はほとんどなく、A案とB案を推す声が拮抗《きっこう》していたとする。それを受けて、国会の憲法審査会はまずA案をもとにした憲法改正案をまとめ、衆参両院がそれをさらに審議して最終的な憲法改正案を発議してみる。それがもし国民投票で否決されたら、B案をもとに改正案をまとめる、それも否決されたら、A案とB案を調整し統合した改正案をまとめる。といった方法も可能性としてはありえます。

事前に諮問型国民投票で、国民の広範な支持を得ている諮問案をベースにして憲法改正案を練ることになるので、衆参両院の3分の2以上の議員の賛成という発議要件もクリアしやすくなるでしょう。

伊勢﨑　そういうこともできるわけですね。いまのまま「安倍加憲」が唯一の改憲案になったら、「護憲」という〝欠陥〟と、「安倍加憲」という〝欠陥の明文化〟のどちらかを国民に選べということになってしまう。戦後初めて行う改憲の是非がこれか、と思ってしまう。哀れすぎます。

井上　国民投票法の2014（平成26）年附則は、このような諮問型国民投票制度を検討して、その実施のために必要な措置を「速やかに」講じることを国に義務づけているにもかかわらず、まだ何も検討されずに放置されています。護憲派政党はそもそも憲法改正したくない、安倍政権・保守勢力は改憲案の内容形成のイニシアチブを国民に委ねたくない、そういう両者の思惑が重なって、諮問型国民投票は、検討されないまま、塩漬けにされるということも考えられます。

とくに護憲派の妨害が許しがたいですね。憲法改正国民投票を彼らは国民を欺罔《ぎもう》し扇動する悪しきポピュリズムだと批判する。この批判自体が事実を歪曲する不公正なものですが、もし、そういう批判をするなら、国民的熟議をよりよく促進するものへと国民投票法を改正する責務があるはずなのに、とにかく国民投票をさせないことだけのために、その責務を履行しようとしない。

国民投票法改正について、国民投票前のテレビ広告規制問題がいまは主たる論点になっていますが、諮問型国民投票制度の実現も喫緊の課題です。一般国民が、憲法改正権力を行使する主権者は自分たちだという自覚を持って、単に国会が発議した改正案にイエスかノーかを言うだけでなく、改正案形成過程に自分たちの意思を投入できる諮問型国民投票の実現に向けて、与野党を問わず政界全体に対して圧力をかけるべきでしょう。

※1　**木村草太**　首都大学東京教授。従来の政府見解、内閣法制局の見解を追認する形で、憲法13条において「生命、自由及び幸福追求に対する国民の権利」の保障が定められている以上、武力による防衛と反撃は合憲であると主張している。

※2　**修正主義的護憲派**　井上達夫氏はいわゆる護憲派を大きく2つに整理している。「修正主義的護憲派」とは、専守防衛・個別的自衛権の枠内でのみ武力行使を許された自衛隊は、「戦力以下の実力組織」であり、9条2項の「戦力不保持」とは矛盾しない、とする立場。代表的な論者に東京大学名誉教授であり、2015年の安保法制の審議において自民党の参考人でありながら法案を違憲と断じた長谷部恭男氏らがいる。一方、自衛隊は憲法違反であるとする立場を井上氏は「原理主義的護憲派」と呼んでいる。自衛隊は違憲としながらも、決して自衛隊の即時解散を主張せず、「政治的に」自衛隊の存在を容認している点が特徴。

※3　**憲法76条2項の特別裁判所の禁止規定**　軍法会議、皇室裁判所、行政裁判所、憲法裁判所など、通常の裁判所体系から外れる「特別裁判所」の設置を禁止している。

※4　**防衛出動**　外国からの武力攻撃もしくはその切迫に対抗するため自衛隊が出動すること。自衛隊法第76条に定められている。治安維持のために警察力を補完する「治安出動」とは区別される。

※5　**ゴー宣道場**　漫画家の小林よしのり氏が主催する「身を修め、現場で戦う覚悟をつくる公論の場」という思想の道場。

※6　**中曽根康弘**　1982〜1987年、内閣総理大臣を務める。対ソ冷戦が再び激化するなか、米国のレーガン大統領と親密な関係（「ロン・ヤス」関係）を築くことに成功。日本は米国の「不沈空母」と

いう発言に象徴されるように、親米的な外交で長期政権を樹立。大幅な減税と金融緩和による、いわゆる「レーガノミクス」に対応、国鉄民営化など新自由主義的な政策を推進した。

※7　**ワシントン会議**　第一次世界大戦後の１９２１～１９２２年、ワシントンD.C.で開かれた国際軍縮会議。太平洋地域における日本の勢力拡張を問題視した米国、および英国によって利用される。その結果、第一世界大戦の戦勝国であるにもかかわらず、日本は日英同盟の破棄や、日本の海軍力を英米の6割に固定されたほか、中国の門戸開放と日本がドイツから獲得した山東省の権益の放棄といった、さまざまな不利益を甘受することになった。

※8　**満州事変**　１９３１年、当時日本が保有していた南満州鉄道が爆破された「柳条湖事件」をきっかけに、当該地域に進出していた「関東軍」が満州全土を占領、満州国を建国するまでの一連の事件。「柳条湖事件」自体が甘粕正彦憲兵大尉らによる自作自演の謀略であり、陸軍中央が不拡大方針を決定したにもかかわらず、石原莞爾作戦参謀らはこれを無視。陸軍中央も関東軍の行動を事後的に追認した。

※9　**リットン調査団**　満州事変および満州国の実態を調査するため、国際連盟がイギリスの伯爵リットンを団長として派遣した調査団。

※10　**熱河省《ねっかしょう》を攻撃**　いわゆる熱河作戦。１９３３年、満州国と境界を接する熱河省を関東軍が爆撃。蔣介石軍と日満連合軍の大規模な衝突に発展した。

※11　**石原《いしはら》莞《かん》爾《じ》**　戦前の軍人。関東軍作戦参謀として、柳条湖事件以降のいわゆる満州事変を指揮、本国の命令を無視し関東軍を独走させる。陸軍きっての理論派として知られ、核兵器のような絶大な破壊力を持つ兵器の登場が通常戦争をなくすという『最終戦争論』を著す。

※12　**ユルゲン・ハーバーマス**　ドイツの哲学者。フランクフルト学派の後継者として、出版の自由などが保

障された公共圏における自由な討論こそ正義が成り立つ条件であるとして、専制的な政治体制やマスメディア、巨大企業が市民共同体を封建化していることを批判。人間の原初状態に正義の起源を求めたアメリカの哲学者ロールズとの論争でも有名。

※13 **マンハッタン計画**　第二次世界大戦中、ナチス・ドイツの核兵器研究に対抗して、アメリカ・イギリス・カナダによって進められた核兵器開発計画。

※14 **砂川事件**　東京都砂川町（現立川市）にあった米軍基地の反対運動を巡る一連の訴訟。とくに1957年にデモ隊が基地に侵入して逮捕された事件についての裁判がよく言及される。裁判で被告側は、戦力不保持を定めた日本国憲法に、米軍基地の存在は違反しているとして無罪を主張。裁判が実質違憲訴訟となった。1審では被告の主張を認め、米軍基地は違憲だとする判決（いわゆる伊達判決）が下る。事態を重く見たアメリカは執拗《しつよう》な内政干渉を行い、最高裁判決では1審を覆すことに成功。この最高裁判決において、最高裁は日米安保のような国家統治の基本に関する高度な政治性を有する国家の行為については、裁判所は関与せず、政治が判断すべきだという「統治行為論」が採用され、以降の違憲審査に大きな影響を及ぼしている。

※15 **山尾志桜里《やまおしおり》議員の「立憲的改憲」**　2015年の安保法制で集団的自衛権行使を一部容認したことには憲法違反の疑いがあり、現状の日本国憲法（とくに9条）は権力をしばる力を失っている。それゆえ権力者の横暴を止めるためには改憲が必要だと、立憲民主党の山尾議員は主張している。

具体的には以下の条項を9条に追加する案を提出している。

〈第9条の2〉

1項　前条の規定は、我が国に対する急迫不正の侵害が発生し、これを排除するために他の適当な手段がない場合において、必要最小限度の範囲内で武力を行使することを妨げない。
2項　前条第2項後段の規定にかかわらず、前項の武力行使として、その行使に必要な限度に制約された交戦権の一部にあたる措置をとることができる。
3項　前条第2項前段の規定にかかわらず、第1項の武力行使のための必要最小限度の戦力を保持することができる。
4項　内閣総理大臣は、内閣を代表して、前項の戦力を保持する組織を指揮監督する。
5項　第1項の武力行使に当たっては、事前に、又はとくに緊急を要する場合には事後直ちに、国会の承認を得なければならない。
6項　我が国は、世界的な軍縮と核廃絶に向け、あらゆる努力を惜しまない。

※16　**旧3要件**　2014年に集団的自衛権の行使容認を閣議決定するまで、憲法9条のもとでの武力行使が可能な条件とされていたもの。具体的には次の3つ。「我が国に対する急迫不正の侵害があること」「これを排除するために他の適当な手段がないこと」「必要最小限度の実力行使にとどまるべきこと」

※17　**憲法審査会**　憲法改正などを審議する国会の一機関。2007年に成立した国民投票法に基づき設置された。憲法改正案はまず憲法審査会の議論を経て、衆参本会議の3分の2以上の賛成によって発議され、その後国民投票において過半数の賛成を得て憲法改正が認められる。ちなみに、このように改正のハードルが高い憲法を「硬性憲法」と呼ぶ。

第3章
いまこそ
日米安保の見直しを!

米朝合意がはらむ日本にとっての危険性

田原 2017年の夏ごろ、米朝間の緊迫したやりとりがあった。もしもアメリカが北朝鮮に武力行使をしたら、報復攻撃を受けるのは韓国と日本だ。日本は戦場になる。

こういうときに、官邸も、自民党の幹部も、政府の人間も、戦争を回避する方策を誰も安倍さんに進言しなかったという。この国の危機をどうするのか、誰も考えていないんだ。

井上 誰かに言われなくたって、首相でしょう。最低限の戦略くらい、なぜ用意していないのか。本当にあきれますね。

田原 2018年6月12日にトランプは金正恩と会談して、核放棄を認めさせたわけだ。

井上 核放棄の意味が問題ですね。いずれにせよ日本が素直に喜べる話ではないですよ。トランプの考えはころころ変わるけど、アメリカの基本的な対北朝鮮戦略とは、おそらくは次のようなもので、あまり変わってはいないでしょう。

北朝鮮はどうやらワシントンまで届くミサイルを開発した。ただ、そのミサイルに搭載する、大気圏再突入時の熱にも耐えられる小型核弾頭の開発には、まだ成功していない。アメリカはそれだけは許したくない。

じゃあ、すでに持っている中距離ミサイルと、それに搭載可能な核弾頭は、どうするのか。北に放棄させるのか。

アメリカは朝鮮半島の非核化を主張していますが、おそらくそこまでは求めないでしょう。粛清によって軍部を強圧的に抑えてきた金正恩にとって、彼の権威を支えてきた軍事強国化の象徴である、既存の核の全面放棄は、彼の国内的権力基盤を危うくするし、対米交渉力の基盤も放棄することになるから、やるはずがない。アメリカもそれはわかっているし、自国本土に届く核の開発を北朝鮮が中止してくれれば、とりあえずそれでいい。

となると、日本に向けられた北の核は、そのままです。単に放置されるだけでなく、米朝合意によって、日本全土を射程に収めた北朝鮮のミサイルと核の存在に、トランプが事実上のお墨付きを与えることになる。

だから、安倍さんに日本の安全保障を確保する気が本当にあるならば、現状のままの米朝合意を歓迎してはいけない。その現実的帰趨《きすう》を自覚して、本当なら警戒すべきです。けれど安倍さんは対米従属傾向を強めるばかりで、北朝鮮問題でもトランプの尻馬に乗っている。

田原　米朝が一触即発の危機を迎えた２０１７年の夏、もし井上さんが首相だったらどのように対応しましたか。

井上　私はリアリストですから、日本の安全保障のために、もっと醒めた姿勢をとれと主張していました。私の主張は過激に響くかもしれませんが、戦略的には常識的なものです。「朝まで生テレビ！」でもお話ししましたが、日本と韓国だけが北の核ミサイルの射程内に置かれ、アメリカ本土には届かないという、いまの状態は危ない。

この状況で、トランプが北朝鮮に挑発を繰り返すのは、日本の防衛上、大変危険です。だから、これを避けることが日本の戦略となる。アメリカに届く北の核ミサイルが完成すれば、それは同時にヨーロッパにも届く。すると、日韓だけでなく、アメリカ、それにEU（欧州連合）諸国までが、軍事的な対北朝鮮関係において、運命共同体となるんです。

運命共同体というのは、欧米、とくにアメリカが北朝鮮を過度に挑発する行動に出れば、日韓だけでなく自分たちにも北の核の脅威が及ぶ。だから彼らも自制せざるをえない。自らを安全地帯に置き、コストとリスクは日韓だけに押し付けたまま、アメリカが冒険的な軍事行動を北朝鮮に対してとることができなくなる、という意味です。

だから、北朝鮮がワシントンとヨーロッパに届く核ミサイルを完成させ、その存在を世界が受け入れるほうが、日本と韓国だけが北の核におびえるよりも、まだしも日本の戦略的利益になる。

日本の首相にとって、北朝鮮の全面的非核化が可能だなどという願望思考にふけらず、北の核開発がいずれ米国を射程に置く事態を、少なくとも腹の中では容認することこそ、唯一国益にかなう戦略だったはずでした。なのに安倍政権は、トランプに追従する以外、戦略的な行動を何ひとつとってはいません。

田原　ただ、トランプと金正恩はもうすでに会談したから、北朝鮮はもう核開発はやらない。少なくとも核実験やミサイル発射はしないでしょう。

井上　あくまで表面上です。いったん核兵器を持った国にそれを実際に放棄させるのは不可能です。だから、その事実を受け入れて対応するしかない。インドやパキスタンなんかも、そうして核保有国として認知されていったわけです。

良し悪しは別として、北朝鮮の核開発をやめさせることは不可能だから、核保有国グループに北朝鮮を受け入れ、核不拡散体制を保持することが北朝鮮の利益にもなることを自覚させて、核不拡散への責任を共有させたほうがいい。これは、核保有国の安全保障の専門家が本音では考えていることなんです。

アメリカのクリントン政権で国家安全保障会議スタッフを務め、オバマ政権で国連大使を務めたスーザン・ライスはこの本音を公然と表明しているし、英国王立防衛安全保障研究所副所長のマルコム・チャルマーズも、朝日新聞のインタビュー記事で、安全保障専門家の間ではこの見方が常識だと言っている。

田原　アメリカの本音は、北朝鮮を核保有国として認めるほうが安全だと考えている。

井上　既存の核保有国にとってはそれが戦略的な本音です。だとすれば、日本も建前上は北の非核化を望む姿勢を表明するにしても、北の核開発をやめさせることは事実上無理だという認識の下で、「北の核」が、日本だけを人質にするのではなくアメリカをも運命共同体に巻き込んでゆくことを容認する「シナリオB」を、腹の中でしっかり描いて行動するべきです。北朝鮮の核問題については、こういう戦略的思考に立った「大人の腹芸」が必要です。

自衛隊法では軍事犯罪を裁けない

伊勢﨑　２０１７年にソウルで開かれた太平洋陸軍参謀総長会議に出席したことはすでに言いました。僕を呼んだのはアメリカ太平洋陸軍司令官ロバート・ブラウン大将です。

ちょうどトランプがツイッターで宣戦布告みたいなメッセージを発信していたときです。日本の報道は、米朝開戦の危機を煽りに煽っていました。こんなときですよ、アメリカ軍は32カ国の軍のトップだけを集めて、38度線から数十キロメートルしか離れていない首都ソウルで会議をやっていたのです。韓国のメディアは、驚くほど冷静でしたよ。すわ戦争かと、キーキー、キャーキャー騒いでいたのは日本だけです。

なぜこの会議をこの時期に、それもソウルで開催したかと言えば、アメリカ陸軍には２つの思惑があったと思います。

ひとつは、北朝鮮への最終的な示威行為。つまり、金正恩に対して、お前を倒した後のことも考えているぞ、それも、アメリカ軍統一司令の国際部隊で、という意味です。

田原　なるほど。アメリカは金正恩を倒すつもりがあったんだ。

伊勢﨑　断首作戦および38度線付近に北朝鮮が配備している大砲などの通常戦力を無力化するところまではシミュレーションできていました。問題は、その後の軍事占領です。敵国政権を倒しただけでは戦争はとうてい完了しないことを、いやそれいかんによっては、開戦自体が失策であるとアメリカ国民に思わせてしまうことをアメリカ軍は経験しているのです。本当の戦争はここから始まるのです。

もうひとつの思惑は「陸軍だからこそ」のものです。空軍であれば爆弾を落として基地に帰ってくればいい。しかし軍事占領で、インサージェント化した敵と血みどろで戦わなければならないのは陸軍なのです。だからアメリカの一行政機関として、大統領に軍事占領のコストとリスクを勘案して戦争の政治決断をさせたい、という。

会議の性格上、国名と名前は明かせませんが、僕の講演を聞いた参謀総長たちの反応は、こっちの思惑を示唆するものでした。そもそも僕への依頼は、占領統治の負の教訓を話すことでしたから。

こんな感じで占領の実務を議論していると、日本の自衛隊をどうするかという話になるわけです。

田原 なるほど。

伊勢﨑 繰り返しますが、結論として自衛隊は使えないのです。

田原 なぜですか。

伊勢﨑 駐留軍が占領中に巻き起こす過失や事故が、現地民衆の駐留軍への憎悪の拡大の引き金となり、最終的に占領政策を失敗に導くことを、アメリカ陸軍は経験しているからです。と同時に、アメリカは軍事占領を「国際化」しなければならない。つまり、アメリカへの憎悪を国際化によって「中和」させるために、アメリカ軍単独ではなく、多国籍軍として行う。よって、日本の自衛隊の参加も望まれるのですが、使えない。

当たり前です。駐留軍が事故を起こしたら、その兵士は即、本国送還。統合司令部にとって、現地社会には「その派兵国のちゃんとした法廷で厳しく裁くから」と言い訳するしかないのですね。

軍事占領は永続化できませんから、必ず被占領社会に新しい「主権」を作らなければならない。それと同時にナショナリズムも芽生えてくる。現地社会は、法的な説明責任を日増しに要求するようになる。新しい「主権」が、駐留軍と「地位協定」を結ぶようになったら、なおさらです。
占領統治に参加するには、現地と地位協定を結ぶことになるんです。つまり、占領軍が事故や犯罪をおかしたときに、誰がどう処理するのか、裁判権をどうするかを人民に示さないと、反感を買うわけですよね。

田原　日本の自衛隊法は隊員の犯罪を裁けないんだ。

伊勢﨑　そうです。自国できちんと裁判しますという「言い訳」ができない国の軍隊は、単に、危なっかしくて使えないのです。民衆を味方にするしか勝てない現代の戦争において、日本の自衛隊には戦略上致命的な欠陥があるのです。
これは、国連ＰＫＯでも同じです。
僕は、２０１８年12月にも、今度は韓国政府がホスト国として、国連ＰＫＯのハイレベルの実務者会議を開催するということでソウルに呼ばれました。ニューヨークの国連本部にはＰＫＯ局があって、その中でも軍事部門（Office of Military Affairs）からトップの中将と幹部チーム、そして先進国を含む20の兵力提供国政府の、派兵を司《つかさど》る部局のトップだけの会議でした。現在、新しい国連事務総長アントニオ・グテーレスは、ＰＫＯの大きな改革を推し進めていますが、国連地位協定の話をしてほしいということで僕が呼ばれました。

田原　国連地位協定？

伊勢崎　ＰＫＯは必ず地位協定を結ぶのです。たとえば、自衛隊も派遣された南スーダンでは、国連ＰＫＯは派遣されたすべての派兵国を代表して南スーダン政府と地位協定を結んでいたのです。自衛隊もその国連地位協定の中に含まれていたのですよ。

いま、国連は大きな過渡期にあり、ＰＫＯを取り巻く環境が大変に悪化しているのです。

田原　どういうことですか。

伊勢崎　いまのＰＫＯは、言わば３Ｋです。つまり、嫌われる、殺される、金がない、の３Ｋ。

まず嫌われるという点について。ご存じの通り、いまのＰＫＯは「住民の保護」を主要任務として始めました。１００日間で１００万人の住民が犠牲になったとされる１９９４年のルワンダの大虐殺など、国連ＰＫＯが現地にいながら、国連の「中立」を重んじるばかりで何もできず、住民を救えなかった。そのトラウマが、歴史的な契機になっています。コンゴ民主共和国では、この20年間に６４０万人の住民が犠牲になっています。人道介入の要請が、一種のポリティカルコレクトネスとして世界を席巻しているのです。つまり、国連ＰＫＯが、その国家の国軍と警察に代わって、国民の安全を確保する。その国軍と警察、またはそれらが操る武装集団が住民への脅威になっているケースが多いので、どんな国にもあるナショナリズムを当然刺激してしまう。彼らから見たらＰＫＯは招かれざる占領軍なんですね。だから嫌われる。

こういう敵意に満ちた現場の環境では、当然、ＰＫＯ要員の心も荒《すさ》むのですね。外国部隊にとって、住民が、悪い政府や武装組織寄りなのか、それとも無辜《むこ》の民なのか、なかなか判別できませんから、当然、住民に銃口を向けなければならなくなる。事故も起こる。そして荒んだ心が、現地での買春などの問題行動や犯罪に向かわせる。するとさらに嫌われる。

その結果、ＰＫＯは襲われる。つまり「殺される」のです。最近の5年間ではすでに２００人以上が敵対勢力の攻撃によって死んでおり、これは国連が創設されて以来最大で、いまこの瞬間でも殉職者数は積み上がっているのです。

殺されないためにはどうするか。第一に、「より高度な兵器、武器を」となるのが当然です。先進国はＰＫＯにあまり兵を出したがらないので、提供する兵力に応じて国連から支払われる外貨を目当てに、どうしても発展途上国や周辺の貧しい国々が主体になってしまいます。当然、携帯する武器も装備も貧弱で、それを支給しようにも、国連は慢性的な財政難です。金がない。

こんな袋小路の状況で、できることは、「気を引き締める」ことしかありません。でも、どうやって引き締めればいいのでしょう。だいたいＰＫＯの兵士たちは、「なぜ他国の国防をやらされるのか」と思って来ていますから、基本的にやる気がない。ですから、現在のＰＫＯ改革を席巻しているのが「No caveats」。つまり「『取り扱い説明書』にノーを」というスローガンです。

ＰＫＯに派兵する国連加盟国には、それぞれの「事情」があり、国連に特別待遇を要求することがあります。あまり危険な場所と任務を割り当てないでくれ、という要望は、日本以外の先進国にも普通にあります。実射の前の威嚇射撃を国内法で認めていない国もある。一方で国連の標準ＲＯＥ（武器の使用基準）は認めていますから、異なる国籍の部隊が一緒に行動する現場では混乱が起きる。さらに、ＰＫＯ派遣の是非が国内で揉めた末の派兵であれば、そういう国の部隊は当然「撃ちにくく」なるわけですが、そんな国の個別ルールを認めたら一緒に行動するほかの国の部隊のやる気がさらになくなってしまう。

そういう理由で、各国に固有の「取り扱い説明書」、あれはできない、これはできないというわがままは駄目ということになっているのが現在の国連ＰＫＯ改革なんです。そんな中、わがままの最たるものが、日本の自衛隊なのです。一番安全な時期に、一番安全な場所で、一番安全な任務しかできないという。

このソウルでの国連ＰＫＯのハイレベル実務者会議で、僕が頼まれた講演の内容は、ＰＫＯ部隊が戦争犯罪や軍事的な過失をおかした場合、これ以上「嫌われない」ためには、国連地位協定を運用するＰＫＯ統合司令部は何に留意すべきか、というものでした。答えはひとつ。現地社会への法的なアカウンタビリティーです。

当然、日本のことを話題にしなければならなくなります。

日本は、戦争犯罪を起訴する法体系も、自衛隊員個人の海外での過失を起訴する法体系も、何も持ち合わせていない。そう僕が言ったときの、20カ国の政府代表団の反応といったらなかった。まさに会場全体が凍りつきました。

田原　みんな知らなかったわけね。

伊勢﨑　そんなことは、地球上にあってはならないことですから。当然のことながら、代表国の目は国連本部ＰＫＯ局のチームに向けられました。彼らはうなだれていました。

会議のあと、そのＰＫＯ局の幹部のひとりが僕に寄ってきて、静かに握手を求めてきました。今後、日本政府と自衛隊関係者がこういった国際会議の場に参加し、発言を求められることはないでしょう。少なくとも実務家のレベルでは三行半《みくだりはん》を突きつけられたと思います。

田原　繰り返し聞きますが、なぜ自衛隊法は軍事犯罪を裁けないんですか。

伊勢﨑　「軍事組織を持たないことになっているから軍事犯罪をおかす心配もやめる」という9条2項があるからです。軍事犯罪とは軍事組織、つまり「戦力」が犯すものですから、軍事犯罪を裁く法律を作ると、9条2項の「戦力の不保持」と明確に矛盾します。

これまで、政府および一部の憲法学者は「自衛隊は戦力以下の実力組織だから9条2項に抵触しない」という言い訳、つまり「解釈改憲」で、この矛盾を何とか回避してきました。ですが、軍事犯罪を裁く法律を作れば、解釈改憲の余地は一切なくなってしまう。

井上　一般の刑法では、攻撃してくる者に対する正当防衛や緊急避難でないかぎり、人を殺傷したら犯罪です。ところが自衛隊法では、前に説明したように、防衛出動命令が出たら、自衛隊は通常の軍隊と同様、ネガティブリストのルールで、防衛のために武力行使ができる。日本の領土・領空・領海を侵犯する敵を見つけたら、向こうが攻撃してくる前にこちらから攻撃してもいいわけですよ。

こういう攻撃ができるのに、それを自衛隊にさせられないのは、これも前に言ったように、自衛隊法上禁じられているからではなく、交戦法規違反を裁く国内法体系が憲法9条2項により欠損しているからです。

撃てない自衛隊を海外派遣する無責任

田原　繰り返し、初歩的な質問ですが、防衛出動って誰が決めるのですか。

井上　自衛隊法上、内閣総理大臣が命令主体です。形式的には閣議決定もしますが、反対する閣僚は辞任するでしょう。防衛大臣は総理大臣の承認を得て、防衛出動待機命令を出せます。

田原　一番の問題として、防衛出動に国会の承認はいらないんだよね。

井上　憲法上は、その通りです。日本では戦力の保有・行使を禁じる憲法9条2項があるため、憲法で戦力行使に国会承認を要求することは論理矛盾になり、できません。国会承認を求める法律の定めは一応ありますが、法律で要求しても、法律は時の選挙に勝った勢力によって簡単に変えられてしまう。これが最大の問題です。

いまの法律でどうなっているかというと、自衛隊法76条はいわゆる「事態対処法」（「武力攻撃事態等及び存立危機事態における我が国の平和と独立並びに国及び国民の安全の確保に関する法律」）9条の手続きに従って、防衛出動命令の国会の承認を要求していますが、この事態対処法9条4項と7項により、緊急の場合は例外的に事後承認でもいいとされている。防衛出動は常に政府が「緊急の場合」だとするでしょうから、原則と例外は逆転し、事後承認が原則化すると思います。

しかし、事後承認だと意味がありません。事態対処法9条11項により首相が防衛出動命令を出した後で、国会が不承認の議決をしたら、防衛出動した自衛隊を撤収させなければならないとしていますが、すでに敵と戦闘が始まっているのに、自衛隊を撤収させられるはずがない。敵が「はいそうですか、ではうちも戦闘をやめます」と言ってすぐやめてくれますか。事後承認の場合、国会は将来に向けての停戦工作を政府に要求するとしても、防衛出動命令自体は承認せざるをえず、事実上形骸化するでしょう。

自衛隊の海外派遣については、２０１５年の安保法制の一環で成立した国際平和支援法によって、国連総会または安保理の承認によって派遣された多国籍軍の後方支援に自衛隊が参加する場合には、例外なく国会事前承認が必要とされています。

田原　海外に派遣しない防衛出動なんてあるのかな。

伊勢﨑　だいたい防衛出動で想定される現場は、国内か国外か、あるいは尖閣諸島のような領土係争地など、外交的に課題が山積する微妙な地域ばかりでしょう。そういうところでまったく意図しないにもかかわらず、偶発的な「衝突」が起こり、「戦闘」になれば、その事件性を裁定するのは国際法しかありません。憲法や国内法ではないのです。

たとえばPKOへの派遣は、1992年に成立した「PKO協力法（国際連合平和維持活動等に対する協力に関する法律）」の手続きで可能です。ただ、もしPKO部隊が戦闘に巻き込まれれば、国際法による裁定しかありませんし、その国際法が軍事犯罪は国内法で起訴することを求めているのに、日本にその法律がないとなれば、日本はじっとしていても常時、国際法違反をしていることになります。

田原　だって、日本のPKO部隊は交戦権（※1）を持ってないのでしょう。

伊勢﨑　田原さん、「交戦権」は日本人の国際法の議論をミスリードさせる言葉なんです。「交戦権」という言葉は9条2項に残っており、日本人の頭に定着していますが、国際法の世界ではもはや何の意味も持っていません。

そもそも「交戦」を国家の〝権利〟だと考えるのは正しくありません。紛争解決の手段としての戦争は国連憲章において否定されています。権利としての「交戦権」を持つ国家はありません。むしろ、国際人道法を守りその違反を起訴するという〝義務〟だけがあります。

９条２項の「交戦権の否認」は、要するに、もともと意味のない〝権利〟を放棄しているのです。無意味な文言だから放っておけばいいですまされないのは、日本人に「自分たちは交戦権を放棄するという偉業をなしとげた」という恍惚《こうこつ》感を与える効果を発揮している。その恍惚感が、主権国家としてもっとも大切な〝義務〟を忘却させている。

田原　１９９６年からＰＫＯは交戦権を持つことにしたじゃないですか。

伊勢崎　いえ。別に国連ＰＫＯが〝権利〟を得たから喜んでいるのではなく、国連も普通の交戦国と同じように国際人道法を遵守し戦争犯罪が裁かれるという〝義務〟が発生しただけです。

ＰＫＯのような国連安保理が承認する国連の部隊が、正式に国際人道法の遵守を決めたのは、１９９９年です。当時の国連事務総長はコフィ・アナンでした。

田原　実は南スーダンに自衛隊を派遣したのは民主党なんですよね。

僕は野田佳彦さんに、ＰＫＯに交戦権はあるのか、日本のＰＫＯにはないんだぞ、これでいいのかって言ったら、彼は知らなかった。

伊勢崎　はい。国連の重大な決定を一番先に知る必要があるのは外務省ですが、僕が知るかぎり、外務省の在ニューヨーク日本政府国連代表部は、組織的にこれを完全に無視しました。

外務省がこうですから、政治家にいたっては、そんなものでしょう。

田原　いや、でも、彼は当時、総理大臣だよ。

伊勢﨑　旧民主党政権は、その中枢に護憲派の議員がたくさんいましたからね。僕は、旧民主党政権が、自衛隊の南スーダンＰＫＯを決定しそうになったとき、「これは大変なことになる」と思って、考え直すよう説得して回ったのです。僕の行動としては本当に例外中の例外なことですが、中枢にいた懇意な議員に自分から面会を申し出て、「１９９９年の時点で日本はＰＫＯへの部隊派遣の資格を失っている」と説明しました。

１９９９年国連事務総長告知では、ＰＫＯを受け入れる現地政府としっかり国連地位協定を結び、国連部隊が国際人道法をしっかり遵守することを誓うことになっています。

もし国連部隊が違反行為を犯したら、裁判権を現地政府に放棄させる代わりに、派兵国政府が責任を持って国内法廷で起訴することを約束する、としているのです。つまり、違反行為を起訴する国内法廷を持っていない国は、そもそも部隊を派遣できないのです。

繰り返しますが、日本はこの国内法廷を持っていません。

しかし、日本政府は、自衛隊海外派遣の実績を作るという「政治」を優先し、一番安全な時期に、一番安全な場所で、一番安全な任務をやっていれば大丈夫という希望的観測だけで、ＰＫＯ派遣を強行しました。しかし、この希望的観測が無残に崩れ去ったのが、先ほどの「南スーダンの事件」です。

先ほども言いました、僕が出席したソウルでの国連ＰＫＯハイレベル実務者会議においては、「南スーダンの事件」直後に自衛隊が部隊を撤退したことは、国連ＰＫＯ局の軍事部門の首脳によって明確に「恥ずべき行為」とみなされていました。

そもそも、事件の最大の被害者は現地の住民です。そして自衛隊を含むＰＫＯの主要任務は住民の保護なのです。日本政府が「任務完了」と言おうが、主要任務がもっとも深刻に問われる状況で部隊を引き揚げたのは、「恥ずべき足抜け」、敵前逃亡にほかなりません。

国連安保理はこの「事件」を受けて、ＰＫＯ部隊の増兵と任務遂行に向けて国連加盟国にさらなる結束を要請しました。国連外交の「政治」がどうあろうと、軍事の「実務家」にとっては、自衛隊の撤退は失策なのです。

しかし国連は自衛隊の撤退について、「遺憾」の表明は出さず、目立たないように流しました。これ以上自衛隊を南スーダンに駐留させて、もし軍事犯罪をおかすような事態になったら……。国連地位協定の約束を履行できない国の部隊がＰＫＯに紛れ込んでいた、このことを南スーダン政府が知れば大問題になります。国連はそんなリスクをとれません。

ちなみに旧民主党政権のときに僕が説得に回った護憲派議員たち、自制心を発揮してその名前は伏せることにしますが、彼らは僕にこう言いました。

「伊勢﨑さん。あなたの意見はまったく正しい。でも、護憲派の議員として、改憲につながる発議をすることはできない」と。全員がそう言ったのです。

ソウルの会議での印象を見るかぎり、少なくとも国連PKO局の軍事部門が、日本に部隊派遣を要請することは、今後はないでしょう。

田原 もしそうなら、いいことじゃない、日本にとって。

伊勢﨑 いえ、問題は「政治」なんです。国連でも軍事的な実務の正論と「政治」は必ずしも一致しません。自衛隊が「取り扱い説明書」だらけだとわかったうえで、これまで国連が自衛隊のPKO参加を受け入れてきたのも、「政治」です。

田原 ちょっと待って。しかし、要請されないということは、日本にとっていいことじゃない。

伊勢﨑 いえ、海外派遣の実績が欲しい日本の「政治」はそう考えていません。それに資金難に悩む国連の「政治」は、自衛隊には日本のODA（政府開発援助）が付いてくると考えています。両者の「政治」の思惑が合致すれば、南スーダンと同じ愚行が繰り返されます。

ただ、軍事の責任の取れない軍事組織の脅威の下に置かれる現地住民の身になって考えれば、これがいかに非人道的なことかおわかりになりますね。

田原 でも前におっしゃっていた、北朝鮮を攻撃するとき、日本は参加できないという話と同じく、日本にとってはいいことじゃない。それに、国連が資金難ならば、日本に資金を出せと求めればいいじゃないですか。

伊勢﨑　いえ、日本国憲法の前文にも悖《もと》る国家の恥です。

僕は防衛省の統合幕僚学校で、もう10年以上教えていますが、僕の講義を熱心に聞く彼ら未来の幕僚幹部候補生の目からは、日本国民への思いと、日本が世界の秩序の維持に貢献するんだという真摯な思いが伝わってきます。

僕には非常に忸怩たる思いがあります。こんな不道理な恥がありますか。

田原　恥でも何でも、戦争をしないっていうのはいいことじゃない。

井上　なぜ海外派兵をするようになったかというと、1990年代のイラク・クウェート戦争、いわゆる湾岸戦争で、日本は自衛隊を出さず、130億ドルの資金協力をしました。正確には、最後になって少しだけ自衛隊を出したのですが、「too little, too late」だと言われてしまった。クウェートが出したお礼の新聞広告には、日本の名前は載っていませんでした。130億ドルも出しながら、まったく感謝されなかった。

田原　そうですね。だからお金だけではなく、人的支援をしなければならないと。

井上　それが、外務省や日本の政治家にとって、トラウマになったわけ。だから、日本はこれから、金だけじゃなく、人も出し、血も流すと。血を流すとまではっきり言わないにしても、人を出すということは血を流すリスクを負うことを当然意味します。

１９９０年代には、それが結構世論の支持を得たんですよ。世論調査で改憲論、９条改正派のほうが多かったくらいです。そういう世論を受けて、海外派兵をどんどん既成事実化していったわけですよね。

自衛隊をＰＫＯ派遣する資格が日本にあるのか

伊勢﨑　戦争をしなくてよかった、自衛隊の派遣要請がなくなれば日本にとっていいことだという話ですが、国連による集団安全保障が、戦争と一緒に括られると、大変に違和感があります。

アフガニスタンやイラクを見ればわかるように、現代の「戦争」は、ほとんどすべてのケースで、国連安保理の決議を引き出し、集団安全保障の形をとります。つまり、日本を含む全世界が平和のために立ち上がる、という体裁をとりつくろうのですね。

国連ＰＫＯの派遣先は内戦状態にある国が主ですが、同様に地球規模の人道危機であり、全世界の問題であるという体裁をとります。

そもそも、人道危機が発生する国とは、石油、レアメタル、ダイヤモンドなどの資源国が多い。日本はそういう資源をもっとも無批判にむさぼり、大きな利益をあげている先進国です。

そういうところで無辜の住民が大量に殺されるのを黙認するのは、まず国際外交の建前として、ありえません。人道主義が席巻する国際外交においては、どういう介入かという真剣な議論はありますが、介入しないというオプションはないのです。

共産党は、日本は軍事的な支援はやめて、NGOを通じた貧困対策をやっていればいいと言いますが、国連による集団安全保障と、NGOによる人道支援はまったく別のものと考えるべきです。片方をやっていればもう片方が免除される、という筋のものではないのです。そもそもNGOとは市民の代表として政府から独立しているからこそ「非政府」の人道主義を体現できるのですが、それを支えるべき「寄付文化」でも日本は発展途上国並みなのです。

一方で、PKOに関しては、歩兵部隊の派遣といったドンパチをともなう過酷な任務は、外貨目当ての途上国か、その国の内戦の影響を直接的に被る周辺国が担っているというのが「現実」です。先進国は、たとえ紛争国の旧宗主国であっても、PKO部隊を送りたがらない。例外的に部隊を送っても、日本のように「取り扱い説明書」付きです。

こういう状況を何とか打開しようとしているのが国連の現状です。

本来9条の議論とは、こういう世界の現状認識と密接な関係があるはずです。

重要なのは、憲法や国内法、自衛隊という組織のあり方、PKOに対する政府のスタンスを、国際法に則ったものにすることです。少なくとも国際社会に対して説得力のある言い訳くらいは用意しなければ。一番やってはいけないのは、国際法に抵触するいまの憲法のまま自衛隊を国外に出すことです。

ただ、国外に出さなければいい、というわけではありません。現行の9条の条文を守りたいばかりに、自衛隊を国外に出さなければいい、ＰＫＯにも出さなければいい、という意見をよく聞きますが、そういう問題ではないのです。

国際法が裁定することになる武力衝突は、国内や尖閣諸島のような係争地でも起こりえます。専守防衛である以上、そもそも自衛隊が防衛出動するのは原則として国内です。

田原　だって、防衛出動なんかしないよ、日本は。ありえないよ。

集団的自衛権の行使を安倍さんが認めたけど、あれには条件がある。つまり、アメリカがどこかの国から攻撃されたときか、日本の存立が危うくなる場合に限られる。いままでそんなことは一回もなかった。

井上　集団的自衛権以前に、個別的自衛権の問題ですよ。

前も言ったように、在日米軍基地が攻撃された場合は別として、日本の領土・領空・領海が侵犯されたからといって、米軍が出動してくれるとは限りません。

田原　そこが一番の問題。

井上　日本の領土・領空・領海を防衛する第一義的責任は自衛隊にあるんですよ。けれどアメリカに依存してしまって、憲法や安全保障の問題を真剣に考えない。想定の外のことは起こらない。だから日本は安全だ、と。

伊勢﨑　「南スーダンの事件」のように、すべてが希望的観測のもとに進められています。世界では普通に認識されているリスクを、日本人は想定外にして考えようとしません。リスクを想定しないのは9条の条文を維持するためですが、結果として護憲派と自民党はまったく同じことをしてきたのですね。

田原　日本はそういうことを一切考えてないの。

伊勢﨑　はい。でも、考えるべきだと誰かが言わなければいけないでしょう。

田原　そこが問題なんですよ。要するに、東京電力は、福島第一原子力発電所では原発事故は起きないと宣言していた。でも事故は起きた。

伊勢﨑　はい。だから、日本人に考えさせるには、どういうふうにプレゼンしたらいいんでしょうか。

田原　そこがこの本の一番のテーマ。自民党の議員は、みんな安倍さんが怖くて、上には何も言わないでしょう。どうすればいいと思いますか？

井上　やっぱり、アメリカへの甘えがあると思う。困ったときはアメリカが助けてくれるはずだ、という「米国信仰」。けれど、何度も言ったように、これはまったく根拠なき楽観です。

田原　ただの思い込みね。

井上　いわゆる「願望思考（wishful thinking）」ですね。こうあってほしいから、こうあるはずだと信じてしまう。僕は、アメリカ信仰をとくに「幼児的願望思考」と呼んでいます。

アメリカを「強くて優しい慈父」のように慕う、日本の甘えが根底にあるからです。しかし、アメリカは、日本が他国と交戦状態になったとき、その他国を一挙に叩きつぶして日本を無傷のまま保護できるほど「強く」ないし、自分たちの戦略的利益を犠牲にしてまで日本を守ってくれるほど「優しく」もありません。

なぜ自民党の政治家たちはアメリカ信仰にいつまでも浸っているのか。僕はやっぱり、自衛隊を「危なくて使えない軍隊」のまま放置せず、交戦法規に服するまともな軍隊として使えるようにし、日本の防衛における第一義的責任を彼ら自衛隊に負わせるのが、自民党議員たちは怖いんだろうと思います。自国防衛の責任を自分たちが主体的に担うのが怖いんです。

護憲派も自衛隊を日陰者扱いしながら、武装解除はしなくていい、いざとなったら日陰者として命をかけて日本を守れと、虫のいい態度をとるが、山尾志桜里さんみたいに、じゃあ自衛隊は自衛のための戦力だと、憲法にはっきり書きましょうと言うと、反対します。

なぜ反対するのか。いざ戦力として自衛隊をはっきり憲法で認めたら、軍国主義に戻ると彼らは思っているんです。軍国主義に戻るとしたら、それは護憲派を含む日本国民自身が狂うということでしょう。護憲派も、自分たちを含む日本国民が、戦力を主体的に統制することなどできないという、自己不信・自己恐怖に囚《とら》われている。

しかし、こんな自己不信はまったく無根拠だし、自壊的ですらあります。

まず、無根拠性について。治安維持法や軍部の支配が猛威をふるった戦前・戦中と、いまとでは、まったく事情が異なります。9条を改廃しただけで、自動的に軍国主義に戻ることはありえません。憲法で表現の自由が保障されているとか、戦後70年の間、民主制を維持した実績とか、戦争を嫌う国民の感情だとか、そういったものが軍国主義化の歯止めになるはずです。

そして自壊性について。もし、専守防衛・個別的自衛権の枠内で戦力の保有・行使を認めるという9条2項の明文改正、いわゆる立憲的改憲をしただけで、日本国民が軍国主義に傾斜するとしたら、現に護憲派が9条2項を無視し、この枠内なら自衛隊・安保を容認している以上、日本はすでにして軍国主義への道を歩んでいるはずでしょう。非武装中立を捨てた護憲派は、自分たちが軍国主義化を推進していると認めるか、さもなくば、立憲的改憲をしても日本は軍国主義化するわけではないと認めなければならない。いずれにせよ、護憲派の主張は論理的に自壊します。

保守の側も、この不安を無意識のうちに持っている。われわれ日本人には責任を持って自前の戦力を使うことはできない。自分たちはそこまでしっかりしていない。だから、アメリカに頼るほうがまだ安全だと、そういう無意識の声が聞こえるような気がします。

安倍さんが2018年9月20日の総裁選に勝ったとき、NHKのニュース番組で、安倍改憲案は「自衛隊をフルスペックの軍隊にはしない趣旨です」と宣言した話を前にしましたが、まさに安倍さんにも、自分が責任を持って戦力を使うことはできないという無意識がある。タカ派と言われていますが、全然違うなという印象です。

田原　在日米軍の司令官が、在日米軍は日本の「瓶のふた」だと言った。日本が軍拡して強い国にならないように、アメリカがそれを監視し、抑えていると。逆に日本は在日米軍のおかげで軍国主義化に歯止めがかかると安心している。

井上　でも、実は在日米軍は「瓶のふた」にはなっていません。自衛隊は年々拡張していますから。いざ日本が攻撃されたとき、日本を守る「盾」は自衛隊が、敵基地への攻撃などの「矛」はアメリカが担う、という話もありますが、前にも言ったように、アメリカは「矛」の役割すら果たすかどうか怪しいものですよ。

田原　アメリカが守ってくれると思い込んでいるんだ、自民党の幹部たちは。

井上　そう。たとえば尖閣問題で、アメリカは米中戦争のリスクを冒してまで日本を防衛しませんよ。

田原　小野寺五典さんが防衛大臣のとき、北朝鮮がミサイルを日本に撃ち込む前に先制攻撃するかと聞いたら、日本はしない、それをやるのはアメリカだと、彼は言った。

ここが一番の問題だと思う。こういう状況、考え方のもとで、日米関係はどうすればいいのか。これまで平和だったからアメリカに甘え続けるのか、それとも、自立するのか。

なんだかんだ言っても、日本はアメリカを信用しているわけですよ。


井上　アメリカの覇権が終わりの始まりを迎えたと言われています。後でまた説明したいと思いますが、ここで言う覇権とはいわゆるヘゲモニー（**hegemony**）で、これは軍事力や経済力のような物理的実力という意味でのハードパワー（※2-1）ではなく、精神的指導力という意味でのソフトパワー（※2-2）のことです。日本語で言えば、ハードパワーは「覇道」が近い。

アメリカはブッシュ・ジュニアの一方主義的軍事干渉や、トランプの「アメリカ・ファースト」政策で、国際的信用や権威を失墜させ、ソフトパワーたる覇権が崩れてきている。その分、今後はハードパワーを露骨にちらつかせ、覇道に走ることが予想されます。

国際法をまったく無視したシリア爆撃を2度もやりました。もちろん、日本をはじめとする同盟諸国に対しては、いきなり軍事力をちらつかせることはないでしょうが、代わりに、経済権力による「むちゃぶり」が予想されます。

イランへの経済制裁に協力しない国にも経済制裁するぞと、トランプは日本にまで脅しをかけました。中国に対して関税を引き上げ、いわゆる貿易戦争と呼ばれる事態に陥っています。

そのほかにも、TPP（環太平洋パートナーシップ協定）をはじめ、WTO（世界貿易機関）を含む多国間の経済協力から離脱する動きさえ見せています。

いま考えるべきはアメリカ抜きの多国間協調システム

田原　2018年12月、中国のファーウェイ・テクノロジーズ（華為技術）という通信機器会社の副社長がカナダで逮捕された。アメリカは日本にも、あの会社と付き合うなと言ってきている。一種の圧力ですよ。

井上　そう。だから、アメリカの「覇道」的な振る舞いが目立っている。これに対して、日本および国際社会がどう対応すべきかが問題です。

田原　日本はどう対応すればいいですか。

井上　それを語るには、まず私の考える「あるべき世界統治構造」について話をさせてください。主権国家秩序はもう古いという見方が流行《はや》っていますが、これは間違いで、主権国家秩序の脱構築、解体ではなく、再編、再構築こそが必要だというのが私の立場です。『世界正義論』（筑摩書房）という拙著の最終章でこれを論じているんですが、まず世界政府は専制の極限的形態として退けています。諸国家が分立する秩序では、ある国家が専制化しても、ほかの立憲民主国家に亡命するなど逃げる余地がまだある、しかし世界政府が専制化したら、もはや離脱不能で逃げ場がない。また、世界政府はあまりに巨大な存在で、民主的統制は、いまの規模の国家よりはるかに困難です。もちろん、これは相対的な程度の違いの問題ですが、統治構造についての政治的判断においては、程度の違いがきわめて重要な問題なのです。

世界政府論者は国家主権を人権と対置して敵視しますが、これは倒錯しています。マフィアやヤクザ、狂信的カルト、テロ組織のような諸々の社会的暴力集団を抑え込み、個人の人権を実効的に保障するためにこそ、国内統治能力をしっかり持った主権国家が必要です。国際関係においては主権対等原則が主権国家秩序の核心で、これは強大国の事実上の圧力に対して弱小国に拒否権を与え、保護するための規範的な装置です。

主権を必要とするのは、事実上の支配力を持つ強大国ではなく、弱小国なんです。世界政府においては、弱小国は主権防壁を奪われる一方で、主権などなくても軍事力・経済力で自己の意志を貫徹できる大国は、世界政府の統治に強大な影響力を保持できます。

強大国からその軍事的・経済的実力を剥奪し、弱小国に再分配した上で、世界政府を設立する「世界的社会契約」を結べば、平等な世界政府ができるという議論は、平等な世界政府を樹立するために、強大国家に対してかかる再分配を強制しうる世界政府の存在を前提にしており、循環論法です。

また、複数の地域的な超国家的統合体に世界を分割するのも、私は反対です。かつてEUが統合を強めていたとき、私は反対でした。なぜなら、第二のアメリカ合衆国ともいうべきヨーロッパ合衆国ができるだけだからです。

200前後の諸国家の併存に代えて、米国や中国のような超大国に匹敵する、あるいはそれらをも凌駕《りょうが》するマンモス的な超国家的地域統合体が4つか、5つか、そのくらいに集約統合され、それらが世界を分割統治すると、それぞれが軍事的・経済的に強大になって、いまのアメリカや中国のような横暴な振る舞いができるようになり、紛争誘因が強まり、紛争規模も絶大なものになる。

世界がブロック経済化する危険も強まります。EUは域内で自由化しても、域外に対しては関税防衛同盟と言えますからね。ヨーロッパ合衆国になったら、経済的自己中心性（ヨーロッパ・ファースト）を強めるだけでなく、現在の反イスラム主義化傾向がさらに進み、イスラムに対抗するユダヤ＝キリスト教文明圏としてのアイデンティティーが強化され、ハンチントンが言った「文明の衝突（※3）」が起こる危険性もあります。

こういう観点から、私は通常規模の諸国家が分立している状態をあくまでベースにした上で、それぞれの国家に人権を保障し、国際社会のルールを守らせるような世界統治システムを構想する必要があると考えています。

田原　諸国家の分立がベース？

井上　そうです。中小規模国家が併存して、いわばムラ社会的な集まりを作っている状態。いまの主権国家は国内的問題を解決するには大きすぎ、国際的問題を解決するには小さすぎるなどと、その「中途半端さ」が批判されています。ただ私は逆に、こうした中間的規模の主権国家の長所を生かす秩序を考えています。

個々の国家は、国内では、オウム真理教のような危険なカルトや暴力団、テロ組織を鎮圧して市民の人権を実効的に保障できる程度には強い。しかし、対外的に、他国に対して、好き勝手をやれるほど強くはない。もし他国に好き勝手な振る舞いをすると、国際的な村八分にあう。国際的な相互依存のネットワークから排除される。この国際的村八分にあっても痛くも痒《かゆ》くもないというほど強くはない。それに対する脆弱性はどの国家にもある。この条件を脆弱性の共有と私は呼んでいます。

そういう内部的な強さと対外的な弱さを併有する「中間的規模」の国家、中途半端というより中庸の資質を持つ国家が、拮抗し、相互に抑制しつつ協力し合う状態こそ、覇道的支配のない平和な世界秩序のためにはちょうどいいんですよ。これがうまく機能するためには、どの国も脆弱である必要がある。アメリカみたいな強大な国家があると、その好き勝手な行動を制御するのが難しい。中国も横暴化しつつある。
ＥＵが発展して、第二のアメリカ、「ヨーロッパ合衆国」みたいになってしまったら、世界平和と国際秩序にとっては脅威です。
ただ、いまのＥＵはちょっと緩んできた。私は、ＥＵ統合が弱まったのはいいことだと思う。

田原　アメリカを村八分にしようとしても、できっこないでしょう。

井上　そこが重要なんです。アメリカを村八分にすることはたしかに難しい。しかし、まったく不可能かというと、そうではないと思います。アメリカといえども、脆弱性はゼロではないからです。

まず、軍事的な面での脆弱性がある。北朝鮮がなぜアメリカと交渉できるのか。それは、核を持ったからですね。だから、小国であっても、アメリカ本土に届く核を開発する能力を示せば、アメリカを平和的交渉のテーブルにつかせることができる。

ベトナム戦争では、アメリカは「アジアの小国」にすぎないベトナムに文字通り敗北しました。形式的に勝利を標榜《ひょうぼう》したアフガニスタン侵攻や２００３年イラク戦争でも、膨大な軍事力を投入しながら、目的を果たせず撤退に追い込まれ、アメリカは実質的に「敗北」しています。

軍事力という腕力で、他国を無理やり従わせることは、アメリカにも不可能になりつつある。イラク戦争では、アフガン侵攻を支持してくれたフランスやドイツのような「お仲間」からも駄目出しをされる始末でした。

もうひとつ、経済についても、アメリカが最強とは言えなくなりつつある。中国経済が台頭してきたし、インドの成長もある。経済的にも、世界は徐々に多極化しつつあるんです。

ＴＰＰからアメリカは離脱したけど、アメリカ抜きでもＴＰＰを進めて、多国間の経済協力の枠組みを作ろうとしていることは、私が唯一安倍さんを評価している点です。もちろん、今後、トランプが一対一の交渉をしかけてくる中で、アメリカの圧力に安倍さんが屈することが大いに危惧されますが。

田原　現に日本は2国間交渉することをオッケーした。

井上　本来、のむべきではなかったんですよ。

アメリカに好き勝手させないためには、アメリカ経済は世界経済の繁栄に依存しており、自己中心的行動をとり続けると、諸国との関係が悪化し、いずれ自分の首を絞める、アメリカもそういう脆弱性を抱えていることを、彼らに自覚させなければならない。そのためには一対一の交渉は避けるべきです。日本が本来とるべき外交方針はこれですよ。

田原　どうすればいいですか。

井上　アメリカ経済への依存度を減らすべきです。もちろん一気には減らせませんが。

アメリカは近視眼的な自国の利益のために、他国の市場にさえ一方的に介入します。それだけではなく、言うことを聞かない外国および外国企業には制裁を課す。まさに「むちゃぶり」のアメリカ市場に依存し続けるのは、日本にとって賢明ではありません。合理的な企業経営者なら、長期的・段階的にアメリカと距離を置くことを、すでに考えているのではないでしょうか。

いくら購買力があるといえども、アメリカの国内市場の規模は、せいぜい3億人ですからね。それに対して、中国は約14億人、インドも13億人、いずれも経済発展著しい巨大な市場です。もちろん中国やインドも横暴化しうるから、要はリスク分散ということですが。

私が何を言いたいかというと、国際社会がこれまでアメリカの一方的な軍事行動とその後始末に協力したり、また経済面でアメリカに依存しすぎたりしてきたことが、アメリカの横暴を許す結果につながっているということです。

だから、アメリカへの協力を諸国が拒否するか、徐々に距離を置くことによって、アメリカの横暴を許さない体制が構築可能だと思います。

田原　そうはいっても、いまアメリカは中国との覇権争いに一丸となっている。民主党も賛成しているんですよ。

井上　中国の子分になるか、アメリカの子分になるか、という「2択」は馬鹿げています。

中国を封じ込めつつ、アメリカ一辺倒ではない、多国間の協力体制を構築することが日本にとっては必要です。アジアでは、ＡＳＥＡＮ（東南アジア諸国連合）を徐々に拡大して、少しずつ中国とアメリカを制御する多国間協調体制を形成していこうという動きもある。

田原　どこがそんなことを考えているんですか？

井上　ＡＳＥＡＮ諸国に加えて、オーストラリアだとかニュージーランドといった国です。

当面は物品協定とか、いろいろな細かい協定を多国間で結んでいこう、という秩序構想が1990年代にオーストラリア、日本、韓国の3国間で具体化する芽も出ていました。しかし、日韓関係の険悪化で元の木阿弥《もくあみ》になったという経緯はあります。

田原　オーストラリアは2017年まで中国と非常に仲がよかった。だから、反米でよかった。でも、いま、オーストラリアと中国は関係が悪化している。すると親米に戻らざるをえない。

井上　アメリカと中国のどちらに傾斜するかに、短期的な変動はあると思いますよ。しかし、このような変動は、親中反米か反中親米かという「2択」の話ではなく、米中どちらに対しても「あまり横暴化すると、あんたのライバルに肩入れするよ」という牽制《けんせい》のシグナルを送ることで、自分たちの自立性を保持する戦略的行動です。長期的な動きとしては、米中という2匹の巨象の暴走を制御する、多国間協調システムの形成が追求されていると思います。

日本がどうすべきかと言えば、アメリカ一辺倒の危険性を自覚し、この長期的な動きを先導するまではできなくとも、少なくとも乗り遅れないようにすることです。

田原　じゃあ、日米安保条約をやめろと？

井上　いいえ。いますぐ日米安保条約をやめる必要はないでしょう。安保とは別の長期的な戦略として、アメリカを自由にさせないための、多国間協調システムの構築を目指さなければならない。

田原　ちなみに、日本は日米安保条約をやめられますか。日米安保条約をやっているかぎり、日本は対米従属から逃れられないと僕は思う。

井上　そんなことはないと思います。前に言ったように、日米安保条約からより大きい利益を得ているのがアメリカである以上、「大人の交渉」で、より対等なパートナーシップに変えることはできます。

冷戦の遺物・朝鮮国連軍を解体せよ！

伊勢﨑　対米従属というか、いまの日米安保はほかの同盟ではありえない異常な体制ですね。親米国もしくはアメリカの同盟国は数々あれど、日本のような異常な属性はもうほかに存在しないのです。

アメリカ国務省は、その内部文書でドイツとイタリアを含むＮＡＴＯとの地位協定、そしてフィリピンなど「アメリカの戦争」の戦場になっていない安定した国との地位協定を「平和時」、アフガニスタンや休戦中の韓国を含め、現在戦場になっている国との地位協定を「戦時／準戦時」と分類しています。国務省によると日本との地位協定は典型的な「平和時」のものです。

アフガニスタンなんかは、もし明日にでもアメリカが出ていけば、国軍もまだ弱いし、即、タリバンに乗っ取られてしまいます。だから「戦時／準戦時」の国のほうがアメリカの軍事力への依存度が圧倒的に高いのです。アメリカも当然「居てやっている」という感覚が強くなります。

しかし「戦時／準戦時」の国でも、時間が経つにつれ、だんだん「平時」になります。そうすると地位協定における「アメリカの自由度」も減少します。いま「平時」に分類されている国々はそうやってアメリカ軍から領土・領空・領海の「主権」を取り戻し、現在の同盟関係を構築しています。

一方、日米地位協定は「平時」でありながら「戦時／準戦時」というか、「戦時」つまり軍事占領時のように日本の主権を喪失したままです。横田空域のようなものはアフガニスタンにもありません。「米軍の自由出撃」も「全土基地方式（※4）」だって他国にはないのです。「戦時／準戦時」のアフガニスタンでさえ、アメリカ軍のすべての行動はアフガニスタン政府の「許可制」なのです。

また「戦時／準戦時」「平時」すべてを通して、こんなに長い間変わらないのは日米地位協定だけです。この異常性が維持されてきた原因をさかのぼると、朝鮮半島に行きつきます。

牙を抜くどころか、すべての歯を抜いてしまうような9条を日本に与えたGHQは、朝鮮戦争に軍備を投入しなければならなくなると、日本の防衛が手薄になり共産勢力に乗っ取られることを恐れるようになります。そのためアメリカは、日本を再武装させます。9条の矛盾はここから始まるわけですね。

ちなみに、1953年に休戦してから現在まで、背後を中国が固める北朝鮮と38度線をはさんでにらみ合ったまま、今日まで朝鮮半島に駐留しているのは、アメリカ軍ではなく「国連軍」なのです。

田原　アメリカ軍じゃなくてね。

伊勢崎　はい。実質アメリカ軍なのですが建前は「国連軍」という、非常にミスリードな存在です。この朝鮮国連軍は、国連憲章7章に基づいて国連安全保障理事会が統括するPKOのような「国連軍」ではなく、米軍司令官の統一指揮下で活動する「多国籍軍」です。根拠となる安保理決議は、1950年に北朝鮮が韓国に侵攻した直後に、ソ連欠席の下で採択されました。この決議により、「国連軍」の名称と国連旗を用いることを認められたのです。ちなみに

1953年の休戦以来、朝鮮国連軍に関する安保理決議はひとつもありません。要するに「安保理が関知しない国連軍」なのです。

ブトロス・ガリが国連事務総長だったときに国連は匙《さじ》を投げています。つまり、「この国連軍は、安保理が統制する国連直轄の組織として作られたものではなく、アメリカがすべての責任をとることを条件に、国連は単に奨励しただけのもの。その運用も、そしてその解消の決定も、国連のいかなる組織の手もわずらわせることなく、アメリカが行うべきだ」という表明をしているのです。

朝鮮戦争は現在も「休戦状態」なので、この国連軍は健在です。在韓米軍司令官が国連軍司令官を兼務しています。そして、日本はこの国連軍と、切っても切れない密接な関係にあるのです。

国連に加盟する2年前の1954年に、日本は「朝鮮国連軍地位協定」に署名しています。これにより、現在でも7つの在日米軍基地は国連軍の後方支援に使われます。また「自由出撃」を許す日米地位協定とも連動し、司令部は横田基地に置かれています。これらの基地で日米の国旗とともにブルーの国連旗が立てられているのは、これが理由です。

2017年に米朝開戦の危機を連日日本のメディアが煽っていたときに、オーストラリアの軍用機が、「日本政府の許可なく」、嘉手納基地に飛来しました。国連軍は、同国を含め、アメリカを中心として、イギリス、フランスなどの諸国、そして韓国の12カ国で編成されています。この中に日本は入っていません。

これがどういうことなのか、おわかりでしょうか。もしも休戦が破られた場合、安保理の承認を待たず、というか議論さえされず、アメリカを中心とするこの12カ国の協議で、朝鮮戦争の再開を決定することになります。その決定に日本の存在はありません。しかし開戦すれば「自動的」に日本は彼らと同じく「交戦国」になるのです。

なにせ、朝鮮国連軍の後方司令部は横田基地にあります。また北朝鮮攻撃には在日米軍基地が間違いなく使用されますし、北朝鮮はそれらの基地を直接攻撃可能な弾道ミサイルを配備しています。「巻き込まれる」なんて生やさしいものではありません。お友達である米国の戦争に組み込まれ、米国本土より先に直接被害を受ける構造です。

ちなみに戦時国際法では「中立法規」といって、お友達の戦争から中立であるための条件を定めています。その条件とは、簡単に言えば、「基地を作らせない」「通過させない」「お金を出さない」。日本は、このすべてをしっかりやっていますから、米朝開戦となれば、自衛隊が何もしなくしても日本は北朝鮮にとって、国際人道法に則り、合法的に攻撃できるターゲットになるのです。

地球上に、こんなことを放置しているおバカな国はありません。

開戦の決定権もないのに開戦すれば、自動的に交戦国になる。

このように「自衛の主権」をまったく持っていない状況で、集団的自衛権がフルスペックかどうかとか議論することに、いったい何の意味があるのか。これが「９条の平和」の正体で、日本には個別的自衛権さえないのです。

田原　アメリカに、北朝鮮を攻撃する気が本当にあるのかな。

伊勢崎　それはわかりません。ただ、米軍の本音は次のようなものだと思います。

朝鮮国連軍の目的は、北朝鮮の南下を防ぐこと、それだけです。つまり、通常兵器を使った、ある意味「伝統的」な戦争を前提としています。

ゆえに戦争の結果、敵政権を打倒したら、必ず占領統治が始まります。２０１７年に僕が呼ばれた、アメリカ陸軍主催の太平洋陸軍参謀総長会議は、それを「国際協力」で行うためのシミュレーションの場でした。そこでの各国の軍のトップたちとのやりとりで見えた本音は、国際社会に新しい占領をやる余力はない。これに尽きます。

正規軍だけで２００万人を超す北朝鮮軍が、政権崩壊後、整然と武装解除するわけがありません。とくにアメリカの同盟国のうちでも先進国の陸軍参謀総長たちは、まったくそう考えていないのです。

加えて、兵力の絶対数が足りません。一般論として混乱期の軍政に必要な兵力は、人口

1000人に対して20人とされています。戦争当時のアフガニスタンでも70万人、イラクでは50万人ぐらい必要でしたが、どれだけ同盟国に呼びかけても、両者共にピーク時でも20万人以下しか集められませんでした。結果、アフガンとイラクの占領統治は失敗を続け、現在に至っています。

人口2500万人の北朝鮮を占領統治するには理論上50万人以上の兵力が必要ですが、これは同盟国のキャパを完全に超えています。しかも成功の保証がまったくありません。

陸軍がアメリカの意思を代表しているわけではありませんが、少なくともアメリカ陸軍は軍事占領のリスクとコストを冷静に捉えています。

この会議の一環で、各国の参謀長たちと一緒に北朝鮮国境の「共同警備地区」、いわゆる板《パン》門《ムン》店《ジョム》を視察し、現場のトップと話す機会がありました。「国連」の腕章を付けた、アメリカ陸軍の大佐でした。

僕はPKOのような国連軍との付き合いが長いのですが、板門店の現場トップからは、まったく国連の匂いを感じませんでした。ほかの国の参謀長や同行する軍幹部たちも、僕と同じような感想を持ったようです。立場上、公式に疑問を表明する国はありませんが、首脳関係者は朝鮮国連軍という存在に疑問を感じているのです。

田原　なぜですか？

伊勢崎　安保理との関係、報告義務、マンデート（任務）の期限、開戦時の安保理との手続き、といった質問をしても、その大佐からはまったく要領を得ない回答しかなかったからです。

米軍は「北朝鮮と中国に対峙《たいじ》しているのは、アメリカではなく国連だ」という構図を維持したいと考えています。ある意味、印象操作です。そのアメリカ陸軍の大佐は、その広報のためだけに訓練されている、そんな印象を持ちました。

朝鮮国連軍は冷戦の遺物です。ベルリンの壁も解体されましたし、すぐに板門店が変わるわけではないとしても、いずれ朝鮮国連軍は解体に向かうと思います。

田原　つまり、いずれ在韓米軍は韓国から撤退すると。

伊勢崎　その通りです。ちなみに在韓米軍の縮小はいまに始まったことではありません。冷戦のピーク時に比べれば、着実に縮小しています。またトランプが「経済的」な理由で、縮小をいままでにないほど加速することも考えられます。

その手始めとして、まず朝鮮国連軍を解体することが考えられます。あるいは、まず在韓米軍を縮小し、ほかの同盟国の負担増を求める可能性もあります。後者の場合、国連軍の枠組みを当面維持する必要があるでしょう。各国に軍事負担の増加を要求する上で、国連軍という錦の御旗《みはた》があるほうがうまくいくでしょう。中国への牽制手段にもなります。いずれにせよ、朝鮮国連軍に今後大きな変化が起こるのは間違いないでしょう。

こういう変化の中で日本はどう国益を見すえるべきでしょうか。僕は、朝鮮国連軍地位協定の当事者として国連軍解体に向けたロビー活動を主導するべきだと思います。

田原　どういうことですか。要するに、まずは国連軍を米軍に戻す必要があるということですか。

伊勢﨑　はい。より正確にいえば、米軍と韓国軍です。そうすることで、休戦構造を「米韓」vs「北朝鮮」へと単純化させることができます。現在は、「国連軍（米韓＋その他）」vs「北朝鮮＋中国」と、複雑な構造です。国連軍が、国連安保理常任理事国の中国を敵にしているのです。これでは朝鮮半島の和平への障害が何なのか明確になりません。

休戦構造を単純化できれば、なぜアメリカが本土から1万キロメートルも離れた韓国に、巨大な軍事拠点を置く必要があるのか、アメリカ大統領自身が、アメリカ国民と国際社会に対して説明しなければならなくなる。

その次は、在韓米軍の「後退」です。そもそも、北朝鮮が核兵器とミサイル技術にこだわるのは、アメリカが海の彼方《かなた》からやって来て駐留しているからです。目の前にいる韓国だけを相手にするなら、通常兵器を使って殺し合えばいいのです。

北朝鮮を背後から支援している中国のように、アメリカも在韓米軍は後退させ、背後から韓国を支援するようになれば、北朝鮮と韓国が直接の当事者として向かい合う構図になります。

そうなれば北朝鮮は核を持つ口実がなくなり、朝鮮半島の非核化が進むでしょう。

こうなったとき、在日米軍はどうなるのか。保守が喜びそうですが、在韓米軍の後退を受け、在日米軍はいまより拡大するのか。それとも、中国の急速な軍事の成長にともなって、アメリカが「軍事均衡線」を戦略的に後退させる動きがより加速し、沖縄の米軍基地をグアムへ移転させるのか。

安倍さんなら、前者にすがりつきそうですが、トランプは後者に向かって進むと僕は思います。安倍さんは死に物狂いで引き留めるかもしれませんが。

田原　僕は、トランプなら韓国からの撤退をやる可能性はあると思う。

井上　それはそれでまた議論をしたいところですけどね。

北朝鮮が核を放棄することはありえない

井上　ちょっと北朝鮮について補足させてください。私は、北朝鮮が核兵器を開発することを、良いとは思っていません。

決していいことではありませんが、北朝鮮のような国家への現実的な対策として、北朝鮮がすでに核兵器とミサイルを保有した事実を直視すべきだ、と考えているんです。

前に言ったように、アメリカとの核合意によって、日本向けの核も北朝鮮は破棄してくれるはずだという、楽観的な前提に立つべきではない。

田原　北朝鮮が全面的に核を放棄することはありえないよ。

井上　ありえないと私も思います。要するに、北朝鮮から見れば、俺たちが核保有国になったから、あのアメリカも交渉のテーブルについたんだと、当然考える。さらに北朝鮮の内政問題もある。

金正恩の、あのものすごい強権政治は、なぜ成立していると思いますか。

北朝鮮といえども、民衆に対して、ただ力で脅しているだけではない。将軍様のおかげで、核大国になって、アメリカと対等に渡り合えるようになりました、という実績を宣伝することで、指導者である金正恩を権威づけし、統治の正統性をアピールしているわけです。

だから、金正恩の権力基盤には、核の存在がすでに組み込まれてしまっている。その核を金正恩体制が自ら放棄するとは、ちょっと考えられないですよね。

田原　僕は、イラク戦争の2カ月前に、フセイン大統領（当時）にインタビューできると聞いて、イラクに行ったことがある。

イラクに着くと、フセインの側近が、田原の行動は全部CIA（米中央情報局）にキャッチされているから、会った瞬間、フセインは爆撃される。だから、フセインには会えないと言った。代わりに、副大統領のラマダーンと、副首相のアズィーズの2人とは会わせると。

で、僕はラマダーンと会った。これは面白かった。ラマダーンが僕に、われわれは核兵器、大量破壊兵器は持っていない。アメリカは持っていると言うが、残念ながら持ってはいないと言ったんだ。

アメリカはイラクが大量破壊兵器を持っていないことを知っている。だから、きっとアメリカは攻撃をしかけるだろう、と。逆に、もしもイラクが核兵器を持っていたら、アメリカは絶対に攻撃しないだろう、と。副大統領のラマダーンがそう言っていたんだ。

それで、結局アメリカはイラクを攻撃した。その後イラクに大量破壊兵器は見つからず、アメリカは国際的な非難を浴びた。

北朝鮮はイラクの例をよく知っているから、核兵器を本当に持たなければ、いつかはやられると思っている。

井上　その通りでしょうね。

田原　あと、中東で殺された、彼も同じ。

伊勢﨑　リビアのカダフィーのことですか。

田原　そう。カダフィーもアメリカと交渉して、核兵器の開発をやめたんだ。その結果、彼は殺された。北朝鮮はそれもよく知っている。だから、金正恩が核兵器を放棄することはない。

じゃあ、日本はどうすればいいのか。

僕も井上さんの言うことはわかるんだけど、ただ、別の不安がある。北朝鮮は、もしかすると核兵器をどこかへ売るかもしれない。イスラム過激派とか、パキスタンとかに。

伊勢﨑　パキスタンと北朝鮮は、ずっと昔からミサイル技術と核技術を交換していますからね。それで両国は核兵器開発能力を高め合ってきたわけですから。

田原　アメリカは、パキスタンなら核を持たせても大丈夫だと思っているんじゃないですか。

伊勢﨑　いや、むしろアメリカはパキスタンの核保有を不安視しています。また、民主主義陣営ではあるものの、パキスタンとはその建国以来ずっと戦争状態にあるインドの核保有も同様に不安視しています。

ただ、パキスタンの隣国アフガニスタンにおける「テロとの戦い」が始まると、パキスタン軍の核についての懸念材料が増えました。アルカイダと共闘関係にあり、いまでもアフガニスタンでアメリカを悩ませるタリバンは、もともとパキスタン軍部が作ったもの。核が非国家主体に拡散することになったら、アメリカにとってこれ以上の脅威はありません。

田原　じゃあ、なぜアメリカはパキスタンが核を持つことをＯＫしたの？

伊勢﨑　その理由は冷戦期におけるソ連のアフガン侵攻までさかのぼります。

当時アメリカはパキスタンを前哨基地として、ソ連と戦うアフガニスタンのムジャヒディーン（聖戦の戦士）たちを支援しました。

　一方、彼らがソ連を倒すと、今度はアメリカに牙をむくようになります。アルカイダのビンラディンは、もともとアフガニスタンでアメリカの支援を受けていました。9・11同時多発テロ発生後、アルカイダをかくまうタリバン政権に対する掃討作戦が始まりましたが、その前哨基地はやはりパキスタンでした。パキスタンはアメリカにとって、どうしても親米にしておかなければならない国なのです。

　パキスタンは宿敵インドに対抗するために核を持ちましたが、NPT（核拡散防止条約）体制化ではもちろん違法です。ですがアメリカ自身の戦争のために、アメリカは自らが主導するNPT体制に対する違法を黙認してきました。このダブルスタンダードがずっと続いているのです。

　日本人はパキスタンにあまり関心がないと思いますが、イスラム教国としては史上初の核保有国です。もちろん、サウジアラビアあたりが水面下で資金援助したのでしょう。彼らも本音では核を保有したいのですが、イスラエルに近すぎるから、表立って核開発を進めることができません。当然、パキスタンの核保有はイスラエルにとってすごく嫌なことなんですよ。イスラエルロビーが暗躍するアメリカにとっても。

田原　なるほど。パキスタンは味方につける必要があったから、親米にするために……。

井上　親米政権だったら、核を持ってもOK。

田原　じゃあ、北朝鮮も親米になれば、核を持ってもいいじゃない。

井上　そうなる可能性もあると思いますよ。

北朝鮮は大人の国だと思います。もちろん、あんな独裁体制は嫌いだけど、外交戦略と交渉には長けている。アメリカ・欧州と中国・ロシア、その両方とのバランスをうまくとっている。北朝鮮への制裁をどうするかで、中国とロシアが欧米に追随しつつあったとき、北朝鮮は逆にアメリカにすり寄るような動きを見せた。これは、中国に対する牽制なんですよね。それで、アメリカが交渉の席について、平和路線を示した。すると、中露が対北経済制裁を弱めた。すると今度は、またアメリカとの交渉を引き延ばしにかかる。実に巧みに手玉にとっていますね。

北朝鮮は、このように戦略的に大人の交渉ができる国だから、核保有国として認知されたら、核不拡散体制に協力することが、核保有国たる自国の利益になることも当然わかるはずです。だから、核兵器をイスラム過激派に売るような馬鹿なことはしないでしょう。むしろ、核放棄を狙って北朝鮮に経済制裁をかけ続けるほうが、闇の核兵器セールによる資金稼ぎの動機を、北朝鮮に与えることになる。

ダブルスタンダードだらけのアメリカの中東政策

井上　田原さんがイラク戦争にも触れられたので、これについても補足させてください。私は、いわゆる「湾岸戦争（Gulf War）」を3段階に分けています。世間では、1990年代初頭のイラク・クウェート戦争を第一次湾岸戦争、2003年のアメリカのイラク侵攻を第二次湾岸戦争と呼んでいます。ですが、これはいわば「歴史的健忘症」。アメリカの中東政策のゆがみを示す歴史的経緯を忘れている、あるいは忘れさせているんです。

田原　どういうことですか。

井上　本当の第一次湾岸戦争は、1980年に勃発したイラン・イラク戦争ですよ。中東ではいまでもこれが第一次湾岸戦争と呼ばれている。しかも、これは1988年まで8年間も続き、「湾岸戦争」の中でももっとも長い戦争でした。

田原　イラン・イラク戦争では、アメリカはイラクの味方をした。

井上　正確には、アメリカはイスラム諸国の紛争には介入しませんと、建前上は中立の姿勢をとった。このときのアメリカの立場を、国際法思想・戦争正義論上の言葉で「無差別戦争観」といいます。

戦争開始原因について、当事国のうち、どちらの主張が正しいかは問わない。ただし、非戦闘員を無差別攻撃しないとか、中立国を攻撃しないとか、交戦法規と呼ばれる、戦争のルールだけは守りなさい、というのが無差別戦争観と呼ばれる立場です。

アメリカはこの立場で、イラン・イラク双方に、どちらの味方もしませんと言っておきながら、裏では、イラクを支援していた。なぜか。イラン・イラク戦争の1年前、1979年に、イラクではフセインが政敵を大量に粛清し大統領の座につきました。ちょうどその年に、イランではホメイニ師が親米のパーレビー王朝を倒し、シーア派の原理主義的体制を樹立します。

田原　イラン革命ね。

井上　フセインは、権力基盤がまだ脆弱で、イラク内部のシーア派の蜂起もつぶしたかったし、かねてイランとは国境紛争があった。イランが革命の混乱にあるのに乗じて、イランを叩き自己の権力を確立しようとして、イランを先制攻撃しました。

イランのホメイニ体制は反米でした。アメリカ大使館を占拠し、人質をとる事件も発生しました。ですからアメリカは、当初、イスラム諸国の紛争には中立の姿勢をとると言いながら、本心ではイラクがイランを倒すことを願っていました。

田原　イランの革命前の政権トップはアメリカに亡命したくらいだからね。

井上　当初はイラクが優勢でしたが、兵力と士気に勝るイランが盛り返し、イラク軍を撤退させます。するとアメリカはＣＩＡによる情報提供、および膨大な兵器供与を行い、イラクを支援します。イラクに石油利権を持ちイスラム過激派の影響の波及を恐れた、英仏などヨーロッパ諸国もイラクを支援しましたが、アメリカの援助がもっとも大きかったのです。こういうアメリカの姿勢こそが、フセインの権力基盤を強化し、「怪物」としてアメリカに刃向かうまでに育てたのですよ。

１９９０年のイラク・クウェート戦争、つまり、本来の意味における第二次湾岸戦争ですが、フセインは、当然アメリカは不干渉だと思ったんですよ、１９８０年の第一次湾岸戦争のときと同じように。実際、アメリカの在イラク大使は、イスラム諸国の紛争には干渉しないのがアメリカの方針だと伝えていました。

しかし、いざイラクのクウェート侵攻が始まるや、アメリカは手のひらを返し、国連の承認のもとに対イラク戦争を開始します。

田原　ただあのとき、冷戦時の慣例を破って、ソ連もアメリカのイラク攻撃に賛成した。

井上　ソ連も体制転換の最中でしたからね。

田原　ソ連も参加したから、ＮＡＴＯも参加したんですよ。

井上　このとき、イラクに対する武力干渉を正当化する根拠は、クウェートの自衛権行使を擁護するという、私が消極的正戦論と呼ぶものです。しかし、この論理に従うなら、１９８０年の第一次湾岸戦争でも、イランの自衛権を擁護するためにアメリカはイラクに武力干渉するか、少なくとも経済制裁をすべきだったでしょう。実際には裏でイラクを支援していたわけですが。

なぜこのようなダブルスタンダードをアメリカが採用したのか。理由は簡単。イラクが先制攻撃した相手国が、イラン・イラク戦争のときは、アメリカがつぶしたかった反米ホメイニ体制のイラン、イラク・クウェート戦争ではアメリカが守りたい親米政権のクウェートでした。しかも、後者の状況ではクウェートがイラクに倒されると、中東におけるアメリカの権益の牙城であるサウジアラビアも危うくなる。

アメリカは、自分たちの国益を擁護するためなら、ダブルスタンダードなんかおかまいなしです。英仏などヨーロッパ諸国も中東政策では同罪ですが。

１９９０年のイラク・クウェート戦争は、冷戦が終焉した結果、米ソ対立を越えて安保理が機能したから、「国連による平和」の始まりだ、などと歓迎する声が強かった。しかし私は、何とおめでたい反応か、ほんの2年前に終わったばかりのイラン・イラク戦争をもう忘れたのかと、しらけていましたね。

アメリカは国連が有利に使えるときは利用するが、使えないときは無視する。国連尊重への真摯なコミットメントなんかかけらもない。１９９０年は体よく国連が利用されただけです。ちなみに、そうしたアメリカの姿勢をはからずも立証したのが、イラク戦争、第三次湾岸戦争です。

田原　えっ？

井上　世間で第一次湾岸戦争と誤解されている1990年のイラク・クウェート戦争が、正しくは第二次湾岸戦争ですから、2003年のイラク戦争は第三次湾岸戦争です。

　この戦争は、国連安保理の承認がないどころか、フランスやドイツまでアメリカのイラク侵攻に反対しました。もはや国連中心どころの騒ぎではありません。しかもイラクは、このときは他国を一切攻撃していない。それなのにアメリカは、「大量破壊兵器開発保有の疑い」という嘘の口実をでっち上げてまで、自分たちが作り出し統制できなくなった怪物、フセインを最終処分するために、一方的にイラクを侵略した。

田原　一方、日本の小泉政権は支持した。

井上　冷戦崩壊により国連を中心とした集団安全保障と平和維持機能が強化される、という見方は、幻想でした。私も国連中心主義者ですが、「たかが国連、されど国連」という立場、国連もひどいがそれを無視するやり方はもっとひどいから、国連改革を地道に積み上げようという立場です。国連が大国のエゴの手段として利用されている実態に対して、冷静かつ批判的に吟味する必要があると考えています。

権力基盤が固まったいまこそ必要な北朝鮮融和策

田原　ちょっと話は違うけど、韓国が例の徴用工の問題で、日本をけしからんと言った。僕は、別に韓国を敵に回す気はまったくないけれど、あれは、文在寅《ムンジェイン》の失敗だったと思う。いま韓国が日本を敵に回す理由はないし、メリットもないよ。

韓国はいま、北朝鮮と融和しようとしている。一方、韓国としては、本当はその融和路線に、日本を協力させなきゃいけないわけ。

北朝鮮がアメリカの保証を得て、経済を復興しようとするなら、日本の協力は欠かせない。これはトランプも言った。北朝鮮に本気で経済援助できる国は日本しかないと。金正恩はこれをよくわかっている。

だから、徴用工の裁判みたいなことをやって、日韓関係を悪化させるのは、文在寅にとって明らかな失敗。僕は金正恩も迷惑に思っていると思う。

井上　まあ、そうでしょうね。

一番いいシナリオは、中国が改革開放路線で、自立的な経済発展に軟着陸したのと同じことを北朝鮮がやってくれること。

しかし、かつてそれを金正恩の父、金正日《キムジョンイル》はやろうとしたけど、既得権勢力である軍部の抵抗でつぶされてしまった。金正日の「先軍政治」は、軍事強国化路線であると同時に、軍部優先路線だった。

金正恩も、当初は改革開放路線だった。その後は急に変わって、核開発を最優先する路線を始めた。このことの背景をまず見ておきたいと思います。

父親の金正日は指導者になる前に、祖父の金日成《キムイルソン》の下でナンバー2として政治の舞台で長く活動し、時間をかけて後継者としての権威形成・支持調達の準備をした。これに対し、金正恩はそういう準備なしに、父親の指名でいきなり指導者になった。いくら世襲といっても、社会主義国家ですから、世襲原理だけで正統性を調達できるものではない。しかも、長男の金正男《キムジョンナム》をさしおいた上の継承ですから、世襲原理による正統性調達ですら難しい。

ですから当初、金正恩は自分の権力基盤を固める必要があった。父の死による権力の空白につけいるのは、後に粛清された張成沢《チャンソンテク》のような親族だけでなく、何よりも先軍政治で父が優遇してきた軍部です。だからまず軍部を抑え込む必要があった。

そこで金正恩が何をやったかというと、ご存じの通り、軍の幹部を200人以上も処刑した。しかもロケット弾で木っ端微塵《みじん》にするという残虐な方法で、ほかの軍関係者への見せしめにした。

こういう恐怖政治的な粛清をすると、逆にクーデターを起こされる危険もあったはずです。金正恩が軍部を統制できたのは、先軍政治の2つの側面、すなわち軍事強国化と軍部優先のうち、第二の軍部優先を党優位（党指導者優位）に切り替える一方で、核兵器開発の加速によって、第一の軍事強国化を父以上に強力に推進し、軍部に対する自分の権威を高めたからです。

金正恩が権力基盤を確立したいま、彼はやっと、もともとやりたかった改革開放経済路線に邁進する余裕ができたのでしょう。欧米諸国や日本が理解すべきなのは、核放棄に固執して金正恩の権力基盤を掘り崩すと、改革開放経済路線への転換を妨害するだけで、まったく逆効果だということです。

韓国の文在寅大統領の対日政策はひどいと私も思いますが、彼の南北間の緊張融和策は、方針としては間違っていないと思います。ただ、文大統領がどこまで考えてやっているのかわかりませんが。

田原　北朝鮮にとっては、南北の融和は間違いなくよいことだと。

井上　そうですね。

北朝鮮は日本の経済援助を当てにしているか

田原　そのとき、日本による経済援助を、やっぱり北は当てにしていると僕は思う。

伊勢﨑　２０１７年の段階で、アメリカは北朝鮮の核保有をある程度は黙認するようになるだろうと、僕は思っていました。僕はパキスタン軍部に知己があるので、パキスタンの核保有をめぐるアメリカの行動をずっと見ていました。

アメリカが北朝鮮に対してダブルスタンダードを行使しはじめても、不思議ではありません。ソウルの会議に出席したことで、その予感は強くなりました。やや辛い状況ですが、日本は近未来において北朝鮮の「ある程度」までの核と共存することを前提に、何をすべきかを考える必要があるでしょう。

朝鮮半島の非核化とは、「これ以上」の核開発と、アメリカがパキスタンの核に対して恐れていたことである、テロ組織など非国家主体への核の流出だけは絶対に防ぐことが最低限の目標であり、それに北朝鮮をいかにコミットさせるかが問題なのでしょう。

田原　僕は、トランプが北朝鮮を非核化することはないと思う。

つまり、トランプにとって、２０１８年6月12日の米朝会談は、歴代大統領ができなかったことをやったという意味がある。だからアメリカからひっくり返すことはない。

井上　ちょっと話を戻すと、日本が北朝鮮の改革開放を経済的に支援することを、北朝鮮は本当に期待しているでしょうか。また仮に期待していたとして、いまの日本に、それをやる余力があるでしょうか。

ちょっと話が飛ぶけど、カルロス・ゴーンが逮捕されましたよね。

田原　えっ？

井上　２０１８年11月19日に起きた、カルロス・ゴーンの逮捕劇。あれは、はっきり言って、ルノーの株を持っているフランス政府が、マクロン大統領の方針で、日産をルノーに取り込んでしまおうとしたことへの反乱とも言われているでしょう。

田原　うん、そう、そう。

井上　もうひとつの背景として、ルノーが、日本市場にはもう未来はないと判断し、日産を日本離れさせようとしたこともあると伝えられています。だから、新車開発も海外向け中心にして、工場もどんどん海外に移転するという方針だったらしい。日本の国内市場は少子高齢化によって、縮小傾向がはっきりしている。

移民拡大政策をとるとしても、受け入れ障壁は依然高い。なにしろ安倍政権は「移民」という言葉すら使うなと言ってるんだから。いずれにせよ、日本の人口減を埋め合わせる規模には到底ならないでしょう。

日本は世界第3位の経済大国だ、日本の経済援助には世界が期待している、という前提から見直していかないと、これからの安全保障や外交は組み立てられないんじゃないですか。

田原　この点では、僕は井上さんとは違う意見です。日本の将来については楽観的なんですよ。日本にはまだイノベーションを起こす力がある。僕はわりとイノベーション論を信用しているんです。井上さんは信用してないみたいだけど。

井上　日本の技術力の話じゃなくて、日本の国内市場が縮小するんですよ。だから外国企業にとってだけでなく日本企業にとっても日本のプレゼンス、重要性が落ちる。

田原　国内市場が小さくなったら海外に出ればいいの。

井上　いや、日本の経済は、基本的に内需主導ですからね。

田原　いままではね。

井上　うん。

田原　だって、1億2000万人も日本人がいたから。

井上　技術力の高い日本企業ほど、縮小する日本市場を見限って、海外市場中心になる。そうするとわざわざ日本で生産して海外に輸出するより、現地生産のほうがコストを削減できるというわけで、工場も海外移転し、日本では産業空洞化、雇用喪失が進む、ということにもなりかねない。経済面で貢献することで、日本が東アジアに平和と安定をもたらす、というシナリオは、かつては明確に存在していました。いまでも多少はあるにしても、以前に比べて、かなり限られている。

また、そうした経済的な貢献をしたからといって、日本が軍事面で自己の安全保障体制をしっかり構築する必要がなくなるわけではありません。もともと平和を金で買うことはできないし、買おうとしたって、金もそんなに出せなくなるんじゃないですか。

銃を撃てば法的責任を問われる自衛隊の立場

田原　じゃあ、いったいどこが日本を侵略するとお考えですか。

井上　軍事衝突のリスクが高い国という点では、たとえば、北朝鮮とか。前も言ったように、最初から意図的に侵略するというより、北朝鮮が米軍に攻撃されると誤認・誤解して在日米軍基地に反撃した結果、日本への「侵略」になる、というような事態ですが。

田原　北朝鮮が日本を侵略することはないよ。日本にとっての一番の脅威は、中国です。だから、対中国戦略をどう考えるか。

伊勢﨑　「侵略」という言葉は、あまり軽々しく使うべきではありません。侵略戦争は、国際法の開戦法規で厳禁されて久しいのです。第二次世界大戦後、国連憲章ができて以降はなおさらです。

国連の頂点にいる中国が、自らの武力行使を、わざわざ「侵略」に見せることは絶対にありえません。すべて「自衛権」の行使に見せるはずです。

それも、いわゆる「ＰＯＳＯＷ(Para-military Operations Short of War)」、つまり軍事ではなく準軍事作戦で実をとることを狙ってきます。尖閣諸島みたいな領有権の問題があるところで、海軍を出さず、中国海警局もしくは漁民に見せかけた武装集団をけしかけ、軍事組織とみなされている自衛隊の発砲を挑発する。

もし自衛隊が1発でも撃てば、日本の「違法」な武力行使に対して大手を振って自衛権を行使できる。海上保安庁から海上自衛隊へのシームレスな対応などと息巻いている保守の政治家は、このロジックをよく理解するべきです。

いずれにしろ、尖閣諸島あたりで、海保、海自が何らかの武力衝突を起こし、それが次の衝突へ継続すれば、日中は交戦したことになるわけです。

田原　果たして起きるかな。

実は、僕は歴代の防衛大臣にずっと取材しているんだ。最近では小野寺五典さん、その前も4代ぐらいさかのぼって。それで見えてきたこと、実は、日本に対中戦略はないんですよ。

伊勢﨑　だって、それは当然そうですよ。

田原　なぜ当然なんですか。

伊勢﨑　軍事戦略とは敵を倒すためのシミュレーションのことです。9条2項で軍事というものを認識しないことにした日本は、そもそも軍事上の敵を想定できないのです。

自衛隊法では、一応、防衛出動ができるとうたっていますが、その際の誤射、誤爆を起訴する法体系がないことは、何度もご説明した通りです。戦略以前に、日本には有事という概念が存在しえないのです。

田原　いや、彼ら防衛大臣が言うには、つまり、習近平は本気で尖閣諸島に侵攻するつもりなのか判断がつかないから、対中戦略を立てていないんだと。つまり、中国が本気で尖閣を奪取しようとしているなら、対中戦略は必要だ。だが、彼らの考えでは、きっと習近平は本気じゃないと考えていると。

習近平は、まだ自国の軍隊を掌握しきっていない。だから、尖閣に執着する姿勢を示していないと軍にクーデターを起こされる。

日本国内でも意見が2つに分かれているんですよ。だから、対中戦略を持てないと言っている。それは、小野寺さんも中谷さんもみんな言っている。

伊勢﨑　彼らの言うことは詭弁です。田原さん、2つを区別しませんか？

つまり、相手の政権が軍部を把握しているかとか、どういう戦略を持っているかという議論は、高度なインテリジェンスとも言えますが、軍事・武器オタクでもできるただの推理ゲームにすぎません。

日本が対中戦略を持てないのは、別の次元の問題です。敵を倒すための戦略を持つ以前に、日本は敵と戦うためのルールを理解し、法制化するところから始めなければならないのです。国際法が統制する戦争の秩序の中に、自衛隊は入っていない。自衛隊は国際法によって撃てませんから。

田原　撃てないって。

伊勢﨑　はい。国際法に則る法治国家として、ルールを法制化していないから、自衛隊は撃てない。撃てない以上は、敵を倒すどころか、戦うことも無理です。当然戦略も立てられません。

田原　それは、自衛隊は専守防衛だから、自分が撃たれないかぎり、撃ち返せないですよ。

伊勢﨑　それは「9条があるから、自衛隊は戦場で攻撃されても、じっと耐える」と僕に言った憲法学者と同じ意見ですよ。

田原　だから、それはさっきも言ったように、陸・海・空の自衛隊幕僚長が言うには、尖閣諸島で中国の船、つまり民間船を装った中国の軍艦が、海上保安庁の巡視船を撃ったとき、自衛隊の護衛艦は防衛出動して撃てるのかと言うと、撃てないんだよ。

伊勢﨑　ですけれども、海上保安庁の巡視船も機関銃は装備しているので、現有戦力で、かつ、警察権の行使の範囲内で、精一杯撃ち返そうとするじゃないですか。

田原　うん？

伊勢﨑　海上保安庁の巡視船が撃った弾が、１発でも中国の漁船に当たってしまったら、どうなりますか。

田原　向こうの軍艦が海上保安庁の巡視船を撃ったときの話だよ。

伊勢﨑　だから、それに海上保安庁は応戦できるんですよ。警察権の行使で。でも、それが日本の領海内ぎりぎりのところで起きたとして、中国が、日本は領海線越しに無辜の民間船を撃ったとか、日本は中国の領海内に侵入して撃ったとか、でっちあげてでも外交問題にしたら、どうなりますか。

　結論から言えば、こういうところで、海上保安庁が撃とうと、海上自衛隊が撃とうと、その違いに意味はありません。国際法上は、日本が中国に対して軍事行動をとったとみなされます。そして、その裁定は国際法をベースに、双方による現場検証の水掛け論と発展します。まさに韓国との間で、レーダー照射をめぐって展開された議論と同じように。

　こういう外交的な罵倒劇の最中に、日本の「法の空白」問題が国際社会に対して暴露されてしまったら、日本の立場は壊滅します。

田原　いや、だから自衛隊は撃てないんですよ。

井上　ちょっと問題を整理させてください。田原さんが言っているのは、日本の自衛隊は、専守防衛・個別的自衛権の枠内にあり、日本の憲法と法律で縛られているから撃てないんだ、ということですよね。しかし、これは間違いであるとすでに言いました。自衛隊は法的な統制が厳しいからではなく、法的統制がないから「危なくて使えない軍隊」なんです。「撃てるけれど、撃たせるとやばいから撃たせられない軍隊」なんです。これがひとつの問題。でも、伊勢崎さんがいま指摘しているのは、さらに別の問題です。「危なくて使えない軍隊」としての自衛隊の問題点は、自衛隊だけに限られるわけではないということです。

撃ったのが自衛隊にせよ、海上保安庁にせよ、たまたま操業中の漁船だったにせよ、なぜかそこにいた広域暴力団だったにせよ、国家の個別的自衛権として戦闘を行えば、自衛隊とまったく同じように、国際法上は、交戦主体として扱われます。

要するに、撃ったのが海上保安庁であっても、右翼団体であっても、国際法上、交戦法規が適用される戦闘状態に日本が突入するんです。

さらに、その交戦主体が、もしも誤射や誤爆をしたら、それは交戦法規のネガティブリスト違反になる可能性があります。簡単にいえば戦争犯罪です。

戦争犯罪を裁く仕組みは、前に言ったように、軍事刑法と軍事司法システムが日本国憲法によって禁止されている以上、いまの日本には一切ありません。

そうなると、日本は国際法上の重大な犯罪をおかした国として、世界中から非難を受ける可能性があります。要はこういう問題を伊勢崎さんは指摘しているんです。

田原　陸・海・空の幕僚長は僕に嘘をついたわけ？

伊勢﨑　いえ、嘘をついたわけではなく、戦争のルールの変化、つまり国際人道法の変化に、彼らが乗り遅れているだけです。国際法に疎い日本人にはよくあることです。自衛隊のトップといえども例外ではないのでしょう。

田原　いや、だから、彼らは本当に危険な場合は、自衛隊法に違反してでも行動するしかない、そう言っていたんだ。

伊勢﨑　ただ本当にその通りに行動して事故が起きたとすると、その責任を隊員個人が負うことになります。

田原　もちろん。

伊勢﨑　つまり自衛隊員の自己責任になるわけです。

田原　そうだよ。

伊勢﨑　一方で、彼ら上官の自衛隊法違反は罪に問えません。命令者を起訴する法体系が日本にはないからです。ですから彼らが決意を固めても、そもそも彼らに火の粉は飛んでこないのです。おそらく彼らの思いとは裏腹なのでしょうが、それは安全地帯からの発言であり、大変に無責任な決意表明に見えてしまいます。

これはもはや、国際法上の個別的自衛権の行使ではないです。行使の結果に国家が責任を持てないのだから。

田原　だとしたら、何なんですか。

伊勢﨑　何なのでしょうね。

武力行使の法的根拠のことなんて、日本はどうでもいいと考えている、もはやそう言うしかないと思います。国際法が自衛権とセットで規定する義務を果たせない日本に、国際法上の自衛権もありません。

初めて憲法を読む子どもは９条を、日本は軍隊を持たず、自衛戦争も含めたすべての戦争をしないと読むでしょうが、それはある意味で正しい理解なのだと思います。

現状では、日本に自衛戦争に必要な法制度はありません。その法制度がないのは９条のせいなのですから、結果的に９条の素直な解釈は守られているとも言えます。

一方、その状態を抜本的に改めることなく、海外派兵の実績を積み、軍備の増強を行っても、国際法に引っかかるため、自衛隊は戦えません。「解釈に解釈」を重ねたところで、「国際法違反」の事実は変わりません。

「戦えない自衛隊」に期待してはいけない

伊勢崎　問題は、積み重ねてきた「解釈改憲」をいまさらやめられるのか、世界屈指の軍事大国になった日本を、9条の「正しい解釈」が求める国に戻せるのかという点です。自衛隊を解体すればいい、というのもよく見かける議論です。

日本共産党の自衛隊「段階的解消論」がまさにそういう議論の典型ですね。ただし、このごろの共産党は、自衛隊をなくすという国民の合意ができるまでは、「しばらく合憲」だと言い出しているのですが、さすがにこれは法の理屈になってない。今日自動車で人身事故を起こしても、明日免許を返納するつもりだったから減刑してよ、と言うのと同じです。なんでこんな奇想天外かつ幼稚なロジックを日本国民は受け入れてしまうのでしょうか。

僕の考えを整理します。問題の根源である9条2項を変えるべきことは、議論するまでもないことです。政局の材料になるようなことでは本来ないのです。9条2項は、明らかに国際法に抵触する欠陥条項だからです。

9条2項をどう書き変えるかだけが、政治の議論になりうるのです。

右と左に分かれ、ケンカに明け暮れているように見える両陣営は、実は仲良く9条2項の欠陥と国際法の問題をスルーしている。この問題を直視したら、ケンカの土俵が消えてしまうからスルーを続けているだけ。

田原　いや、つまり、9条2項があるから、自衛隊は憲法違反だと、鳩山も岸も、歴代の自民党政権は、現実にそう判断していたんですよ。ところが、池田・佐藤政権以後は憲法を改正する必要はないと判断したんです。ナショナリストとしての信念を曲げてまでも。

伊勢崎　そうやって、国際法に抵触する「解釈」を、国際法から目を逸《そ》らしながら、積み上げてきたのです。

日本の自衛隊は、刀でいえば、鞘《さや》がない状態です。だから、おいそれと振り回すことはできませんし、持ち運ぶことも危険です。ここで言う鞘とは、自らの行動を縛る交戦法規、つまり国際人道法です。注意しなければならないのは、国際法の世界では、鞘は刀を打つ前からそこにある、ということです。

田原　だって、竹下さんは、自衛隊は戦えないからいいんだ、そのおかげで戦争にならないんだって言ったんですよ。軍事力を行使できないから、戦争は起きないんだと。なら国際法に違反する危険もないじゃないですか。

伊勢崎　それが、国際法を無視しながらやってきた「解釈」なのです。

田原　いや、だから、歴代自民党政権は、戦えない自衛隊の存在こそが重要だって、そう考えていたんですよ。小泉さんも僕にそう言ったんだ。

伊勢﨑　「戦えない自衛隊」を期待する点で、竹下さんや小泉さんなど自民党の歴代政権の考え方と、日本共産党の考え方は、僕にはほとんど同じに見えます。

ともに自衛隊が国際法上戦えないことを無視する一方、自衛隊の規模や実力についてだけ論争している。国際法上、存在してはいけない組織のために、毎年何兆円もの武器をアメリカから購入し続けている。

田原　だから、アメリカが自衛隊を作れと言うから、自民党も作らざるをえなくなったんですよ。

伊勢﨑　アメリカの意向に逆らえなかったのも事実だと思いますが、9条2項が国際法違反であることも、議論するまでもなくれっきとした事実ですよ。

田原　いや、だから、吉田茂は日米安全保障条約に反対したんだよ。そしたら、サンフランシスコ講和条約の取りまとめ役を務めたダレス（※5）特使が昭和天皇に吉田を叱れと手を回した。

昭和天皇は吉田を呼び出し、日米安保条約交渉の遅れを叱責した。昭和天皇から怒られた吉田は、しかたなくダレスに会いにアメリカに行った。吉田は、日米安保条約交渉をやりたくなかったの。歴代自民党政権は、ただ喜んでアメリカに追従していたわけじゃない。

自衛隊についても、結果的に戦えない状態にあることが、むしろ幸運な状態だと、そういう一種の確信があった。それはアメリカに指図されたからではなく、さっき井上さんも言ったように、日本の自主的な判断だったと思う。

伊勢﨑　もう一回言いますね、田原さん。9条2項の改正の必要性は、政治判断以前のものです。

田原　いや、いや、吉田をはじめ、歴代政権はみんな、やりたくないから、やらなかった。憲法を改正しないほうが平和を維持できるという信念があったから、手をつけなかった。

伊勢﨑　そういう先人の歴史を全部否定するようでちょっと気が引けますが、彼らが信念を持って取り組んだ「9条を維持する平和」は、国際法違反なのです。

田原　でも、9条2項を作ったのはアメリカじゃない。

伊勢﨑　それはそうですけど。欠陥を正さなかったのは日本人の非です。

井上　誰が憲法を作ったのかという問題があるにせよ、憲法9条があるために、自衛隊のトラブルが起きてしまったとき、処理する法システムが日本にはないんですよ。これは絶対に外交問題になります。

田原　だから、事故を起こさないことが大事ですよ。

井上　いや、事故は起こることを前提に考えないと。

田原　だって、竹下さんはもう戦争は起こさないと言っていたわけ。

自民党政権は、戦争をしないために、あえて9条2項には手をつけず、あえて自衛隊を戦えるようにしなかった。だから戦争はこれまで起こっていないでしょう。

井上 いや、今後も戦争は絶対に起こしてほしくはないけど、そういう議論は、前も言ったように、福島第一原発事故と同じですよ。

事故は起こらない、想定外だと言っても、実際には事故は必ず起きる。起こったら手の打ちようがない、というのでは駄目なんですよ。

田原 そこが問題だと。

井上 望ましくない事故が、もし発生したらどうするか、それを考えるのが危機管理でしょう。田原さんのお話を伺っていると、いまの日本政府には危機管理体制がないと、判断するしかないですよ。

田原 いや、だから、まさにそこが問題なんですよ。

井上 なぜ危機管理ができないかというと、やっぱり、憲法9条2項のせいで、軍事衝突が発生した場合の交戦行動を統制する国内法体系がないからです。いざ危機が発生しても、自衛隊を使うとやばいから使えない。交戦法規違反を裁けない日本の実態を世界に暴露してしまう。だから、想定外の危機的事態は起こらないことにして、考えるのはやめよう、となるのです。

そもそも、9条2項があるため、安全保障の問題が欺瞞的な憲法解釈の神学論争にすりかえられ、まともな実質的議論さえできない状況ですよ。

田原　なるほど。危機管理体制がない、想定外は起きないと思っているんだと。

井上　自衛隊が誤射することは、想定外にして、それが起きた場合の法律も対策も一切とられていないわけですよ。

田原　原発の事故は起きないと言っていたみたいに。

井上　そう、まさにその通りです。

伊勢﨑　原発の安全神話と同じように、「想定外」として片づけているんです。

田原　僕は原発事故を東京電力に取材したんだけど、福島では避難訓練もやっていなかった。何でやらないのかと東京電力の社長に聞いたら、避難訓練をやると、事故が起きる可能性があることを認めることになって、原発反対運動を盛り上げてしまうからだと。

伊勢﨑　9条の場合も、それとまったく同じ心理が働いています。

田原　日本は本当にそうなんですよ。原発立地地域の住民を説得するために、事故は起きないと言わざるをえなかった。だから避難訓練さえやらなかった。

で、戦後ずっと、いまに至るまで、戦争は起きない、自衛隊は撃たない、ということになって、実際に戦争が起きたとき、自衛隊が撃ったときのことを、一切準備していないわけだ。

井上　その通りです。もちろん、戦争は絶対に起こってほしくないと私も思いますよ。しかし、起こってほしくないことは起こらないと信じ込むのは、前にも言った幼児的な「願望思考」で、大人には許されない無責任な態度です。

戦争は起こるはずがない、日本が戦争に巻き込まれるはずがないと信じ込むのが平和主義ではありません。起こってほしくない戦闘状態に日本が巻き込まれたとき、この戦闘状態の無法化と拡大を抑止しつつ、平和回復のための交渉ができるような危機管理体制を、事前に整備しておくことこそ、真の平和主義です。

「非対称戦」が主流になった冷戦後の世界

田原　伊勢﨑さんは、アメリカや憲法9条では日本を守れない、だから国連を中心にやっていくべきだ、という立場ですか。

伊勢﨑　いいえ、違います。国連というのは、単なる官僚組織です。しかも「拒否権」によって安保理が機能不全に陥るという問題を抱えています。ゆえに、何でも国連中心主義がいいとはまったく思わないのですが、一方で人類は国連に代わる仕組みをいまだに持っていないのも事実です。

田原　伊勢﨑さんは『新国防論　9条もアメリカも日本を守れない』（毎日新聞出版）の中で、

安全保障関連法（安保法）は非常に危険だとおっしゃっていた。なぜ危険なんですか。

伊勢﨑　現場の自衛官に「自己責任でもっと撃て」と迫る一方、首相を頂点とする指揮命令系統の責任は不問にしているからです。

たとえば２０１５年のいわゆる安保法制で、「武器等防護」つまり米軍の飛行機や艦船を守るための武力行使が可能になりました。

ただ、これには大きな問題があります。９条を持つ日本において、「戦力以下の実力組織」である自衛隊が、憲法上想定外である「有事」に、米軍という世界一の軍隊と一体となって戦うための、法的な根拠を見つけられませんでした。そのため米軍艦船を守るための武力行使は、自衛官の個人の責任で行うことになっています。

要するに、米軍の空母を守るために迎撃ミサイルを発射するのは、現場の自衛官の自己責任でやれということです。命令する上官の責任、首相を頂点とする指揮命令系統の責任はどうなるのでしょうか。

そもそも、戦傷医療の体制すらまともに作れない状態で、現場の自衛官に、米軍と同じように戦えと言うのは、残酷ではないですか。

しかも、安保法制を強行した理由とは、要するにアメリカのご機嫌取りです。

田原　だけど、現場の自衛官が撃つかどうか、という状況なんて、よほど日本が危機に瀕《ひん》した場合だけではないですか。いままで、そんなことは1回も起きていない。今後もないでしょう。少なくとも、自民党の人間はそう思っていると思う。

伊勢崎　ただ、それは「平和ボケ」ではないでしょうか。保守の政治家はリベラル護憲派のことを「平和ボケ」だと批判しますが、保守の政治家だって同じ穴のムジナです。

保守は中国や北朝鮮の脅威を喧伝《けんでん》していますが、その脅威にどう対処すべきか、まるでわかっていません。とくに、軍事の「法」についてはまったくといっていいほどわかっていない。

もちろん、政治家が開戦法規や交戦法規の詳細を知る必要はありません。ただ、軍事的脅威への対処には国際法のルールがあり、それは世界中で厳格に守られているということくらいは、為政者は頭の隅に叩き込んでおくべきです。

それに加えて、僕の書いた『新国防論』では、冷戦後、そして9・11後、戦争の形態が変わった、いわゆる「非対称戦」が主流になったことを取り上げています。

「安全保障環境が激変した」と安倍首相も枕詞《まくらことば》のように言いますが、非対称戦が主流になったことをわかっていないと思います。アメリカは半永久的に勝てないテロという敵を、自分たちの手で作り出してしまった。

アメリカの大統領は、「もし戦争を始めたら、自分の任期を超えるかもしれない」と国民に断って戦争を始めることはありません。

田原　すべて負けですね。

伊勢崎　アフガン戦争、イラク戦争、どれも軍事的な勝利を達成していません。アフガン戦争は、すでに３人目の大統領にわたっています。

田原　僕は、アメリカの国防長官のマティスのことは信用していました。

伊勢崎　２０１８年12月に辞任しましたね。

田原　僕はモンデール元駐日大使から聞いたんですが、彼もマティスを全面的に信用していると言っていました。戦争とは、負けても勝ってもやっては駄目だ、という思想の持ち主だったからです。

一方、ブッシュは、アメリカが勝てば戦争をやってもいいんだと考えていた。それでアフガン、イラクと立て続けに戦争をしたが、どれも大失敗だった。フセインをつぶせば、中東が平和になると思ったら、大間違いだった。フセインをつぶしたせいで、逆に中東はめちゃくちゃになった。

アメリカ国民は大失敗を反省して、史上初の黒人大統領オバマを選んだ。そのオバマも最初はマティスを買っていた。戦争はやってはいけないという思想の持ち主だから。オバマは、世界の警察をやめたと言ったんだよ。

伊勢崎　ところが、オバマは、ブッシュが始めたこの戦争をさらに複雑化したのです。

一緒に参戦したNATO諸国までが、「息も絶え絶え」の状態になったのです。

それでオバマは、兵力の地上展開というリスクの大きい手段を必要としない、ドローンを使った戦争を始めます。ドローンを使った攻撃はアルカイダ系の主要リーダーたちを次々と仕留め、これを「オバマの戦争」と呼ぶようになりました。

ちなみに、次のエピソードをご記憶でしょうか。2016年にオバマは、現職大統領として初めて広島を訪問しました。安倍首相と並んで記者会見をしたのですが、そのときあるアメリカの女性記者がオバマに辛辣《しんらつ》な質問をしました。アメリカのメディアは、日本みたいに「やらせ」の質問はしませんからね。

記者会見の数日前、タリバンの新しいトップであるマンスールを、パキスタンとの国境付近において、アメリカ軍の無人爆撃機が殺害したばかりだったのです。記者はそのことを取り上げて、「あなたが終わらせることができなかったこの戦争を、こういうかたちで次の大統領に引き継ぐのか」と質問しました。

軍事的な勝利があげられない中、アメリカは何とかしてタリバンとの政治的な和解にこぎつけようと、試行錯誤していました。泥沼化した戦争の打開策は和解しかありませんから。

それゆえこの女性記者は、敵との和解というテーマの質問を、かつての敵国である日本との和解を象徴する、オバマの広島訪問を狙って投げかけたわけです。

和解交渉には、相手の指揮命令系統を温存して、常に「トップ」と交渉する必要がありますが、アメリカは敵のリーダーを殺害し続けている。なぜならそれしか国民受けする「戦果」を得る方法がないからです。オバマもこのジレンマを解決することはできませんでした。

アメリカの敵は、いまやアメリカをここまで追い込んでいます。

田原　たとえば、ＩＳ（イスラム国）だね。

伊勢崎　そうです。ただ、ＩＳが倒れてもこの戦争は続くでしょう。同時に、ホームグロウン・テロ、つまり国内で育った人物が、テロ思想に感化されて起こすテロが増える。

ホームグロウン・テロは移民問題と密接な関係があります。過激派とはあらゆる宗教に存在するものですが、現在のような対テロ戦の時代には、イスラム教徒のテロだけをセンセーショナルに喧伝する傾向が強い。その結果イスラム・フォービア（イスラム嫌悪）が蔓延し、イスラム教徒への差別と、それに対してイスラム教徒が憎悪を抱き、反社会的思想に取り込まれるという悪循環が生まれている。

移民の問題には古くから取り組んできたヨーロッパでは、教育や福祉政策を通じ、同化や社会の多様化の試みを続けてきましたが、極右政治勢力の急激な台頭を招いてしまいました。

田原　でも、日本ではいまだにそうしたテロは起きていないよ。自民党の政治家もそういう意識なんじゃないですか。

伊勢崎　いえ。それも時間の問題だと思います。単なる「労働力」としての外国人労働者を導入する法案が通ってしまいましたから。国会審議に十分な時間をかけなかったため、日本社会はまだ移民を迎える準備ができていません。

先ほども言いましたように、国内のテロは移民排斥運動とセットで発生します。

田原　だって日本は中東に対して兵を出さないし、攻撃していないよ。

伊勢崎　そのイメージは、小泉政権以来、崩れ続けています。日本は、NATO諸国でさえ開戦の正義がないとして参加しなかったイラク戦争に、わざわざ極東から参加した国です。目立たないわけがないですよ。

2015年、安倍首相が中東を訪問した折に「余計なこと」を言ってしまいました。日本は伝統的に中東において、イスラエルにもパレスチナにも、スンニ派にもシーア派にも偏らない、中立な外交と国際援助活動をやってきました。

安倍さんの中東訪問時も、日本が予定していた国際援助の中身は、難民支援など従来と同じ当たり障りのないものばかりだったのですが、見栄を張りたくなったのか「ISの脅威を少しでも食い止めるため」と言ってしまった。

後藤健二さんら、2人の日本人がISに殺害されたのはこの直後です。ISは声明で、2人の誘拐と殺害は、安倍さんの演説および日本が「十字軍」に加わったことへの報復だとしています。

日本がイスラム過激派の標的となる理由はほかにもあります。日本はジブチに半永久的な軍事基地を持っています。ジブチはイスラム教スンニ派の国で、海をはさんだ向こう側はイエメンです。イエメンでは、スンニ派のサウジアラビアとシーア派のイランの代理戦争が行われていて、史上最大の人道危機が目下進行中です。

ジブチには、アメリカ軍も基地を持っていて、ドローンを配備しています。もちろんジブチのアメリカ軍はイエメン内戦に軍事介入したサウジ軍を支援しています。ジブチ国内では、すでにＩＳが犯行声明を出したテロ事件が起きています。

田原　国民の多くは、イラク戦争に参加した小泉さんの方針は失敗だったと思っています。自衛隊の日報を隠したのは小泉政権のときの出来事ですよ。

小泉さんは、非戦闘地域に行くって言っていたのに、実際には戦闘地域と非戦闘地域の区別なんてなかった。

伊勢﨑　中東における日本のイメージは急速に変わっています。

田原　じゃあ、日本はどうすればいい？

伊勢﨑　当然、アメリカやＮＡＴＯのように、対テロ戦を想定すべきです。

ちなみにアメリカとＮＡＴＯ諸国はソ連の崩壊と９・11の直後から原発など核関連施設のテ

ロ対策を強化しています。日本もそろそろ真剣に考える必要があります。

田原　自民党の幹部は、いつまでも原発を続ける気はないよ。だって、原発が使えるのは40年が限度だし、新設なんてできない。

ちなみに２０１８年７月に政府が発表したエネルギー基本計画はインチキだ。２０３０年に原発が30基もあるという、非現実的な計画です。

そもそも日本の核兵器保有に一番反対しているのはアメリカだよ。

２０１２年９月14日に、当時の野田政権が原発を２０３０年代でやめて、六ケ所村の核燃料再処理もやめる、建設中の大間原発も認めないと言った。すると青森県が怒って、使用済み核燃料を全部国に返却すると言い出した。それで当時経産大臣だった枝野さんが青森に行って、使用済み核燃料の再処理と、大間原発の建設は認めてしまった。

この件について僕は枝野さんに聞いたんですよ。すると、どうも、野田政権の原発廃止路線にはアメリカが反対したらしい。鳩山政権のとき、普天間基地の移転先は最低でも県外という方針を打ち出したが、これもアメリカが反対してやめさせた。そのときと同じことが起きたという話です。

伊勢﨑　名前は出せませんが、経団連の幹部を務める、とある原子力関連企業の知人が、「稼働中の原発は自らに向けた核弾頭」だと言っていました。

ちなみに、稼働していなくても、核関連施設のセキュリティーの脆弱性は同じです。むしろ稼働していない原発では、セキュリティーが甘い状態のまま放って置かれる可能性があり、これが一番怖い。

管理の甘くなった旧ソ連邦の核施設がテロリストから狙われ、核物質が拡散するという恐怖を、NATO諸国は冷戦終結後に味わっています。

井上　稼働していなくとも、原発施設はテロリストの攻撃対象にされやすいんです。

田原　原発というのは、アメリカなど海外諸国では軍隊が守っている。日本ではせめて警察が守っていないといけない。けれど、やっていないということですか。原発のセキュリティーがこんなにいい加減でよいのかと。

井上　そう、そう。

田原　アメリカだって、こんないい加減でよいのかと言っている。

たとえば、日本海側には原発がいっぱいある。普通に考えれば危険極まりない。けれど、自民党の人間に言わせると、むしろこの状態でいいんだと言う。つまり、日本は戦争をしない国だと喧伝するため、あえて原発を裸にしていると。

伊勢﨑　福島第一原発の事故は、テロ組織に新たなヒントを与えたと言われています。少なくともアメリカとNATO諸国はそう考え、テロ対策を強化しています。

原発への攻撃には、乗っ取った旅客機で突入するといった、大掛かりな手段は不要です。施設内に時間をかけて綿密な計画の下でエージェントを送り込み、内側からの手引きで原発を占拠し、「電源喪失」させる。これだけで原発は「自らに向けた核弾頭」になります。

国が国家安全保障の対象として商業原発をどのように扱うかという問題は、原発保有国に共通する課題です。ただ警備会社が高度に武装できる欧米では、比較的対処しやすい。一方、日本では、警備会社は武装できません。かといって、国が中央に特殊部隊をつくり駆けつけるという問題ではない。それぞれ複雑に構造が異なる商業原発に同じ体制を敷かなければならないのです。

田原さんもよくご存じだと思いますが、元海上自衛官で、自衛隊初の特殊部隊を作った伊藤《いとう》祐靖《すけやす》さんという方がいます。僕が日本の原発の占拠は10人くらいの軽武装グループでできると言ったら、伊藤さんは武装なしの5人で十分と言っていました。

なぜ自民党は自衛隊の次のＰＫＯ派遣先を探しているのか

伊勢崎　ちょっとＰＫＯの話をさせてください。

自衛隊が南スーダンから撤退してしばらく経ちますが、２０１５年の安保法制でＰＫＯの駆け付け警護を通した手前、安倍政権は次のＰＫＯ派遣先を探しているはずだと思うのですが。

田原　いや、探していないですよ。日本だって本当は行きたくないんだもん。

伊勢﨑　いや、いや、そういう報道がありましたよ。

田原　いや、いや、だけど政府は行きたくないの。稲田朋美さんのようないい加減な防衛大臣でもなければ、ＰＫＯに行きたいなんて言うはずがないよ。

伊勢﨑　中東戦争を戦ってきたイスラエルとエジプトの停戦監視をする「多国籍軍・監視団」という組織がシナイ半島にありますが、ここに陸上自衛隊を派遣することを検討しているという報道が２０１８年9月にありました。

この「多国籍軍・監視団」は、ＰＫＯのような国連指揮下の組織ではなく、アメリカが主導する有志連合です。

田原　小野寺さんに、出す気があるかどうか聞きましたけどね。まったくないと言っていたよ。

伊勢﨑　でも、日本政府の本音としては派遣したいのではないでしょうか。

あまり知られていませんが、この「多国籍軍・監視団」に、日本は資金援助をしています。金額は２０１８年度の実績でせいぜい2億円ぐらいですが、武装警護予算では日本はアメリカに次ぐ第2の拠出国です。将来、自衛隊を派遣したいがゆえの資金援助ではないかと思います。

田原　それは、自衛隊としては参加したいんですよ。部隊を強くして、活躍したいのは当たり前、軍隊って、そういうものだからね。

でも、小野寺さんも中谷さんも、ノーと言っていたんですよ。

井上　海上自衛隊と陸上自衛隊では温度差がありますよね。

2016年に毎日新聞の労組が主催したシンポジウムに、陸上自衛隊の元幕僚長の冨澤暉《とみざわひかる》さん、元海上自衛隊の伊藤俊幸さん、そして伊勢﨑さんと私が登壇しました。

集団的自衛権と安保法制について、海自出身の伊藤さんはイケイケドンドンですよ。ところが、陸自出身の冨澤さんは非常に慎重でした。兵士を送り届けるだけの海上自衛隊と、実際の戦闘にかかわる陸上自衛隊では考え方の違いが明確に感じられました。

伊勢﨑　この「多国籍軍・監視団」は、エジプトとイスラエルでの駐留のために、当然両政府と「地位協定」を結んでいます。つまり、多国籍軍が引き起こす「事故」の裁判権を放棄させている。繰り返しますが、各派遣国が責任を持って起訴するという前提で、です。それができない日本が自衛隊を送れるわけがないのですが。ホント、自衛隊を派遣して、事故を起こしたらどうするのか。

どうすれば、こういう問題を自民党などの国会議員にわかってもらえるのでしょうか。

田原　はっきり言うと、自民党の幹部たちは伊勢﨑さんの言うような危機管理をするのが怖いんだよ。原発もそう。

井上　日本のエリート層はだいたい同じような感覚ですよね。

田原　そう、そう。

伊勢崎　だから、プレゼンのしかたですよね。つまり、どうやって彼らに問題意識を持ってもらうのか。

田原　そう、そこなんだ。

伊勢崎　以前、ＢＳの番組に出演したとき、自民党の船田元さんと一緒だったので、ジブチの問題を彼に問いただしたのです。

日本は、自衛隊員の個人過失でさえ裁けないのに、地位協定を結んでジブチに裁判権を放棄させて自衛隊が駐留している。

ジブチ駐留の自衛隊員が、もし任務中に個人の過失から交通事故を起こし、現地住民が亡くなった場合、この自衛隊員をジブチの裁判にかけることができません。かといって、日本も裁くことができないのです。軍事犯罪を裁くための法律を日本は持っていないことに加えて、日本の刑法でも国外の過失は管轄外です。極論すれば、ジブチでは自衛隊が引き起こす事故の責任が野放しになっています。

これは「外交詐欺」です。

日米地位協定において、在日米軍の公務中の事故に日本の裁判権はありません。しかし、アメリカの国内法で起訴できます。ジブチの場合、ジブチも裁けない、日本も裁けない。「法の空白」は明らかなのに裁判権を放棄させる地位協定を結ぶ。これは、外交犯罪です。

自衛隊が駐留すれば、ジブチには基地使用料や援助金が入ります。だからジブチ政府は不平等な地位協定を受け入れたのかもしれません。

ただ、政府は懐柔できても、野党や反体制勢力が日本の「外交詐欺」を知れば、当然騒ぎ立てるでしょう。そうなったら、ジブチ政府は日本に騙されたと言い訳するはずです。もはや日本に言い逃れできる余地はありません。最悪、反体制勢力にたきつけられた民衆が、自衛隊基地に押しかけ、暴力行為に及ぶかもしれません。それに自衛隊の警備班が応戦してしまったら。一般民衆を誤射してしまったら。民衆の熱狂に絆《ほだ》された地元警察や国軍の一部が加わって大きな戦闘に発展し自衛隊にも死傷者が出たら。国際社会は日本に味方すると思いますか？アメリカでさえ日本の「奇想天外」を見放すでしょう。

番組のCM中にこの話をしたのですが、理解していただけたようで、船田さんは憤然としていました。

日米地位協定で被害者の立場にある日本人は地位協定の残酷さを知り尽くしているはずなのに、共産党をはじめ、護憲派野党はなぜこの問題を提議しないのでしょうか。

ジブチの民衆が自衛隊という「無法の軍事力」の脅威の下に置かれている現状を、護憲派はなぜ問題にしないのか。

世界でも異常な日米地位協定に、慣れきってしまっているのでしょうか。それとも、自衛隊の「無法」を追及すると、９条が問題になるのを恐れているのでしょうか。

僕は、日米地位協定の改定は、９条２項の改定をともなわなければ意味がない、と言っているんですが、自民党だけでなく護憲派野党も逃げ腰です。

田原　日米地位協定なんて変えればいいじゃない。なにも日米安保条約を破棄するわけじゃないんだから。なぜしないんだろうね。

伊勢崎　日本特有のメンタリティーです。この問題をパンドラの箱化してきた。

ほかの国はすべて地位協定を変えています。変えないのは日本だけです。政府は「運用で実質的に変えています」と言い訳しますが、運用を決定するのは日米合同委員会という、議事録も残らない「密室」です。

国民の目に見えるかたちで「改定」することが重要です。透明性の確保は、反米感情を抑制し地位協定を「安定」させるために重要であると、アメリカ国務省が公式文書で言っているのです。

保守は「日米地位協定の改定＝反米」と考えがちですが、こうした誤解を解消しなければならない。でも、どうすれば日本の政治家を説得できるのか、僕にはわかりません。

田原　安倍さんに会って直接話してみるべきだよ。

北方領土の問題だって、地位協定が関係している。プーチンは2島返還なら応じそうだが、返還したあとに米軍基地を置かないことを約束しろと言っている。けれど、いまの日米安保条約では、全土基地方式になっている。つまり、アメリカが北方領土に米軍基地を置こうとすれば、日本は止められない。だから、日本はプーチンに、北方領土に米軍基地が置かれる可能性を否定できないと回答した。

こんなことをしていては、ロシアとの交渉は進まない。だから安倍さんもわかっているはずだよ。

※1　**交戦権**　第一次世界大戦後のパリ不戦条約、および第二次世界大戦後の国連憲章によって、国家間の紛争解決手段としての戦争は国際法上違法となった。そのため、いわゆる「国家の交戦権」は、すでに存在しない概念といえる。それゆえ日本国憲法9条1項にある「戦争の放棄」とは、すでに存在しない概念を放棄しているとは解釈しがたいため、「自衛戦争」を放棄したものと解釈するのが自然で、戦後期には政府もそのように考えていた。また同様の侵略戦争放棄宣言を憲法に規定する国は多数あり、けっして日本特有の条文ではない。

※2　**ハードパワー／ソフトパワー**　アメリカの国際政治学者ジョセフ・S・ナイ氏の提示した概念。軍事力や経済力など対外的な強制力のことを指す。逆に強制力によらず、文化や政治的価値、政策の魅力など

によって国際社会から共感を得ることで指導力を発揮することを「ソフトパワー」と呼ぶ。

※3　**文明の衝突**　アメリカの政治学者サミュエル・P・ハンチントンは、１９９６年の著書『文明の衝突』において、冷戦終結後の世界では、政治的イデオロギーではなく、文明と文明の衝突が対立の主軸となると指摘した。

※4　**全土基地方式**　日米地位協定により、アメリカは日本中のどこにでも基地を設置できる。これは日米安保条約締結にあたって、アメリカの国務長官ダレスによる発言「われわれが望むだけの軍隊を、望む場所に、望む期間置く」など、アメリカの要求に応えたものだと理解されている。

※5　**ダレス**　ジョン・フォスター・ダレス。アメリカの政治家であり、トルーマン政権において国務長官顧問、１９５３〜１９５９年、アイゼンハワー大統領のもと国務長官を務める。対日政策の最終的な責任者として戦後期の日本に大きな影響を及ぼした。

第4章

なぜ政府は日米地位協定の「正常化」を求めないのか

ジャーナリストとしてのルーツは国家への不信感

田原　僕は戦前の生まれで、戦争中は国民学校（※1）に通っていた。国民学校では、5年生の1学期から軍事教育をしていた。教師たちは、世界の侵略国であるアメリカとイギリスを、この戦争で打ち破るんだ、植民地にされたアジアの国々を独立させ、解放するための、正義の戦争だと言っていた。

だから君たちは早く大人になって戦争に参加して、天皇陛下のために名誉の戦死をしろと、僕らはずうっと言われていた。だから、当時はその通りだと思っていた。そのうちに1945年の夏休みになり、玉音放送（※2）があった。すると米軍、すなわち占領軍が日本にやってきた。

そうして2学期が始まると、教師たちの言うことが180度変わった。あの戦争は間違った戦争だった。日本はとんでもない戦争をやってしまった。だから君たちは、絶対に戦争をしては駄目だ、これからは平和のために体を張って頑張れと、彼らは言い始めた。それまでと180度違うわけ。

学校だけでなく、ラジオや新聞も変わった。1学期まで英雄だった人間が、2学期になって次々に逮捕された。するとラジオや新聞は、こんなに悪い奴らの逮捕は当然だと、手のひらを返して言いはじめた。典型的な例が東条英機（※３）です。

こうした「手のひら返し」は、敗戦時だけではなかった。中学３年までは、戦争が起きそうになったら、体を張って止めろと言われ続けていた。だが高校１年になると、朝鮮戦争が始まった。

最初、僕たちは朝鮮戦争には反対だった。だって、そう教えられていたからね。すると教師たちは、共産党みたいな主張をするなと言いはじめた。よく言うよ。

戦後、共産党は占領軍ととても仲がよかった。僕らは、米軍を進駐軍、あるいは占領軍と呼んだが、共産党は米軍を解放軍と呼んでいた。戦争中、刑務所にいた共産党幹部を解放したのは米軍だったから。徳田球一（※４）、野坂参三などは占領軍と非常に仲がよかった。ところが、朝鮮戦争が始まると、米軍の姿勢も１８０度変わった。

このころ、アメリカでもマッカーシズム、いわゆる赤狩り（※５）が行われていた。日本でもマッカーサーによってレッドパージが行われ、徳田球一や野坂参三は公職追放を受け、共産党の活動は非合法化した。

この２度の体験で、僕は偉い大人の言うことは絶対信用できない、マスコミもまったく信用できない、国家というものも信用できないと、強く思った。これが僕の原点です。

僕がジャーナリストとして大事にしていることが3つある。言論の自由を断固守ること、この国に再び戦争をさせないこと、国家権力は危ないから、徹底的に監視して、批判すること。それをずっとやってきた。

ただ、本当に僕がこの国のことを考え始めたのは、冷戦が終わってからなんです。冷戦が終わって、日本はどうすればいいのかと、みなが戸惑ったとき、2つの意見があった。

ひとつは、日本は自立すべきだという意見。ソ連と戦って日本に勝ち目はない、だから、アメリカに守ってもらうのは、冷戦の間は自明だった。岸信介の安保条約改定も、基本的にはこの考え方。

ただ、ソ連は消滅した。ならば、日本は対米従属をやめ、自立すべきだという意見が出はじめた。とくにリベラル、野党が主張していて、僕もこの立場だった。

一方、自立なんて冗談じゃないという意見もあった。冷戦が終わり、アメリカは極東地域を守る必要がなくなった。下手をすると、日本はアメリカに見捨てられる可能性がある。だから、アメリカとの関係をより濃密にしなくてはならない。

これを主張したのは読売新聞の渡辺恒雄（※6）、そして、岡崎久彦（※7）、北岡伸一（※8）、あるいは、坂元一哉、中西寛、それから、田中明彦といった面々。とにかくアメリカとの関係を濃密にすることを目標に、最終的には集団的自衛権の行使容認を準備した。

いま対米自立論は実現性が薄いが、アメリカとの関係を濃密にするという姿勢は、どんどん強まっている。政府内はとくに対米従属論が強く、２０１４年の集団的自衛権の行使容認が可能だったのは、それが理由だと僕は思う。

井上　日本の対米従属傾向が、いま田原さんがおっしゃったように、皮肉にも冷戦終結後にかえって強まったのは、アメリカに対する「見捨てられ不安」のせいだと私も思います。この「見捨てられ不安」がいかに根拠のないものかは、前に言いました。

親米派、対米従属派がいた一方で、冷戦の終結で東西対立構造がなくなったから、アメリカへの属国的追従は要らないと言った人たちもいました。じゃあ、どうすればいいかということで、彼らが主張したのは、国連中心主義でした。

田原　それは小沢一郎さんが言っていたね。国連の集団安全保障に参加すべきだと。

井上　この点、小沢さんの考えは一貫しています。

彼は、１９９０年のイラク・クウェート戦争のときは、国連安保理の承認があったから多国籍軍に自衛隊を参加させるべきだと主張し、２００３年のイラク戦争については、国連の承認もなくフランスやドイツのような同盟国の反対すら押し切ってアメリカが勝手に始めた戦争だから、日本はその尻拭いをすべきでないとはっきり言っていた。その点では、彼は、いまの政界には稀有な「筋の通った」政治家です。

ただ、前に指摘したように、1980年のイラン・イラク戦争、1990年のイラク・クウェート戦争、2003年のイラク戦争という3つの「湾岸戦争」において、アメリカはエゴむき出しのダブルスタンダードで行動しました。1990年のイラク・クウェート戦争でも、国連中心主義が機能したかに見えますが、国連はアメリカの国家的エゴの手段として体よく利用されたと私は見ています。

イラク・クウェート戦争のときには、冷戦が終結して、やっと「国連による平和」が始まったと、多くの人が大喜びしたものです。このとき、私が尊敬している東大の先輩教授だった方々の中でも、とくに50代で惜しくも亡くなった国際政治学者の鴨武彦《かもたけひこ》さんは「国連による平和」への第一歩だと感動を表現し、最近亡くなった国際法学者の大沼保昭さんのような人も、日本は自衛隊を派遣すべきだと主張していました。

田原 それまでの一国平和主義から脱皮し、世界のために貢献しなければならないと。

井上 その通りです。しかし私は、すでに述べた理由で、イラク・クウェート戦争も「アメリカの戦争」と見ており、これを「国連による平和」として歓迎する人たちは、失礼ながら、おめでたいなと思っていました。アメリカは、自国益になるときは国連を利用するが、そうでないときは無視する。そもそも、「侵略者」のフセインに巨大な武器援助をして、この怪物を育てたのはアメリカですよ。

アメリカの「覇権」が終わり「覇道」が復活する

井上　トランプ政権の誕生以来、アメリカの覇権に陰りが見えてきた。いわば、覇権の終わりの始まり。ただ、それがアジア、とりわけ日本からアメリカが軍事的に撤退することを意味するかというと、そうではないと私は思います。これに関しては、前にも少し触れたのですが、「覇権」と「覇道」の違いを理解する必要があります。

田原　どういうことですか、覇権と覇道って。

井上　これは、前章でも触れましたが、ジョセフ・S・ナイという、米国政府の役職にもついたことのあるアメリカの政治学者が、「ソフトパワー」と「ハードパワー」と呼んで区別した概念と重なるんです。

田原　ナイはついこの前も日本に来ていましたね。

井上　知日派として知られていますからね。ナイによれば、ハードパワーとは軍事力や経済力で他国を従わせようとするもので、これがすなわち「覇道」です。

　トランプが、中国を相手に関税を引き上げたり、イラン制裁に協力しない国には経済制裁するぞと脅したりしていますが、こういう露骨なものをハードパワーと呼びます。

１９９０年に出た著書（邦訳『不滅の大国アメリカ』読売新聞社）で、ナイは、アメリカのハードパワーが相対的にはすでに低下していることを認めた上で、それでもアメリカにはきわめて強いソフトパワーがあるから、アメリカの「覇権」は揺るがないと言っていました。「覇権」という日本語は、英語のヘゲモニー（hegemony）という言葉の翻訳です。ヘゲモニーとは、ギリシャ語の「hegemon」から来ていますが、これはもともと「リーダー」という意味なんです。

田原　なるほど、リーダーね。

井上　いわば腕力にものを言わせて強制するのではなく、精神的権威によって指導する力をヘゲモニー、すなわち「覇権」と呼びます。

田原　精神的な権威。

井上　そうです。ナイは、そのアメリカの精神的な権威はまだまだ強いと論じました。１９９０年の彼の著書の原題は「Bound to Lead」、アメリカは「世界を指導する定めにある」という意味で、すごい自信です。

田原　ソフトパワーも劣化しているよ。ベトナム戦争もそれでアメリカは負けた。湾岸戦争もアフガン戦争、イラク戦争も、アメリカの権威は地に落ちている。

井上　そうです。ただ、１９９０年の時点では、世界の世論を味方につける力がアメリカにはまだ残っているとナイは考えたんです。

その同じナイが、２００４年に出した、「Soft Power」（邦訳『ソフト・パワー　21世紀国際政治を制する見えざる力』日本経済新聞社）という本では、２００３年のイラク戦争をはじめとして、ブッシュ・ジュニア政権があまりにも一方的な軍事侵攻をやったせいで、ハードパワーだけでなく、アメリカの精神的権威、すなわちソフトパワーも危なくなったと警鐘を鳴らしました。

トランプ政権になると、アメリカ・ファースト、自国益中心で、他国のことはどうでもいいと言ってしまった。そうなると、２０００年代に入って崩れつつあった精神的な権威、ソフトパワーがもう完全に消失してしまうんじゃないか、と思いますよね。

それが心配だという話を、「朝まで生テレビ！」で共演した元防衛大臣の森本敏さんにしたところ、森本さんが最近ナイに会ったとき、ナイも同じことを言っていたと言いました。

問題は、精神的な権威で説得できなくなると、軍事力や経済力でがむしゃらに屈服させようとすることです。つまり、覇権がなくなったら、おとなしくなるのではなく、逆に、覇道に進む、ソフトパワーの欠損をハードパワーの増強で埋め合わせようとすることです。トランプ政権はまさにその方向に進んでいると思います。

アメリカは「世界の警察官をやめる」と言っているが、かつてのモンロー・ドクトリン（※9）

のように、南北両アメリカだけを勢力圏にして、そこに閉じこもるなんてできるはずがない。アメリカがたとえば、トランプが嘯《うそぶ》いているように、NATOから離脱するなんて本当にできると考えられますか。欧州が米国を失うのではなくて、米国が欧州を失うことになるんですよ。

「世界の警察官をやめる」というセリフは、自国益に関係のないところに軍事介入をしないと言っているだけで、自国益のためなら軍事力もどんどん使うという従来の姿勢を放棄しているわけではない。そもそもアメリカは、これまでも自国益を棚上げにしてまで「世界の警察官」の役割を果たしたことなどない。むしろ、「世界の暴力団」だった。自国益のため国際法を蹂躙して軍事力を放縦に濫用してきた。自国第一主義かつ保護主義をとなえるトランプだからこそ、この従来のアメリカの「覇道」的姿勢が強化されるでしょう。

アメリカの企業が世界中で活動できるのは、アメリカの軍事力のおかげです。

かつて、日米貿易摩擦たけなわのころ、日本市場を開放させるために、日本叩きをした、チャルマーズ・ジョンソンというCIA出身の政治学者がいます。どういうわけか、最近では転向して、アメリカ批判を始めているんですが。

彼は、アメリカの世界支配の基礎をソフトパワーに見たナイとは異なり、全世界に基地を持つアメリカのハードパワーがあったからこそ、アメリカに有利な政治経済システムを世界に押しつけ、日本に対して強硬に市場開放をせまることができたといまは見ているようです。

今後アメリカが、ソフトパワーで世界を操作できなくなると、ハードパワーで屈服させようとするでしょう。そうなると、アメリカの海外における最大にして代替不能な軍事的戦略拠点として日本を使える日米安保体制からの撤退を、アメリカのほうから求めることはありえない。在日米軍基地は日本を守るために存在するわけじゃない。アメリカの世界戦略に必要な軍事拠点です。

田原　少なくとも、横須賀と嘉手納はそうだよね。

井上　だから私は、日本のアメリカに対する「見捨てられ不安」は的外れだと言い続けているんです。日米安保条約とは、日本がただ乗りしているどころか、アメリカにとって一方的に「おいしい」体制です。

田原　そうすると、読売新聞や岡崎久彦なんかは間違った主張をしたというわけですね。

井上　はい、間違っていると思います。

伊勢崎　少しだけ補足させてください。アメリカが日本を見捨てるかどうかについてですが、アメリカが今後も世界中に軍事力を展開し続けるのは間違いないと思います。もちろん、軍事基地を置く場所や、規模の見直しはありうるでしょう。

米軍の動向を占うに当たって、近年の大きな変化も見逃せないファクターです。

2006年にアメリカの軍事戦略は劇的な変化をとげました。アメリカはイラクの占領統治に失敗し、内戦状態を招きました。一方、先行するアフガニスタンの占領統治は一時はうまくいっていたのです。

タリバン政権を倒し、軍閥を武装解除して、新政権を樹立するまでは、アフガニスタンの占領統治は成功していました。アフガニスタンの軍閥は、冷戦時代にソ連がアフガニスタンに侵攻した後、ソ連を倒すために一致団結していました。が、ソ連を倒した後、仲間割れを始め、アフガニスタンを内戦化させてタリバンの台頭を許す結果となりました。僕はその軍閥の武装解除を担当していました。

この経験から、アメリカはソフトパワーを重視する方向で、占領統治の戦略を見直し、軍事ドクトリンを改定しました。

田原　どういうこと？

伊勢﨑　つまり、民衆から信頼されるようなよい政府を樹立することに比重を置いた統治方針に変更したのです。よい政府といっても、もちろんアメリカの傀儡《かいらい》政権には違いないのですが。

これはベトナム戦争以来、実に30年ぶりの大きな変化でした。この新方針を通称「対インサージェント化戦略（COIN：Counter-Insurgency）」と言います。

ハードパワー、軍事力に頼った占領統治は不可能だと、米軍上層部もようやく理解したんです。

田原　オバマはそう本気で考えていたけど、全然成功しなかった。

伊勢﨑　結局、軍事的にテロとの戦争に勝つことは不可能なんです。前述のイスラム教徒への無差別攻撃を肯定するような軍教官は、対テロ戦に勝てないいらだちの表れとも言えます。

肝心要のアメリカの盟友ＮＡＴＯですら、アメリカと一緒に大規模な兵力を国外に展開することに疲れきっています。

田原　アフガン戦争にはＮＡＴＯも参加しているわけですか？

伊勢﨑　はい。ＮＡＴＯ軍のアフガン戦争への関与はとても密接なものです。

ＮＡＴＯは「集団防衛」を根拠として参加しています。アフガン戦争は、アメリカが9・11同時多発テロによってテロ組織から本土攻撃を受けたため、開戦法規である国連憲章51条に基づく「個別的自衛権」を根拠として始まった戦争です。

一方、ＮＡＴＯは、集団防衛を定めるＮＡＴＯ条約5条、通称「5条オペレーション」によってアフガン戦争に参戦しています。

国内に多数のイスラム教徒を抱えるＮＡＴＯ諸国にとって、言わば「アメリカの敵はみんなの敵」。9・11同時多発テロのインパクトは強烈なもので、ＮＡＴＯ諸国は「明日は我が身」だと考えました。

実は、この「NATO条約5条」が発動されるのは、1949年のNATO発足以来、初めての出来事でした。

田原　イラク戦争にヨーロッパ諸国は反対したじゃない。

伊勢﨑　あのとき「5条」は発動されませんでした。

「サダム・フセインは核兵器を保有し、9・11でアメリカを本土攻撃したアルカイダと協力関係にある」というアメリカの主張に対し、フランスをはじめとする主要なNATO諸国は賛同しませんでした。つまりイラク戦争は自衛のための戦争とは思えない、と反対したのです。

NATOの協力を得られなかったアメリカは、国連安保理を説得して、イラク戦争の開戦理由を国連の集団安全保障だと認めさせようとしましたが、それにも失敗します。

結局、ブレア政権のイギリスなど数カ国の「お友達」と一緒に、アメリカはイラク攻撃に踏み切ります。「核保有を見極めるため国連による査察の結果を待て」という国際社会を無視した行動でした。

イラク外務省の高官に友人がいますが、彼らはイラク戦争を表現する際、「invasion」つまり侵略という言葉を使います。イラク戦争はおそらく、国連発足以来きわめて希な「開戦法規違反」のひとつです。

田原　アメリカの戦略転換はなぜ成功していないの？

伊勢﨑　傀儡政権の樹立に失敗しているからです。

とくにアフガニスタンとイラクの新政府は、史上もっとも手厚い国際援助を受けていますが、もっとも腐敗した政府として知られ、国民が帰依していません。これが、タリバンやＩＳの台頭を許す土壌を作っています。

「国家建設」には、何十年という時間がかかります。一方、それを推し進めるわれわれ民主主義国側の政権は数年で交代します。アメリカの戦争計画も、大統領の任期に制限されます。

われわれに挑んでくる敵はそれより長いスパンで戦争を考えます。彼らは1世紀、2世紀かけて十字軍を追い出す気持ちで挑んでくるのです。非常に厄介な敵をアメリカは作り出してしまった。

大国の侵略戦争に加担してきた日本

田原　フランスやドイツが反対したのに、なぜ小泉さんはイラク戦争に賛成したの？

井上　日本が属国だからですよ。

伊勢﨑　小泉さんを含め、自民党の政治家を見てこられた田原さんが、ある意味では一番ご存じなんじゃないですか。

僕もイラク戦争には反対しました。あのときは日本の親米派の有識者や安全保障専門家の言い草が本当に腹立たしかった。なにせ彼らは、自衛隊のイラク戦争参加は「北朝鮮対策に有効」だと言っていたのです。

仮に彼らの言う通り、イラク戦争への参戦が北朝鮮問題の解決に役立つとしても、日本の国防を、まったく無関係の国の民衆の犠牲であがなおうなんて、いったいどういう神経をしているのでしょうか。端的に言って、きわめて卑怯です。いまでも彼らのしたり顔を思い出すと、ぶん殴ってやりたくなります。

田原　僕は番組でイラク戦争に反対したんです。

井上　自民党保守政権は、属国でいたいと思っているんですよ。

護憲派に限らず、保守も、いまの安倍政権も、自衛隊を単なる「実力組織」ではなく、自衛のための「戦力」だと、胸をはって認める用意がなかった。

田原　その通り。だから、そこを一番聞きたいんです。

自民党の歴代総理大臣は、米軍は日本の軍備拡張の歯止めになっているという、いわゆる「瓶のふた」論を信じ込んできた。

伊勢﨑　冷戦が終わると、海外の軍事力を維持するため、アメリカは地位協定のスタンダードを変える必要性に迫られました。かつてのように「米軍がいなければ共産主義に侵略される」

という言い分が通じなくなったからです。

大きな事故が起きるたび、基地受け入れ国では、米軍を追い出せという運動が高まります。反米運動を嫌うアメリカは、地位協定の「安定」のために「地位協定の改定」を始めたのです。その際、アメリカの利益をあまり損なわずに、しかも現地の国民が納得しやすい画期的な方法が採用されました。それが「互恵性（Reciprocity）」、つまりアメリカと受け入れ国の「法的な対等性」の導入です。

たとえば、ドイツ軍が何らかの理由でアメリカに駐留する場合、ドイツにおけるアメリカ軍と同等の特権を得られるようにする。具体的には、ドイツ軍の車両がアメリカでの公務中に人身事故を起こした場合、その裁判権をアメリカが放棄する、という具合です。

米軍受け入れ国の領土・領空・領海の管理権は、それまでアメリカが我が物顔で行使してきたのですが、この「互恵性」の導入によって、受け入れ国に戻されます。当然、基地の環境権も同様です。米軍の行動は、すべて受け入れ国の「許可制」になります。

この「互恵性」は先ほどから申し上げている通り、日本と同じく「平和時」のフィリピンや、「戦時／準戦時」のアフガニスタンにも導入されています。

ちなみに、アフガニスタンの地位協定では、アメリカ軍が公務中に事故を起こした場合、アメリカ軍による軍事法廷が開かれますが、アフガニスタン政府の立ち会いを認め、「透明性」

の確保に努めています。日本の地位協定にこのような規定はありません。「事故」は、どうしたって起こります。その際、扱いに当たって不平等は存在しない、という「ガス抜き装置」がなければ、どうしても反米感情の高まりを抑えられません。地位協定の安定化にこれが重要だとアメリカは認め、「互恵性」をスタンダードとする方向で、世界中の地位協定を改定しているのです。

田原　日米地位協定も変わったんですか。

伊勢﨑　まったく変わりません。そこが問題なんです。

田原　僕に言わせれば、日本はアメリカの植民地ですよ。

井上　ただ、ほかの国は、アメリカとの地位協定を続々と変えています。

それは、伊勢﨑さんがさっきおっしゃったように、ハードパワーで屈服させるだけじゃなく、現地住民の支持を得なければ駄目だと、アメリカの軍部は悟ってきたんですよ。トランプ政権がハードパワーに傾斜するという私の見方と、米軍はソフトパワーを重視しているという伊勢﨑さんの指摘は矛盾しません。トランプのような政治家はわかってないけれど、現地住民の敵意にさらされるのは軍隊ですから、ハードパワーを預かる軍部のほうこそ、ソフトパワーの重要性がわかっている。私の徴兵制論の背景には、戦場を知らない文民政治家のほうが軍部より好戦化する危険性があるという認識がありますが、それともかかわってくる。

田原　なぜ日本は変わらないの？

井上　日本が変えようとしないんです。

田原　なぜ変えようとしないの？

伊勢﨑　僕は、日米地位協定が変わらないのは、アメリカのせいではなく、１００％日本人のせいだと思います。

田原　その通り。絶対おかしいよ。

井上　日米安保に対する日本の見方が根本的にゆがんでいるんです。「日本は日米安保に60年間ただ乗りしてきた」という百田尚樹さんを「朝生」で叱責したと前に言いましたが、アメリカに対するこんな「自虐史観」的妄想を、アジアに対する「自虐史観」を叩いている自称右翼連中までもが根強く持っている。アメリカの属国であることに怒るどころか、アメリカが犠牲を払って日本を守ってくれているんだから感謝しましょう、というわけ。

サヨク君たちに負けないくらいおめでたいウヨク君たちに対して、そして日本の政治家と国民に対して、何度でも言いますが、日米安保条約では、アメリカが一方的に得をしている。アメリカにとっての日米安保条約の目的は、日本を守ることではありません。アメリカの世界戦略の軍事拠点として日本を利用することが目的です。

ベトナム戦争もイラク戦争も、在日米軍基地を活用して遂行されました。つまり、アメリカが勝手に始めたこれらの対外的な軍事行動に、日本は加担したことになっているんですよ。

田原　だが、日本はその時点では集団的自衛権を認めていなかった。だから、アメリカの戦争には、直接参加することができなかった。逆に言えば、巻き込まれないできた。それは自民党政権が憲法を逆手にとってやったことですよ。

井上　実際に自衛隊員を戦地に送ったかどうかとは無関係に、基地を提供し、米軍の兵站を提供、要するに補給をしたというだけで、国際法的に見れば、日本は在日米軍と一体化して、軍事行動を行ったことになります。

そうすると、アメリカに攻撃された国、たとえばベトナム戦争時の北ベトナムが、もし当時弾道ミサイルを保有していたと仮定して、それを横田基地周辺や横須賀、佐世保などに撃ち込んできたとしても、国際法上、北ベトナムによる個別的自衛権の正当な行使、正当な反撃なんですよ。

田原　じゃあ、なぜ、戦後の70年間、日本は戦争に巻き込まれなかったの？

伊勢崎　いや、ずっと巻き込まれているんです。それも「自動的」に。

田原　巻き込まれてはいませんよ。伊勢崎さんが言っているのは、アメリカの戦争に日本が加担した、ということでしょう。でも、現に日本の自衛隊は、これまで戦死者ゼロです。

井上　訓練死は1500人ですからね。

田原　でも、戦死はゼロです。

伊勢﨑　いままでは敵の弾が日本に直接届かなかっただけです。ベトコンやタリバンが日本を直接攻撃する手段はありませんでした。

井上　何度も言いますが、国際法上は、アメリカの侵略戦争にずっと日本は加担してきたんですよ。自衛隊員を海外の戦場に送るかどうか以前に、米軍基地、それから、兵站の提供っていうかたちで、戦争には参加していた。

田原　だけど、日本は戦争に巻き込まれないできた。日本は平和だったと自民党の歴代首相は言っている。

伊勢﨑　でも、状況は激変しているのです。北朝鮮の弾は日本まで十分届きます。

田原　北朝鮮が日本を攻撃することはないですよ。

井上　いや、仮に田原さんのおっしゃる通りだとしても、さっきも言ったように、想定外のことに備えるのが危機管理ですよ。

田原　だから、日本は危機管理を考えていないということですか。

井上　そうです。自衛隊だって、本当にまったく戦えない軍隊なら、毎年予算を5兆円以上も使う必要がありますか。

田原　アメリカに武器を買えと言われたから買っているんですよ。

伊勢﨑　そういう予算の使い方はもうやめましょうよ。

田原　いままでもすべて、アメリカの言うことを聞いているだけ。日本は完全なる対米従属国家なんですよ。

属国根性があるかぎり日米地位協定は変わらない

伊勢﨑　日本以上にアメリカに依存し、「アメリカの敵はみんなの敵」だと言う国はたくさんあります。しかし、本当の同盟とは、主権を持つ国同士の関係です。主権とはまず個別的自衛権を自らの意思で行使できること。

日本はどうでしょうか。アメリカへの報復は日本もターゲットになりますが、米軍は日本政府の許可なく「自由出撃」できます。これを許す同盟国は、日本以外には、休戦状態の韓国があるのみです。

田原　いまは、日本が一番アメリカの言いなりになっている。

伊勢﨑　そうです。アメリカ自身が、国務省の公式文書において、アメリカが海外でアメリカの法律を適用できるのは、戦争時か、軍事占領中のみだとはっきり言っています。

ですが、日本の外務省は、まったく逆のことを言っています。まるで自分からアメリカに占領してほしいと言わんばかりです。

田原　たとえば、伊勢﨑さんが常々言っているように、日米地位協定、こんなバカバカしい地位協定を持っているのは日本だけですよ。

伊勢﨑　それは、すべて、アメリカのせいではなく、日本人の責任です。

田原　アメリカの植民地みたいな地位協定を、なぜいまだに変えないのかと。

伊勢﨑　その原因は、9条2項にあります。

アメリカにとっていまや「スタンダード」な「互恵性」の導入は、本来なら簡単に実現できます。ただ、日本はほかの国にはない「弱点」を持っているので、交渉は難航するでしょう。

もし日米地位協定に「互恵性」を導入すれば、アメリカと日本は「軍事的」に対等になります。具体的には、自衛隊がアメリカに駐留した際の自衛隊による軍事過失、個人過失については、アメリカに裁判権を放棄させることになります。

ゆえに、アメリカは次の点を指摘するでしょう。「自衛隊がアメリカで起こした軍事過失、個人過失を日本国内で裁けるのか」と。

再三申し上げた通り、9条2項があるため、日本では自衛隊が海外で起こした軍事過失、個人過失を国内法で裁くことはできません。

よって、9条2項があるかぎり、日米地位協定に互恵性を導入することは無理です。

田原　先日、安倍さんに会って僕はこう言ったんです。

日米地位協定を変えられるのはあなたしかいないよ、と。集団的自衛権でアメリカに相当な貸しを作った安倍さんが言えば、アメリカも素直に聞くだろうと。だから、絶対に日米地位協定を改定しろと言った。安倍さんは、やりますと一応言ったけどね。

伊勢﨑　日米地位協定を改定するためには、9条それ自体を含め、日本自身が変わる必要があります。それ以外に日米地位協定を改定する方法はありません。

田原　こんなひどい地位協定を結んでいるのは、日本だけだよ。

井上　その日米地位協定を変えられないのはなぜか。

よくイメージされるように、アメリカの圧力があるから、というよりも、日本側がむしろ、この属国状態を積極的に望んでいるから、地位協定が変わらないのだろうと、私は思います。田原さんもおっしゃったように、歴代の保守本流の考えは、「自衛隊を本物の軍隊にして、自主防衛の姿勢を明確にすると、いずれ戦争に巻き込まれるかもしれないから、これだけは絶対に避けたい」というもの。戦争するくらいなら、自衛隊には「張り子の虎」でいてほしい。

自衛隊が戦えなくても、日本の防衛に不安がなかったのは、日米安保条約によって、ひとたび何か起きても、きっと米軍が日本を守ってくれると、保守が信じていたからですよ。

田原　そう思い込んでいるわけだ。

井上　そう。ただ、この「米国信仰」は、保守だけでなく、いわゆる左派や、護憲派にも見られるんです。前にも言ったように、砂川事件で米軍基地を違憲だとした「伊達判決」を、朝日新聞が社説で異様な判決だと酷評した。そして司法の独立をかなぐり捨て、統治行為論という司法を自殺させる理屈で伊達判決を破棄した最高裁判決を、朝日新聞は支持しました。

護憲派の牙城である朝日新聞本来の思想からすれば、伊達判決は支持し、最高裁判決は徹底的に批判するのが筋だと思うでしょう。そうはしないまま、一方で朝日新聞が自衛隊を日陰者扱いし続けられるのは、日米安保でアメリカが守ってくれると信じていたからです。安保改正の仕方については岸政権を批判した朝日新聞でも、安保の存続は強く望んでいたということ。この件は護憲派の米国信仰を象徴していると思います。

田原　砂川事件の最高裁判決はインチキですよ。

井上　そのインチキな最高裁判決を「ほぼ相当な判決」だと社説で満足げにほめそやしたのが、朝日新聞なんですよ。いまの護憲派憲法学者たちも、「日米安保はどうせなくせないでしょう」などと他人事《ひとごと》のように言いながら「なくしてほしくない」という本音を吐露したり、戦後日本が平和でいられたのは日米安保のおかげだと公然と認めたり、日米安保の違憲判断を棚上げする統治行為論を是認したりさえしている。

護憲派が、自衛隊に違憲の烙印を押して、自衛隊を認知せずに「私生児」扱いし続けたり、「戦力未満の実力組織」として「半人前」扱いし続けられたりするのは、いざとなったら、安保条約でアメリカが日本を守ってくれるはずだと信じているからです。米国信仰が、護憲派の自衛隊に対する欺瞞の拠《よ》り所になっている。

田原　日本の新聞は本音では全部そう。アメリカが守ってくれるから、日本は大丈夫だと思っているんだ。

で、問題は、アメリカは将来、日本から撤退する可能性があるということ。

自己不信を生み出す日本のアメリカ信仰

田原　伊勢﨑さんに聞きたい。ほかの国は地位協定を改定したのに、なぜ日本は変えられないんですか?

伊勢﨑　おそらく、ある意味で聖域化、タブー化してしまったことが原因だと思います。つい最近まで、テレビの討論番組で「パンドラの箱を開けることになる」と、したり顔で僕を諭しにかかっている専門家さえいました。

とくに外務省の国際法局と北米局の対応は異常です。2018年5月、国会の外務委員会で、北米局長と国際法局長は、次のように答弁しました。
『「一般国際法』によると、駐留を認められた外国の軍隊には、特別の取り決めがないかぎり、接受国の法令は適用されません」と。

読者のみなさんもおわかりだと思いますが、これは事実とは正反対の見解です。
「外国人には受け入れ国の法律が適用されるが（これを「属地主義」と言います）、その例外を取り決めるのが地位協定」です。

当然ながら、当の北米局長と条約局長は、「その『一般国際法』とは具体的に何か」と野党議員に追及されて、しどろもどろの答弁を繰り返します。国際法の常識とは真逆のことを言っているから当然です。

実は外務省のホームページに「日米地位協定Q＆A」というコーナーがあり、この北米局長と条約局長の答弁通りの説明が書かれています。ただ先の国会の外務委員会のあと、「一般国際法」という文言がいつの間にか削られていたことがニュースになりました。もとよりそんな「一般国際法」などないのですから。悪質な嘘をついていたにすぎないのです。

こういう経緯から読み取れるように、実はちゃんと外務省の担当者たちは問題を認識しているのです。

田原　だけど、なぜ自民党の歴代総理大臣は、日米地位協定の改定を一度も訴えなかったんですか。

伊勢﨑　９条と同様に、地位協定もタブーになってしまったからです。

井上　いま日本が陥っている属国状態は、アメリカが押しつけているものじゃないんです。GHQ占領時は強いられた属国だったかもしれませんが、その後いまに至るアメリカの軍事的属国という地位は、お家の事情で日本が「主体的」に望んだものです。

田原　つまり日本は、属国になりたくてなっているということですか。

井上　その通りです。

護憲派の香山リカさんとの対談本『憲法の裏側　明日の日本は……』（ぷねうま舎）のエピローグで、「自己を信じられない私たち」という表現を使って、その心理を解説しました。

田原　日本人は自国よりアメリカを信じているということですか。

でも、香山さんもきっと同じですよ。彼女は日本を信じていない。むしろアメリカのほうを信用していると僕は思うな。

井上　そう、その通り。日本は自分を信じられないから、「米国信仰」にふけっている。左派の「９条信仰」とは、９条があるから、自衛隊を戦力として認めない。９条を改正して自衛隊を戦力として認めてしまうと、日本人は狂って軍国主義に戻ってしまう。だから９条を変えてはならない。こういった考え方です。

前に言ったように、護憲派のこの9条信仰の根底には「アメリカに守ってもらえるから、そのほうがいい」という米国信仰があります。だから田原さんが、護憲派は「日本を信じておらず、むしろアメリカを信用している」とおっしゃるのはその通りです。

一方、右の連中も「米国信仰」に陥っています。

その結果、彼ら本来の目標を見失っている。先ほども言いましたが、自衛隊をフルスペックの軍隊にしませんと言ったのは、タカ派のはずの安倍さん自身です。

つまり、右派、保守も、アメリカから政治的・軍事的に自立することを恐れている。自分たちで軍事力を統制し、戦争にならないよう国を導いていく自信がない。

つまり自分たちを信じられないからアメリカを信じているという点では、右＝保守は、左＝護憲派と同じなんです。

日本は軍事犯罪に関する法整備を行うべきだ

田原　田中角栄（※10）が僕に何度も言ったんです。戦争を知る世代が政権にいるあいだは、日本は戦争をしないと。なぜ彼がそんなことを言ったかというと、要するに日本を信用していないからですね。なぜ昭和の戦争のような失敗をやってしまったのか、そういう反省があるから。

井上　戦争を知らない世代が好戦的かというと、必ずしもそうではないですね。

田原　実は僕は、危ないと思っている。

日本が核を持つことに、僕は絶対に反対です。でも将来、アメリカの核の傘を出ることになれば、抑止力として日本も核を持つべきだ、という意見が出るんじゃないか。

北朝鮮は核を持ったからアメリカと交渉できる。イラクは核を持たなかったから攻撃された。

井上　国民が好戦的になるのは、自分たちが安全地帯に置かれている場合です。

だから、自衛隊だけに危険を負担させていると、無責任なイケイケドンドン的議論が出てくる。

だから、私は、徴兵制を導入すべきだと言っているんです。ドイツがかつてやってきたように。暫定的に中止してはいますが、廃止はしていません。

田原　マクロン仏大統領も徴兵制を復活させましたね。

井上　現在のところまだ計画段階ですが、マクロンは兵役復活を公約の一部に掲げて大統領選に勝ちました。ノルウェーは２０１５年に、スウェーデンも２０１８年に徴兵制を女性にも適用するようになりました。

私の言う徴兵制は、軍国主義とはまったく異なるものです。民主主義のもとでは、一握りの兵士だけを戦地に送るほうが、よほど危険です。

田原　数年前にもドイツを取材したんです。ドイツはＮＡＴＯに加盟し、ＮＡＴＯの集団的自衛権としての戦争には参加する。ただし、ドイツの個別的自衛権としては一切戦争をしないと言っていた。

井上　ドイツは、かつてのチェコスロバキアやポーランドに対して行った侵略戦争の責任のような、一般的な戦争責任を自らに厳しく追及することはしていません。責任を認めたのは、その多くがドイツ人でもあったユダヤ人に対する迫害、大量虐殺という「人道に対する犯罪」についてだけです。しかも、責任の主体はナチであって、ドイツ国民ではありません。国民はむしろナチの被害者だったという主張です。

日本が戦後ドイツから学ぶべき点があるとすれば、侵略戦争への反省のしかたではありません。徴兵制を憲法に定めて、戦争をしない仕組みを作ったことです。

田原　「朝まで生テレビ！」で以前ドイツの話をしたら、出演者全員が徴兵制に反対でしたね。

井上　前に言ったように、コスタリカは常備軍を持っていないから9条の理想を実現した国だとして、よく護憲派が宣伝に利用しているのですが、実際は違います。コスタリカ憲法では、いつでも必要なときに軍隊を組織できます。国民の祖国防衛義務まで憲法で定めています。

田原　スイスもそうですね。

伊勢﨑　コスタリカは、実はパブリックフォースという小規模な軍隊を持っています。また、国際人道法で定義される「war crime」つまり戦争犯罪を国内法でもしっかり想定し、具体的な量刑も定めています。日本は、ここを学ぶべきなんです。

つまり、「規模が小さい戦力でも戦争犯罪を起訴する国内法整備をしている」のがコスタリカです。一方「世界有数の軍事大国であるにもかかわらず、戦争犯罪を起訴する国内法整備をしない」のが日本です。

田原　なぜそれが自民党で問題にならないの？

伊勢﨑　それを僕に聞かれても。

田原　なぜ問題にならないんだろう。誰も問題にしていないじゃないですか。

井上　自衛隊が日本の領土領海内で戦闘状態に入る可能性だってありうる。にもかかわらず、考えない、問題から逃げている。

後方支援に限ったＰＫＯといいながら、海外に派遣した自衛隊は、これまで戦闘に巻き込まれてきたのです。イラクでも、南スーダンでも。これまで自衛隊の戦死者が出なかったのは奇跡的な偶然でしかない。

こういった問題と危険が現実にあるのに、考えない。想定外のことは考えたくないんですよ。

田原　それは、平和ボケということですか。

井上　そうです。しかも、護憲派は「９条があるから、イラク戦争のときでも自衛隊に対しては攻撃しないという合意が敵勢力の間にあった、自衛隊が攻撃されなかったのは9条のおかげです」などというまったくのデマを流して、この平和ボケを合理化している。

イラクでは自衛隊キャンプが何度も攻撃されたし、自衛隊の輸送車列が遠隔操作の路上爆撃装置で攻撃され、ロケット弾が前の車と後の車の間、わずか数メートルの隙間を通り抜けてくれたから奇跡的に助かった、という事件さえあった。南スーダンでは、自衛隊キャンプの両側から政府軍と反政府軍が銃撃戦を行い、自衛隊員の中には死を覚悟して家族に遺書を書く者もいた。

南スーダンで自衛隊キャンプを巻き込む武力衝突があった事実が判明したとき、当時の稲田法相は「法的意味における戦闘ではない」などと詭弁を弄しました。しかし、護憲派が彼女や安倍政権を批判する資格はない。彼らも「9条のおかげで、海外派遣された自衛隊は攻撃されない」などと、真っ赤な嘘をついているんですから。

「米軍に任せたほうが安上がり」は大嘘

伊勢﨑　田原さんは、うやむやにするほうがいいというお考えですか。

田原　いや違う。僕は、ちゃんとやらなきゃいけないと思う。だからおふたりに聞いているのですよ。

伊勢崎　国連PKOでも、アメリカ主導の有志連合による集団的自衛権の行使においても、自衛隊は使えません。「撃った後」を法治できないからです。

田原　えっ、どういうことですか。

伊勢崎　「防衛出動の結果、何が起こるか」が日本の法体系で想定されていないということです。だから自衛隊が防衛出動すること自体がまさに想定外の出来事です。そんな自衛隊に、日本は何兆円ものお金を投じている。

田原　自民党の総理大臣たちは、自衛隊が使えないから日本は安全だと思っているんですよ。

伊勢崎　どんな国でも当然やっているように、なぜ自らの国防を国際法に則って法治しようとしないのでしょうか。

井上　吉田茂の本音は、本当は正規の軍隊を持ちたい、ただ、敗戦後間もない当時の経済状況では無理だ、というものでした。だから、経済を復興させるまでは、アメリカをうまく利用しておこうと思っていた。繰り返しますが、それは「悲しい知恵」だけど、「知恵」ではあったと思います。

にもかかわらず、その後の世代はその本質を忘れてしまい、アメリカの属国のほうが楽だと考えるようになった。

田原　高坂正堯《こうさかまさたか》（※11）という政治学者が、吉田の言い方はいいが、吉田ドクトリンは間違いだ、と言っていました。

たしかに経済的には、吉田のときに再軍備することはできなかった。けれどその後、池田、佐藤、田中と、続く総理大臣がみな吉田ドクトリンを採用し、経済が復興しても、吉田と同じことを言って、再軍備をしなかった。

井上　米軍に依存するほうが軍事費が安いというのは、いまとなっては嘘ですよ。

米軍の駐留費を7割以上負担し、5兆円以上もの防衛予算を使っている。さらに、トランプに言われるがまま気前よく武器を買うんだから、トータルでは完全にカモられています。

むしろ政治家にとって、軍事力を統制する責任から逃れられることこそ、最大のメリットなのではないでしょうか。

伊勢崎　僕もそう思います。責任を負いたくないんでしょう。

井上　左派と同じく、保守本流、自民党の人々も、自分を信じていない。

自分には軍事の責任は担えない、また歯車を狂わせて軍国主義に傾倒しかねない、という不安がある。

田原　だから、トランプに言われるがまま、高い武器を買っている。アメリカとうまく付き合っていれば、それでいいじゃないか、と思っているんでしょうね。

伊勢崎　いったいどうしたら、この状況を変えられるのでしょうか。

田原　だから、おふたりにそれを語ってほしい。で、それを自民党の諸君に読んでもらって、勉強させたいんだ。

対米属国化から地域的集団安全保障体制へ

井上　絶対に起こってほしくはないことだという前提でお話しします。

オスプレイが、いまや横田基地にまで配備されました。

もちろん、オスプレイは倉庫にしまわれているわけじゃありません。日常的に飛行します。東京上空はいわゆる横田ラプコン（※12）、米軍管制空域ですから、彼らは日本政府や自衛隊に通告なく、どこでも自由にオスプレイを飛行させられます。

これがもし、国会議事堂の前だとか、都心の繁華街だとか、そういう地点で事故を起こせば、おそらく日本国内の雰囲気はがらっと変わるだろうと、伊勢崎さんとも何度も話しています。

事故が永田町だろうが、霞が関だろうが、横田基地からやってくる米軍によって、日本の警察が排除される（※13）場面が、おそらく日本の国民感情を沸騰させるだろうと思います。

オスプレイの事故は、これまでは沖縄で発生していたので、本土のマジョリティーは無視できていました。けれど、いまや都心も無視できなくなってきたのです。

田原　日米地位協定によって、日本の警察は米軍を阻止できない。なぜこんな地位協定にみんな満足しているのでしょう。

井上　ただ、最近は地上波の一般向けテレビ番組なんかでも、日米地位協定の問題を取り上げはじめています。テレビ朝日の「羽鳥慎一モーニングショー」でも、横田ラプコンの話をかなり具体的に報道していました。

私が、とあるお店で一服していたところ、若い男性2人が隣のテーブルで、横田空域の話をしていました。世間の居酒屋談義で、地位協定の問題が話題になりはじめている。潮目は変わりつつあります。

自分たちの防衛を考えるのは自分たちでしかありえないという意識が、右派、左派、そして政治家には、もっと必要ですよ。

田原　日本は自分たちの手で安全保障を実現することはできない、そう思っているんじゃないですか。

井上　安全保障を自分の手で確保しようとすると、いずれ統制を失い、戦前の軍国主義に戻るのではないか、そういう一種の自己恐怖を左派も右派も持っていると思います。

田原　ひとつのアイデアですが、NATOと日本が手を組めばいい。そのうえで、オーストラリアやインドと同盟を結べば、かなり安心じゃないですか。

井上　ＮＡＴＯは冷戦期には、ワルシャワ条約機構に対抗する集団的自衛権体制でした。しかし、冷戦終結後は、旧東欧社会主義諸国をも包摂し、ヨーロッパとその周辺の地域的な集団安全保障体制としての側面を持ちつつあります。もちろん、旧ソ連の軍事力を継承しているロシアの脅威に国家集団によって対抗する、集団的自衛権の体制でもあります。

集団安全保障と集団的自衛権の区別について基本的な説明をします。要するに、味方グループと敵グループに分かれて、味方グループのＸ国が敵グループのＹ国に攻撃されたら、味方グループが一体となってＸを防衛する、敵グループも一体となってＹを援護する、これが集団的自衛権の体制です。個別国家間の紛争が集団間の紛争に発展する危険性が高い。

これに対して、集団安全保障体制とは、敵味方の線引きをせず、敵対関係が現実的に、あるいは潜在的にある諸国を、この体制下の集団内に包摂して、その集団のメンバー間に紛争が起こったら、集団全体としてその拡大を防止し、平和的解決のための措置をとるものです。国連は、国際社会全体を包摂する集団安全保障体制です。それに対し、一定の地域内で敵味方を包摂して紛争解決に当たるのが、地域的な集団安全保障体制です。

日本の場合、中国や北朝鮮、ロシア、それから韓国とも領土紛争を抱えています。敵対関係にある諸国を包摂する集団安全保障体制は、アジアではまだ構築されていません。

田原　かつて、鳩山由紀夫さんが、東アジア共同体と呼んでいました。
井上　鳩山さんは言葉の選び方がよくなかったと思います。東アジア共同体だと、大東亜共栄圏みたいに思いますからね。東アジア安全保障機構と言ったほうが誤解がなくていい。
田原　鳩山さんは、常時駐留なき安保を目指すと言ったんですよ。ところが、普天間基地の移設について「最低でも県外」をアメリカに否定され、辺野古をOKしてしまった。その際、沖縄の海兵隊の抑止力が重要だからと理由づけしたけど、あとで、「抑止力といったのは方便だった」と言って物議をかもした。
伊勢﨑「自衛隊を活かす会」で柳澤協二さんたちと、抑止力の研究をやっているんですが、学問的な知見を聞けば聞くほど、抑止力というものがわからなくなります。

相手が脅威を感じなければ、当然ですが抑止力になりません。ですが、たとえば核兵器の抑止力、いわゆる核抑止というものがありますが、核兵器は本当に相手に脅威を与え、戦争を抑止しているのでしょうか。

核保有国の中で中国とインドは、いわゆる「ノー・ファースト・ユース（No-First-Use:NFU）」つまり、核攻撃を受けないかぎり核の先制使用はしないことを宣言しています。

けれど、アメリカがNFUを宣言したら、日本は困ります。NFUを宣言している中国に対して、アメリカの核の傘に入る意味がなくなってしまうからです。日本には、中国が核を使わなくてもアメリカは核を使うという脅しが必要なわけですから。

オバマ政権がNFUを宣言しそうになったことがあるのですが、それを必死に止めたのが安倍政権でした。NFUは核軍縮に向けた重要な一歩だと思いますが、その一番の抵抗勢力が日本です。

田原 ああ、安倍さんがね。あれは、アメリカの核の傘があれば日本は安全だと思い込んでいるんですよ。核兵器禁止条約にも日本は参加していない。

井上 もともと核の抑止力は、相手の核攻撃を抑えるだけじゃなく、通常兵器による戦争も抑止するところに眼目がある。通常兵器の戦争がエスカレートした結果、核戦争になるのだから、入り口である通常兵器の戦争も抑止されていると。

この核抑止力の論理に従い、アメリカの核による反撃を恐れて、他国は日本を通常兵器においても攻撃できない、と日本は考えていたわけです。

アメリカが、核を先制使用しないと宣言すると、日本に対する通常兵器による侵略に、アメリカは核を使いませんと言ったことになる。だから、安倍さんはやめてくれと言ったんですよ。

北朝鮮を核保有国クラブに取り込む

井上　私は、日本人にはリアリズムが欠けていると思います。

善し悪しは別にして、北朝鮮は保有している核と中距離ミサイルは放棄しない。

唯一、交渉のテーブルに載っているのは、アメリカに届く大陸間弾道ミサイルと、それに搭載可能な小型核弾頭を放棄するかどうかのみです。これについては、北朝鮮もトランプと手打ちになるでしょう。放棄といっても暫定的なものにすぎないでしょうが。

暫定的にせよ、この「手打ち」は、日本だけが北朝鮮の核の人質になることを意味します。

田原　ただ、北朝鮮が日本を攻撃することはないですよ。アメリカが北朝鮮を攻撃して、その反撃として、在日米軍基地を狙うことはありえますが。

井上　それが重要な点です。北朝鮮が軍事行動を起こすのは、アメリカが北朝鮮に対して軍事的に挑発をしかけ、アメリカに攻撃されると誤解して、窮鼠猫をかむ方式の、破れかぶれの反撃に出る場合だけです。

前に言ったことの繰り返しになりますが、クリントン政権で国家安全保障会議スタッフを務め、その後オバマ政権で国連大使・安全保障担当大統領補佐官を務めたスーザン・ライスや、英国王立防衛安全保障研究所副所長のマルコム・チャルマーズらがはっきり指摘しているように、北朝鮮の核開発は止められない。ならば北朝鮮を核保有国の仲間に入れ、核不拡散の責任を共有させたほうが賢明だというのが核保有国の戦略的な本音です。

アメリカが、北朝鮮に対して危険な挑発行動をとるのは、北のミサイルがワシントンに飛んでこない間に限られます。その証拠に、中国やロシアはアメリカに届く核を持っているから、アメリカは手出しをしません。

北朝鮮を核保有国の一員として、アメリカをはじめ国際社会が認めることで、アメリカが危険な軍事的挑発行為をしかける可能性が減ります。2017年には、アメリカの北朝鮮攻撃によって日本が軍事攻撃を受ける危険性が高まりましたが、こういう危険性を抑止できることになります。

リアリズムで考えると、日本だけが北朝鮮の核攻撃のいわば人質として置かれているいまの状況こそ危険です。北朝鮮の核保有を認め、ワシントンに届く核の開発能力の温存も容認ないし黙認して、前に言ったようにアメリカを運命共同体に巻き込むことで、アメリカが北朝鮮を軍事的に挑発し、それに北朝鮮が反撃するかたちで、日本が戦争に巻き込まれるリスクが抑制されるのです。

田原　北朝鮮が日本を攻撃するはずがない、そう思う政治家も多いですが。

井上　何度も言ったように、それは幼児的願望思考ですよ。

あきれたのは、さっき触れたスーザン・ライスの主張を取り上げたテレビのニュース番組で、コメントを求められた当時の防衛大臣である小野寺五典さんが、これは許しがたい暴論だと言ったんです。

トランプが言うならわかりますよ。しかし、日本の防衛の責任者である防衛大臣が、クリントン政権・オバマ政権で安全保障政策に関与してきた専門家の意見を頭ごなしに否定した。スーザン・ライスの意見は、異論もあるにせよ、安全保障戦略として検討されるべきまともな見解ですよ。しかも、トランプ政権なんて2期続くかどうかわからない。民主党に政権が戻れば彼女の主張のほうに米国の戦略が修正されるかもしれない。

それなのに、北朝鮮の核開発に対する戦略的対応の選択肢のひとつとして検討しよう、という姿勢も小野寺防衛大臣には微塵もないのです。彼は、トランプの尻馬に完全に乗ってしまい、安全保障における日本の国益をまったく考えられなくなっている。日本の防衛を主体的・戦略的に考えるのはやめて、アメリカの時の政権、いまはトランプ政権の意向に従っていればいいと判断しているんですよ。

田原　単純にトランプに対するお世辞を言ったんだと思いますよ。小野寺さんだけでなく、日本政府全体が。だから、必要もない武器を高い値段で買っているんだ。

井上　お世辞を言う必要なんてまったくないですよ。政治家や官僚が、日本の安全と国益を最優先に考えるのは当然のことでしょう。

でも、残念ながら、その当然のことができていないのが、いまの日本政府です。

伊勢﨑　僕も井上さんと同じような考えです。アメリカが北朝鮮の核保有を黙認する「ダブルスタンダード」が現実のものとなりつつあります。

問題は、アメリカに自由な軍事行動を許すのは国益に反するということ。真っ先にアメリカへの報復攻撃を受けるのは日本です。典型的な緩衝国家だからです。

同じ境遇にあるＮＡＴＯ諸国は、１９６０年ごろから、この問題を考えてきました。だから、互恵性という概念を早くから導入し、アメリカの戦争に「巻き込まれる」ことがないようにしました。開戦するなら、自分の意思でするのは当たり前です。アメリカにノーと言えるから「同盟」なのです。

こういう「同盟の文化」は、たとえば２０１７年の太平洋陸軍参謀総長会議のような、実務者間の国際会議に出ると、はっきり感じとることができます。

ちなみにこの会議では、面白い出来事がありました。僕が講演する時間帯だけ、日本から来ている自衛隊の陸幕長は、机上に日本の国旗を残したまま、同行するチームもろとも、いなくなるのです。

田原　なぜですか。

伊勢﨑　僕とほかの国の参謀総長たちとのやりとりを座して聞くのが苦痛だからでしょう。僕の話は当然自衛隊のことに及びますし、批判が上がってもそれに対する言い訳を持ち合わせていないので、彼らとしては立つ瀬がなかったのでしょう。それに防衛省に送る公電には僕が話したことを書けないでしょう。

２０１８年の国連ＰＫＯハイレベル実務者会議でも同じ光景が見られました。日本もＰＫＯに兵力を提供する国であるにもかかわらず、日本政府の代表団は一人もいませんでした。ほかの20カ国は、本国の局長クラスの代表とその部下、そして在ソウル大使館員がチームで参加していたにもかかわらず。

田原　なぜ来ないの？

伊勢崎　僕が出るからです。

田原　伊勢崎さんは自衛隊や日本政府から嫌われる存在であることに満足しているのですか？

井上　日本政府は、本当の問題を議論するつもりがない。伊勢崎賢治っていう変な人間が、勝手にしゃべったことであって、日本政府と自衛隊は関与していないってことにしたいんでしょう。

田原　日本政府は伊勢崎さんという存在を認めていないわけだ。

伊勢崎　はい（笑）。

日米地位協定の不平等が解消できないわけはない

田原　井上さんたちが、小林よしのりさんや山尾志桜里さんと議論している本『属国の9条ゴー宣〈憲法〉道場Ⅱ黒帯』（毎日新聞出版）を読みましたが、アメリカとの関係をどうするかについては、展望が見えない気がしました。

　要するに、おふたりは日米安保条約は続けるべきだと考えているんですか、それともやめるべきですか。

井上　誤解を避けるために前置きしますが、それは本当は憲法の問題じゃないんですよ。政策論の問題です。ただ憲法9条が2つの問題を癒着させてしまった。

田原　だけど、いまの日本は完全にアメリカの属国ですよ。それをどうするのかを考えたい。

井上　おっしゃる通りなんですが、アメリカとの関係をどうするかについては、いろいろな政治的立場が対立しているわけです。ただ、本来、憲法は、そうしたいろいろな立場からどれかを選ぶことで民意を示す、そういうものではない。異なった安全保障政策を主張する勢力の間の公正な政治的競争のルールを定めるのが、憲法の役割です。

田原　井上さん自身は日米関係をどう思っているの？

井上　私は日米安保条約を一気に廃止する必要はないと前から言っていますよ。そうしなくとも、日米安保条約をより対等なパートナーシップに変えることできます。日本がその意思さえ持てば。

それとは別に、長期的な戦略として、日米安保条約の比重を段階的に縮減し、さっき言ったような、東アジアの地域的な集団安全保障体制の構築を目指すのが私の考えです。でも、これは私の政策論であって、私の憲法論と直結しているわけではありません。

田原　僕は、日米同盟では絶対に平等になれない。対米追従にしかならないと思う。

伊勢崎　いやいや、田原さん、何度も言いますが、世界の地位協定では平等、つまり互恵性を導入し、法的な対等性のある状態こそ、普通なのです。日本にだってできないわけがありません。

地位協定のうち、裁判権については、さっき言ったように9条2項の存在が障害になると思います。ただ、管理権と環境権に関しては、世界の「スタンダード」を持ち出せば交渉できるはずです。横田ラプコンなんて、交渉すればすぐになくなります。

田原　だったら、なぜ誰もやらないんですか。安倍さんも含め、日本の総理大臣は何をしていたんだろう。

伊勢崎　僕も疑問です。ホント、簡単なのに。

田原　伊勢﨑さんや井上さんが自民党の幹部を説得すればいいんですよ。

伊勢﨑　いや、いや、田原さん、そんなことじゃないんです。いま、自衛隊はアメリカに派遣されて、合同訓練などに参加しています。もし公務中に自衛隊員の車が現地のアメリカ人をひき殺してしまったら、どうなるのか。フィリピンでさえ、アメリカにこの場合の裁判権を放棄させていると、統合幕僚学校の講義で説明すると、自衛隊の人たちも「へー」ってなるんです。

こういう対等な関係こそ、本来の同盟じゃないですかと言えば、彼らも「そうだ」と答える。

井上　要するに、日米地位協定については、変えられるかどうかは論点ではないんです。政治が変える意思をなぜ持たないのかが問題なのです。

田原　おふたりは、なぜ自民党の幹部たちを説得しようとしないのですか。繰り返しになりますが、安倍さんに僕は言ったんです。あなたは集団的自衛権の行使容認をして、アメリカに恩を売った。だから、あなたなら日米地位協定の改定ができるはずだ、やってくださいと。そうしたら、安倍さんはやるつもりですと言いましたよ。

井上　いやあ、それは甘い。安倍さんに日米地位協定を改定するつもりがあるなら、とっくに着手していますよ。彼は日米安保条約も憲法も、いまは議論すら避けているじゃないですか。

田原さんのように、いろいろな政治家とパイプを持っている人は、ジャーナリズムにおいては必要な反面、政治家に利用される危険性もあると思うんです。

一対一で話すと、政治家に取り込まれる危険性もある。とくに安倍さんはジャーナリストや評論家の取り込みがうまいことで有名です。それに乗っては駄目です。政治家を評価するには、やはりリアリズムの視点が必要ですよ。

田原　ではどうすればよいのですか。井上さんならどうします？　原稿を書いて主張をしていればよいのですか？

日米関係の安定に不可欠な地位協定の「正常化」

伊勢﨑　逆に田原さんに伺いたいのですが、政治家、とくに保守のみなさんをどのように説得すればよいでしょうか。

日米関係をより緊密にするため、不平等な地位協定は逆に障害だ、という言い方はどうでしょうか。地位協定の「互恵化」は、アメリカのスタンダードですから。

田原　なぜ日本はそう考えないの？

伊勢﨑　そこが問題なんですよ。さすがにアメリカからは言い出しません。特権を失うわけですから。

「日米地位協定の改定」と言うのはやめて、「日米地位協定の正常化」と言うのはどうでしょうか。日米地位協定の「正常化」は、日米関係の安定に必要不可欠ですと。

田原　伊勢崎さん、一度、石破茂さんに話してみてよ。政治家になど話しても無駄だと思っているのですか。

井上　日本と同じ旧敗戦国のイタリアですら、アメリカとの地位協定を対等化していますが、そのきっかけは、米軍機が低空飛行を行い、吊り橋のワイヤーを切るという大惨事が発生して、イタリア国民が怒ったからです。

日本人が米軍に対してあまり怒らないのは、米軍による事故の大半が沖縄で起きているからにほかなりません。

田原　沖縄は別だと思っているからね。

井上　「朝まで生テレビ!」で、かつて1957年の「ジラード事件」について田原さんが触れていましたよね。米軍基地周辺の住民が、基地で拾った空の薬莢《やっきょう》を転売して小銭稼ぎをしていることを知りながら、米軍兵のジラードという男が、その住民を面白半分に狙撃して殺してしまった。こんなことをされたら、日本人なら誰しも怒って当然でしょう。実際、こういう事件もひとつの要因となって本土で反基地闘争が広がった。

日本の本土住民が怒れば、アメリカは日米地位協定の対等化に応じます。アメリカは基地の受け入れ国で反米闘争が展開されることを恐れています。

ただ、いまでは本土の日本人は、米軍の不祥事がいろいろあってもアメリカには怒らない。その最大の理由は、米軍基地が本土から移転し沖縄に集中しているからです。

前に戦力統制規範について説明しましたが、外国軍隊の基地は、受け入れ自治体の住民投票において過半数の支持が必要だと規定することも、一種の戦力統制規範となります。とくにこの地位協定の問題には有効でしょう。

憲法95条には、特定の自治体にのみ適用される特別法は、国会だけでなく、自治体の住民投票を必要とすると書かれています。外国軍隊の基地の設置についての住民投票をこの規定によって求めるという考え方もありますが、米軍基地に関する法制は沖縄に適用を限定されたものではなく、沖縄への基地集中は政府による運用の結果ですから、現行規定では無理です。だから、私は自分の憲法改正案で、「外国軍隊の基地を設置する場合は、当該基地を施政域内に含む地方公共団体の住民投票による過半数の同意を必要とする」という新条項を95条2項として加えることを、戦力統制規範の一部として提唱しています。

米軍基地という嫌なものを、沖縄だけに負担させるのではなく、日本全体がシェアすれば、日米地位協定の問題を本気で考えるようになると思うんです。

右派の人たちは、沖縄に基地を置くことは米軍が日本を守る上で戦略的に合理的だと言いますが、これはまったくの嘘です。

敗戦直後から占領期を通じて、日本の各地に米軍基地がありました。ところが、サンフランシスコ講和条約で、日本が主権を回復して以降、いたるところで、反基地闘争が展開されました。すると、基地周辺での政治的なトラブルを避けたいアメリカは、施政権を持つ沖縄に基地を次々に移転させました。

この状況は沖縄返還後も変わりませんでした。返還直後には在日米軍基地のうち、沖縄にあるのは60％弱でしたが、現在では70％を超えています。沖縄の負担率は増えているのです。これは、施政権返還後も、沖縄は変わらずアメリカの植民地だということを意味しています。

沖縄はかわいそうだ、何とかしてあげようと、本土の日本人は口先では言います。ただ、本音では沖縄に基地を負担し続けてほしいと思っている。だから、日本人はこの状況に怒らない。これこそ最大の悲劇だと思います。

田原　ひどいのは、沖縄問題を取り上げると視聴率が落ちるんですよ。みんな沖縄の問題を見ようとしない。だから、テレビは取り上げない。これも大きな問題だと思う。

戦後レジームを強化する安倍政権

伊勢﨑　どうすれば自民党議員のみなさんにも身近な問題だと思ってもらえるのか。日米地位協定に互恵性を導入するには、9条2項の存在が障害になります。だから本来、保守は地位協定改定の議論を9条改憲にも利用できたはずです。

なし崩し的だったにせよ、これまで自衛隊の海外派遣実績を積み上げてきたことも、改憲にはポジティブな要素です。海外における自衛隊の軍事過失、一般過失ともに裁けない現状は「外交詐欺」だ。それを改善するための9条2項改正に反対するのは、現地住民への人権侵害も同然だ。そう言えば、護憲派野党はぐうの音も出ないはずだと思います。

田原　なぜ裁けるようにしなかったんだろう。これまでにも、やろうと思えばきっとできたと思うよ。

伊勢﨑　理由を教えてください。

井上　やっぱり、属国のままでいたかったんでしょう。

田原　いま、自衛隊の秘密組織、「別班」が話題になっている。けれど自衛隊は存在を認めていないんですよ。

ただ、自衛隊の中に特殊な組織のひとつやふたつあっても、国益にかなっていれば大した問題じゃないんだ。なのになぜ「別班」の存在を自衛隊は認められないのかというと、どうもアメリカが反対しているのが理由らしい。

非公然組織のままであれば、アメリカが好き勝手に使える。公然組織となると、さすがに日本の主権を尊重しなくてはならない。これが防衛に詳しい自民党の幹部の意見だった。

何度も繰り返しますが、なぜ日本政府は地位協定を変えようとしないのだろう。

井上　属国のほうが楽だという理由のほかに、対米従属、米国依存は日本人に染みついた習性だから、という理由もあると思います。これを脱却するのは大変でしょう。

朝鮮戦争のとき、トルーマンによって更迭されたマッカーサーが、アメリカに戻り上院において証言した際、有名な台詞を言いました。

「近代文明の尺度で測れば、われわれは45歳の熟年だが、日本人は12歳の少年だ」と。

私は、文化的な精神年齢はともかく、政治的な精神年齢については、マッカーサーの意見は当たっていると思います。

田原　その通り。

井上　マッカーサー更迭後、いまに至るまで、タカ派のナショナリストから護憲派まで、日本人はアメリカ追従が基本でした。だから日本人が政治的な主体になった経験がほとんどない。政治的な主体にともなう責任を負いたくないから、政治的主体になることを避けている。

民主主義を語りながら憲法改正国民投票を否定し、国民を政治的主体にさせるつもりのない、欺瞞的な左派・護憲派を、私は厳しく批判してきました。他方では、対米従属構造から自立し、責任感を持って政治的主体を担おうという、まともな保守がいなくなったことも残念です。

田原　まともな保守って、たとえば、誰でしょう。江藤淳とか？

井上　江藤淳さんも西部邁さんも亡くなったし、いま対米従属構造からの自立を真剣に主張し続けているのは小林よしのりさんぐらいじゃないですか。彼は山尾志桜里さんの立憲的改憲を支持しつつ、日本の政治的主体性を回復すること、要するに属国からの脱却を目指している。

これは本来保守が目指すべき目標にもかかわらず、きちんと主張している論客がほかにいません。漫画家だから軽く見られているのかもしれませんが、保守の思想家としていまともに評価できるのは小林よしのりさんくらいでしょう。一方で、文筆で食っている人間のなかに、まともな保守がどれだけいるでしょうか。

百田尚樹さんなんか、最悪ですよ。知ってか知らでかわかりませんが、彼は日米安保条約に日本は60年間ただ乗りしてきたなどと、アメリカが大喜びする嘘を主張している。言わば「対米自虐史観」の代弁者にすぎません。彼のどこが「保守」で「右」なのか、私にはまったく理解できません。

田原　内田樹さんはどうですか。

井上　彼は修正主義的護憲派です。9条と日米安保条約や自衛隊の存在が矛盾しているのは間違いないが、その矛盾を矛盾と知りながら受容する「人格解離」という「病態」を日本人が選んだ結果、戦後の日本は平和で繁栄しているのだから、このままでいい。それが「大人の知恵」だと彼は言っています。

それはどういうことかといえば、専守防衛・個別的自衛権の枠内という、護憲派が好む方向なら自衛隊と安保は憲法9条と矛盾していてもOKという解釈改憲を、論理的に正当化できない倒錯的なものだと公然と認めながら、擁護しているわけです。安倍政権の解釈改憲を批判する資格が自分たちにはないことを、自分の著作の中で公然とばらしている。安倍政権とその支持勢力は、もし彼の著作を読んだら、「内田さん、正直に自白してくれてありがとう」と大喜びするでしょう。

「大人の知恵」を振りかざすまねをしながら、敵を利する味方の秘密（隠してきた嘘）を暴露してしまうのは子どものすることです。こんな幼稚な自己の言説を「大人の知恵」だなどと思い込むこともまた倒錯的ですが、自らの言説の倒錯に気づかないのは、彼が欺瞞的な現状に満足しているお仲間だけを相手にしていて、「他者」を見ていないからではないでしょうか。

政敵・論敵という「他者」が見えていないだけでなく、この幼稚な「大人の知恵」によって日陰者扱いされながら、日本の防衛に命をかけている、自衛隊員という「他者」が完全に無視されている。矛盾の「ツケ」を払わされる自衛隊員が、自分の言説を読んだらどう思うか、なんて内田さんは考えたこともないでしょう。

田原　僕は先ほども触れた国際政治学者の高坂正堯さんと仲がよかったんです。高坂さんは、冷戦が終わるまでは護憲で、憲法と自衛隊は矛盾していると言っていました。ただ、互いに矛盾する憲法と自衛隊が張り合っている間は、日本は戦争をしないと言っていた。ところが、冷戦が終わってから、高坂さんは改憲派に鞍替えした。

伊勢﨑　残念ですが、その高坂さんでさえ「戦争のルール」である国際人道法の変化について、理解が欠如していると思います。

何度もお話ししたように、国際人道法を遵守すべき「交戦主体」は、国家の正規軍だけではなく、それ以下の組織にまで広がりました。「憲法vs自衛隊」という論の立て方がもう古いのです。高坂さんの懸念点である、自衛隊は憲法上、軍と呼べるかどうかの議論は、国際法ではまったく意味を失っていたのです。

田原　自民党の議員は自衛隊にも憲法にもまったく関心がない。というより、かかわるのが怖いから逃げているのですよ。

井上　彼らはそもそも関心がないから、知ろうともしないということですよね。

田原　そう。関心を持つのが怖い。安倍さんに至っては、戦後レジームからの脱却ということすら言えなくなっている。

井上　小林よしのりさんが私との共著『ザ・議論！「リベラルvs保守」究極対決』（毎日新聞

出版）の中で言っていますが、戦後レジームとは、要するに対米従属構造です。安倍さんは戦後レジームからの脱却などと言っているが、やっていることは対米従属の強化、戦後レジームの強化そのものです。まともな保守なら、この点で安倍さんを批判しなければならない。

田原 佐伯啓思さんなんかは、なぜちゃんと批判しないんだろう。

井上 彼は、民主主義は愚民政治だから駄目だ、といった議論はしていますが、9条についてどう言っているのか、私は知りません。

田原 ちゃんと言っていたのは西部邁さんだけなんですよ。

※1 **国民学校** 日中戦争が激化した後の1941年に設立。初等科6年、高等科2年の計8年制で、現在の小学校から中学校に当たる。教育勅語を奉じ軍国主義的な教育が行われた。

※2 **玉音放送** 天皇の声による放送。一般には1945年8月15日に放送された、ポツダム宣言の受諾による日本の降伏を国民に伝えたNHKラジオ放送を指す。日本ではこの日をもって終戦記念日とするが、戦艦ミズーリ号上において重光葵《しげみつまもる》らが降伏文書に調印したのは同年9月2日であり、アメリカをはじめとする戦勝国では、この9月2日もしくは祝賀式典を行った翌3日を終戦記念日とする場合がほとんどである。

※3 **東条英機** 1941〜1944年、内閣総理大臣を務める。戦後はGHQによりA級戦犯として巣鴨プリズンに収容され、東京裁判によって有罪が確定、絞首刑となる。

※4　**徳田球一**　戦後再建された日本共産党の初代書記長。府中刑務所から救い出してくれたGHQを解放軍と呼ぶが、その後の労働争議を指揮したことで関係が悪化、レッドパージ後は中国へ亡命する。

※5　**マッカーシズム、いわゆる赤狩り**　1950年代、アメリカ上院議員マッカーシーと下院の非米活動委員会によって共産主義者やソ連のスパイの疑いをかけられた人物が多数追放された。取り調べを受けた中にはハリウッド関係者や日本の経済学者である都留重人《つるしげと》、また都留の友人で日本通として著名だったハーバート・ノーマンなども含まれていた（ノーマンはその後自殺）。

※6　**渡辺恒雄**　読売新聞代表取締役主筆。「メディアのドン」とも呼ばれ、総理大臣も動かすと言われるほどの影響力を誇った。

※7　**岡崎久彦**　日本の元外交官。外務省を退官後、外交評論家として活躍。「新しい歴史教科書をつくる会」などの政治運動にもかかわる。

※8　**北岡伸一**　日本の政治学者。小泉純一郎首相の私的諮問機関「対外関係タスクフォース」委員や、安倍晋三首相の私的諮問機関「安保法制懇」委員を務める。

※9　**モンロー・ドクトリン**　アメリカがヨーロッパに対して不干渉の立場をとる戦略のこと。第5代モンロー大統領にちなんでこう呼ばれている。

※10　**田中角栄**　1972〜1974年、内閣総理大臣を務める。ロッキード事件によって退陣したのちも、田中派を通じて国政に大きな影響力を持ち続けた。

※11　**高坂正堯《こうさかまさたか》**　国際政治学者。非武装中立論を批判し、吉田茂を再評価するなど、左派言論とは一線を画す主張を行い、自民党政権のブレーンも務めた。

※12　**横田ラプコン**　首都圏から新潟県に至る広大な空域は、在日米軍横田基地の管制下にあり、許可のない

飛行は禁止されており、民間の旅客機は迂回して飛行している。ＲＡＰＣＯＮとはRadar Approach Controlの略。

※13　**米軍によって、日本の警察が排除される**　日米地位協定により、米軍人（いわゆる軍属も含む）が起こした事件や事故については、米国に捜査権があり、日本にはないことが確認されている。２００４年には、米軍のヘリコプターが沖縄国際大の敷地に墜落、死者こそ出なかったものの大学の本館を破損した事件では、事故直後より米軍がキャンパスを封鎖し、日本の捜査機関を排除した。ちなみに住宅密集地などでの低空飛行は日本では航空法において禁止されているが、米軍には適用されない。同様に、日本が設定した飛行禁止区域も米軍機は無視できると言われており、オスプレイは原則として日本全土を飛行可能である。

第5章
日本はどんな国を目指すのか

なぜ安倍一強体制が続くのか

田原　いまプーチンが北方領土の交渉に応じ、2島返還には前向きな姿勢を見せている。でもプーチンは返還した2島に、米軍基地を置かないことを約束してくれと言った。ただ、いまの日本には主権がないから、2島に米軍基地を置かないという約束ができない。だから、トランプと話し合って、地位協定の一部を変え、米軍が北方領土に基地を置かないことを約束させなければならない、そしてそれをプーチンに約束しろ、と安倍さんに言ったんです。

伊勢崎　プーチンに対して、トランプと約束するなんて言う必要すらありません。単に、ほかの地位協定と同様、日米地位協定も互恵性を導入すると、そう言えばいいだけです。

それだけで全土基地方式という概念自体が消滅するんです。

田原　それを防衛大臣なり、官房長官なりにきちんと言うべきですよ。

それとも、伊勢崎さんは官房長官や防衛大臣には何もできない、だから言っても意味がないと思っているんですか？

伊勢崎　いや、それは違います。

井上　伊勢崎さんも私も相手が自民党であっても常に同じことを言っているんですよ。伊勢崎さんは、それこそ国会の場にも呼ばれて話している。でも、彼らにはやる気がない。なぜやる気がないのか。繰り返しになりますが、要するに彼らは次の選挙だけ見ている「ポリティシャン」であって、次の世代を考える「ステイツマン」ではないんです。

安全保障の議論は、たしかに票にならないでしょう。でも、日本の将来のためには絶対に必要です。それを実行しないのは、いまの政治家が「ポリティシャン」ばかりであることを証明しています。

あと、政局絡みのネタしか報道しないメディアの姿勢も問題だと思います。日米地位協定の問題のような、きわめて重要ですが、中身が複雑で、かつブームにはならないような問題も、メディアは、一過性的にではなく、持続的に、正面から取り上げるべきです。でなければ、有権者が考える材料がありません。

田原　だから、この本を出そうとしているんですよ。

井上　もうひとつ。自民党が、憲法や安全保障の問題をうやむやにしているのは、自公連立があるからだと思います。

安倍さんは公明党の大会に招かれてはっきり言いましたが、自民党にとって公明党とは「選挙の必勝パートナー」です。公明党と連立を組むかぎり、自民党は公明党に妥協せざるをえない。その結果、9条2項を温存しながら自衛隊を明記するという、憲法を論理的自殺に追い込むような中途半端な案しか出せなくなる。

選挙に勝ちたい、権力を保持し続けたい、その欲求を国益よりも優先させているから、自公連立がなりたっている。

でも私はやっぱり、政治家には志を持ってほしい。多分、自民党の中にも志のある議員はまだいるはずだと思います。総裁選で安倍さんと戦った石破さんには、多少は志を感じます。

田原　2019年の参議院選挙で、もし自民党が負けたら、次の総裁は石破茂さんになるかもしれない。

伊勢﨑　僕は自衛隊で、もう十数年教えています。いまここでお話ししている間も、彼らの真摯すぎるくらいに真摯な目が頭に浮かんできます。

民主主義体制下の軍事組織は、国民の生命と財産の安全を守るために存在しているのではありません。なぜならそれは警察の仕事だからです。

むしろ、民主主義と憲法という国のかたちを守るために存在しているのです。

先日、議員会館近くをジョギングしていたある統幕幹部が、護憲派の野党議員を罵倒する事件がありました。もしあの事件がアメリカで起きていたら、この幹部はすぐに軍法会議にかけられ、即刻クビになっていたでしょう。

民主主義という国のかたちを守る軍人が、民主主義が選んだ公人を罵倒することは、それくらい許されないのです。その公人がたとえどんなアホであってもです。

これがシビリアンコントロールの基盤なのです。ただ、ここを自民党も、野党の議員たちも、どれくらい理解しているでしょうか。いまお話ししながらも、自衛隊員は軍人ではない、という彼らの言い分が聞こえてくるような気がします。ただ、もしそれを言うなら日本でシビリアンコントロールの議論は不毛です。

この国は、根本から変わらなければなりません。根本とは、9条2項のことです。

田原　いや、だから、自民党の政治家だって、この国を変えなければならないと本当に思っているんですよ。

井上　田原さんはすぐ、安倍さんに話せ、防衛大臣に話せ、って言うけど、大臣なんてころころ代わります。安倍さんだって、総裁任期はあと2年半です。やっぱり自民党自体が党内論議を活性化させて、もっとしっかりしなきゃ駄目ですよ。

田原　自民党が堕落した理由は、選挙制度ですよ。

井上　でも僕は、中選挙区制はまずいと思います。中選挙区制の結果、自民党は派閥連合体になりましたから。派閥政治には党内の政策論議を活発化するといういい面も多少はあったが、基本的な実態は政治資金分配制度です。自民党を寄り合い所帯化させ、その政策的統合力を弱め、利益分配政治に走らせた。

小選挙区制になって、自民党の政策的・組織的統合力が高まったこと自体は悪いことではありません。

ただ、いまの自民党は野党に対して「一強多弱」であるだけでなく、党内が「安倍一強」になり、安倍さんに逆らうと、次の選挙で公認されず、政党助成金の分配に与《あずか》れないかもしれない。だから誰も文句を言わない。そういう逆向きの悪い方向に行ってしまった。党内の政策論争を活発に行った上で、党が決定した政策は党がまとまって推進するのが望ましいあり方ですが、いまは、重要法案がまともな党内論議を経ずに、官邸の意向だけで押しつけられている。

自民党にも志のある政治家はいると思いますが、彼らは職業政治家として、まずは食っていかなくてはならない。この構造を変えなければならないと思います。

田原　どうすれば変わりますか。

井上　ひとつは、政党助成金の問題があります。権力を保持するために党がまとまることの必要性を熟知している自民党は、政党助成金を集中管理する党執行部の強化によって、党の統合力が高まった。それはいいとしても官邸・党執行部の独断専横化という弊害を生んだ。

他方野党は、少数党でも一国一城の主《あるじ》になれば相当な額の助成金を分配してもらえるということで、諸党の分立割拠が進み、一強多弱化を促進している。いまの野党に権力を本気で奪取する意思が感じられないのは、万年野党でも助成金で食えるからいいという甘えがあるからです。

その結果、一強多弱の自民党支配が固定化し、これが自民党を傲慢化させるとともに、政策論議をしっかりやらないと政権を失うかもしれないという緊張感を失わせ、党内論議の衰退を生んでいる。政党助成金制度は、こういう悪循環を生む主因のひとつになっている。

共産党は政党助成金制度が与党や大政党に有利だとして反対し、受領を拒否しています。この制度の真の問題は、野党を甘やかし政権交代を阻害していることにあるので、「確かな野党」などというスローガンを「自虐ネタ」という意識さえなくポスターに掲げて、万年野党に満足しきっている共産党がこの制度に反対するのは何とも皮肉です。

いずれにせよ、政権交代活性化の観点から私は、いまのような政党助成金制度は廃止すべきだと考えています。

田原　また金権政治に戻りませんか。

井上　いまでも金権政治ですよ。１９９５年に政党助成金を導入したとき、企業・団体献金はいずれ廃止すると言っていました。政治家個人への企業・団体献金は禁止されましたが、党に対する企業・団体献金はそのままです。

しかも、党への団体献金は党の支部に再分配されますが、この支部組織とは国会議員や地方議会議員個人の支援組織です。自民党の政党支部は、全国で何と7000以上あるそうですよ。7000じゃなくて、7000です。この数は支部組織が実質的には議員個人の政治資金管理団体として利用されていることを示しています。

田原　それは石破さんが幹事長のときにやったことです。

谷垣禎一さんが幹事長のとき、選挙制度が変わって、自民党の中で議論がまったく起きなくなった、たるんでいると、僕は石破さんと谷垣さんに言ったんです。すると2人とも、その通り、たるんでいると認めました。

中選挙区制に戻したほうがいいんじゃないかと言ったら、それには2人とも反対でした。なぜなら中選挙区制だと、1回の選挙で1億数千万円もの金がかかる。だからどうしても表に出せない金が必要になる。いまの小選挙区制なら金がかからない、と言っていた。

井上　もうひとつ、公職選挙法の問題があります。

日本の公職選挙法ほどひどいものはないですよ。原則として、選挙活動は何もしてはいけない、例外的にやっていいことが列挙されているだけという代物です。これこそ、ポジティブリストによる統制です。

自民党がこの公職選挙法を変えないのには理由があります。いまの公職選挙法の場合、戸別訪問など、草の根の選挙活動をあえてやりにくくしています。すると、運動員を豊富に抱える共産党などが不利になります。しかし、共産党だけの問題ではない。野党が組織票頼みを超えて一般市民の問題意識と支持を喚起するために地道な草の根運動をやることが不可能になり、政権交代がますます遠ざかる。

戸別訪問を禁止する民主国家なんて、世界にはありませんよ。運動員が戸別訪問をして有権者とさしで対話して議論するから、お金をかけないまともな選挙運動が可能なんです。選挙カーに乗って、単純なフレーズをマイクで反復するだけの街宣で有権者にまともに訴えることができるはずがない。

日本では逆にテレビ広告が幅をきかせていて、選挙のたびに広告代理店業界に巨額の金が落ちる。1回の国政選挙で、少なくとも100億円、一説によれば300億円に達することもあるらしい。その一部は税金です。

いまの公職選挙法は1925年、戦前に改正された衆議院議員法の制度を前身としています。その当時は、「日本人は民度が低い」から戸別訪問を許すと買収の危険性が高いと思われていた。これは愚民思想ですが、仮に買収の危険があるとしても、秘密投票制が買収の効果を殺《そ》いでいるし、買収自体を厳罰に処するのが筋です。戸別訪問禁止は、まったく筋違いの不当な規制です。それがいまだにだらだらと続いているのは、自民党にとって都合のいい制度だという側面があるからです。

いまの野党に政権を取る意欲はない

田原　一番の問題は、野党に政権を奪取しようという意欲や野心がないこと。だから、与党はタカを括っていられるんです。

それに国民がいま政治にあまり関心を持っていないので、こんな横暴なことをやっていても、安倍内閣の支持率は40％台を維持している。だから官僚は官邸に頼っているんです。

井上　私がものすごくショックを受けたのは、水道法の改正がすんなり通過したこと。

田原　あれも、まったく調査してないんですよ。

井上　インフラを整備する責任は自治体に押しつけて、水道事業の運営権だけを民間に与えるなんて、もはや特定業界、特定企業への利益供与と見られてもしかたがないものです。実際はそうじゃない、と言うんだったら、法案審議にじっくり時間をかけて、国民にしっかり説明する責任が政府にはあるはず。しかし現実には、こんな問題法案がたった8時間の審議で衆院を通過している。

これをゴリ押しした自民党もひどいけど、後手後手の対応しかできない野党の慌てぶりを見ると、日本はいよいよやばいなと思います。

田原　日本の政治はたるみ切っていて、とても危険だと思う。だから、おふたりに、ちゃんとしないと日本は本当に危機に陥るぞと、自民党を叱ってほしいんです。

井上　叱らなければならないのは自民党だけでなく、野党もです。共産党が一時「確かな野党」というスローガンを、これが自虐ネタだという自覚もなく、選挙ポスターに書いていたことに先ほど触れました。政権を取るつもりがない野党は、ただの体制維持装置にほかなりません。共産党と公明党の問題にはまた後で触れますが、ここでとくに強調したいのは、現在「最大野党」である立憲民主党のふがいなさです。この政党も「確かな野党」化していると思います。

統治能力があることを示すには、何よりまず、安全保障体制をまじめに考えていることを国民に示さなければならない。そのためにこそ、自衛隊・安保と憲法の矛盾を根本的に解決して日本の安全保障体制の法的基盤を確立する「立憲的改憲案」を党として正式に採択し、提唱しなければならない。

しかし、党首の枝野さんは、山尾さんの立憲的改憲案の内容には賛成だが、政治的タイミングはいまではないなどと、呑気なことを言っている。その間に立憲民主党の支持率は当初11％あったのが４～５％台に落ち、ジリ貧化している。角を矯《た》めて牛を殺す、とはこのことです。リスクを恐れるばかりで政権奪取のチャンスに挑む冒険ができないようでは、枝野さんは政治的リーダーとしての資質が問われます。
　これまでの野党とは違う、反対ばかりじゃなくて、積極的な代替的政策を推進してくれそうだ、という期待を込めて立憲民主党を支持した無党派層がどんどん離れていっている。護憲派の組織票にしがみついているかぎり、立憲民主党には未来がないでしょう。山尾さんが安倍改憲案などよりはるかにまともな立憲的改憲案をせっかく提示しているのだから、本当に政権奪取を目指すのなら、これを党として打ち出す決断力・リーダーシップを枝野さんにはぜひ発揮してほしいですね。

　石破さんは一度離党して復党した経緯がありますが、かつての小沢さんのように、政権交代を可能にする政界再編のために再度、自民党を割って出ることはないんですか？

田原　2019年の参議院選で自民党が負けたら、石破さんが総裁になる可能性はある。

井上　ポスト安倍っていうと、ほかは誰ですか。小泉進次郎さんはまだ若すぎるから。

田原　小泉進次郎さんは次の次でしょうね。

井上　政策中心に政界を再編しようとしたら、きっと野党はよりバラバラになるでしょうね。
　逆に言うと、自民党の中も本来はもっとバラバラなんだろうと思います。いまはみんな黙らされているけど、アベノミクスに実は反対だとか、安倍さんのやり方をいいと思っていない人も水面下では結構いるのでしょう。

そうすると、１９９０年代の政界再編じゃないけど、自民党も含めて「カードの切り直し」をやり、政策構想が似ている者同士で再結集したほうがいいのかもしれないな。

田原　それから、ここに来て、景気が悪くなりはじめた。２０１９年はもっと悪くなると思う。景気が悪いのに、消費税増税をすると、自民党は参院選で負けるかもしれない。

ただ非常に残念なことに、野党が選挙協力をしなければ、勝てるものも勝てない。最低でも１人区は必ず一本化しなければならない。２人区の一本化には立憲が反対しているんだけど。

井上　逆説的に聞こえるかもしれませんが、政策競争中心の政権交代を活性化させるために、２０１７年の衆院選挙で安倍政権が勝って、総裁選で安倍さんが3選されたのは、私はよかったと思っています。

いずれ、アベノミクスと呼ばれる政策パッケージが破綻し、日本の金融システムに甚大な悪影響を及ぼすのは目に見えています。その責任は、安倍政権自身が取るべきです。勝ち逃げができなくなったという意味で、安倍さんの3選はよかった。先に政権交代が起これば、アベノミクスの責任問題はきっとうやむやになったでしょうからね。

田原　オリンピック・パラリンピック後の日本経済は完全に悪化するでしょうね。１９６４年の最初の東京オリンピックでも、次の年の１９６５年に大不況が訪れた。同じことが起きますよ。

井上　ただ、大阪万博が2025年に決定した。次は万博でつなごうとして、カンフル剤的な政策ばかり続けられるのは困る。

田原　そのための大阪万博でしょう。ただ僕も大問題だと思う。ビジョンも何もない。いったい何のための万博なのか。

2020年開催の東京オリンピック・パラリンピックにもビジョンがない。1964年の東京オリンピックは、日本が復興して、やっと世界の先進国の仲間入りをしたことを、世界に知らしめるためにやったのに。

国のかたちを変える移民問題をまともに議論できない国家

井上　9条の議論をすると、国のかたちを変えるなと言って、すぐみんなが大騒ぎをする。ただ、移民の受け入れ拡大も、国のかたちを大きく変える政策でしょう。

田原　もちろん。だから、安倍さんは移民政策ではないと言っている。

井上　でも安倍さんが何と言おうが、誰がどう見ても移民政策です。そんな重要法案が、これだけ拙速で押し通されるのはおかしい。しかも具体的内容は省令に丸投げでしょう。

野党も例によって、反対だけで、少子高齢化にどう対処してゆくのか、移民を労働力としてだけでなく人間として受け入れていくためにはどうすればいいのか、といった基本問題を見据えて代替的政策をしっかり提示することができなかった。そもそも、安倍政権から問題提起されたのに受動的に反応しただけ。将来の日本のかたちを考える上で避けて通れないこの問題について、自分たちがイニシアチブを取って能動的に問題提起していく姿勢が野党にはない。

田原　野党も人手不足対策が必要なことは認めている。法案の不備と、国会審議の短さについてだけ怒っているんですよ。

井上　誤解のないように言いますが、拙著『世界正義論』（筑摩選書）でも書いたように、もともと私は基本的に移民受け入れ論者ですよ。ただ、移民については、日本にとってだけでなく世界正義という観点からもメリットとデメリット両面がある。だからこそ、大きな視点から問題を多面的に考察する必要があるのに、ろくな議論がなされず、省令丸投げ法案がゴリ押しされているのに危惧を覚えるわけです。

さっきも少し言いましたが、問題は安倍政権だけじゃなく、安倍政権を批判する野党や自称リベラル派にもある。人権派を標榜しながら、日本人労働者に雇用不安や賃金低下圧力が及ぶから、あるいは日本の社会保障システムが負荷増大で破綻するから、移民受け入れ拡大反対というミニ・トランプ的な自国益中心主義的議論をする者もいる。

欧米でもリベラル・ナショナリズムという思想傾向が台頭し、豊かな先進国の民主的文化と福祉国家体制を守るために移民制限を求めています。その影響が日本の人権派にも及んでいるのかもしれない。しかし、移民を大量に受容してきた欧米諸国と、著しく排除してきた日本とでは問題状況が違い、欧米の言説を受け売りしてはいけません。

日本で働いて自分と家族の生活をよくしたいという移民の権利は棚上げして、日本人労働者、日本人生活者の権利と利益は守れというのは問題でしょう。人権とは、国籍を問わず人間として認められるべき権利のはずですから。

さらに驚いたのは、技能実習生に対する人権侵害が拡大するから、移民受け入れを拡大すべきでないという人権派の主張です。簡単に言えば、人権侵害は被害者がいるから起こるのであって、被害者を追い出せばなくなる、要するにそういう主張で、言わば人権侵害の責任を加害者から被害者に転嫁している。上野千鶴子さんが一時そんな主張をしたけれど、さすがに批判されて撤回したと聞きます。

私自身は、日本社会にとっての利益という観点からは、デメリットよりメリットのほうが大きいと思います。移民を積極的に受け入れてきたドイツと同様、出生率が先進国中で最低クラス。いま仮に合計特殊出生率が2になったとしても、出産可能年齢の女性人口が激減しているため少子高齢化に歯止めをかけられない。日本の社会経済システムの持続可能な発展にとって移民受容拡大は必要不可欠だと思います。

それなのに、ドイツとは対照的に、移民受容度は先進諸国中最低クラス。欧米社会が移民の「過剰受容問題」に直面しているからと言って、日本の「過少受容問題」が放置されていいわけではありません。

受け入れに慎重さを要請する考慮要因は、圧倒的に発展途上国が多い移民の母国へのインパクトです。移民の母国は送金経済という利益を受ける反面、人材流出という大きな損失も受けます。成功した移民ほど、貧しい母国に帰るより、豊かな先進国にとどまろうとします。移民母国の経済の出稼ぎ労働への依存が固定化して、国内での自立的経済発展を妨げる危険もあります。

田原　移民に反対しているのは日本会議です。安倍さんは、日本会議のご機嫌を損ねると怖いから、移民じゃないと言ってるの。

井上　移民じゃないと説明されたって、移民に決まってるじゃないですか。日本会議だって、それくらいわかりますよ。やっぱり、日本の民主主義をもっと機能させなきゃまずいと思います。それには政権交代の常態化が必要不可欠です。

公明党と共産党が下支えする「一強多弱」

井上　では、なぜ政権交代がストップしているのか。民主党政権の失敗が野党への国民の幻滅を生んだということもたしかにあります。

しかし、もっと構造的な問題があります。いまの日本の政治システムにおける、共産党と公明党の位置と機能の問題です。

日本で近代政党の名に値するのは、共産党と公明党だけだと、私が学生時代学んだ、いまは故人の政治学者、京極純一さんが言っていました。自前の運動組織と、自前の政策ブレーンを持ち、明確な綱領によって運営されているからです。

他方、自民党は、後援会を持った議員のただの寄り合い所帯、いわば巨大な派閥連合体でした。野党も、昔の社会党やいまの立憲民主党も、自前の党組織が未発達で、労組に依存している。

ただ、組織構造においてはもっとも近代的な政党である共産党と公明党が、皮肉にも、日本の民主主義の近代化を阻んでいる。

なぜか。公明党は、創価学会の組織票によって自民党と選挙協力同盟をがっちり結んだ。安倍さんが公明党を「選挙の必勝パートナー」と呼んだように、公明党との選挙同盟なくして、自民党一強体制はありえません。公明党は自民党と連立政権を組むことで、体制内野党として自民党の暴走を実効的に制御できると主張している。しかし、解釈改憲拡大で通された安保法制や社会保障の劣化を見ると、体制内野党として本当に機能しているのか疑問になります。

逆に、公明党が体制内野党として自己主張を強めると、自民党が、自分たちの考える政策パッケージを明確で整合的なかたちで提示するのが邪魔され、与党の政策が無原則な妥協の産物になるという問題が生じます。9条2項を温存しながら自衛隊を明記するといういうめちゃくちゃな安倍改憲案だって、公明党に配慮したから、こんなかたちになった。

他方、共産党はほぼ比例代表でしか勝てないのに、ほぼすべての小選挙区に候補者を立てることで、反自民票を分断し、自民党強化に手を貸すことになり、政権交代の妨げになっています。自民党一強と言われるけれど、自民党の得票数はそれほど増えていません。にもかかわらず、大量の議席を獲得し政権をとっているのは、共産党が反自民票を分断しているからです。

衆議院選挙で、小選挙区について見てみると、共産党票と旧民主党票を合わせると、旧民主党候補が勝っていた選挙区が大量に存在します。その証拠に、共産党が大規模に選挙協力をやった2009年の総選挙では、旧民主党への政権交代が起こった。

つまり公明党は自民党の「政権内必勝パートナー」で、共産党は反自民を掲げながら、自民党政権の維持に結果的に協力している「政権外必勝パートナー」である。私はずっとそう主張しているんです。

共産党は自民党に選挙必勝という「塩」を送り、自民党を万年与党の地位に置き続け、それを叩くだけの「万年野党」の地位に、自己のアイデンティティーと「生き甲斐」を見出している。そんな自分たちの地位を「確かな野党」と誇り、満足している共産党は、私に言わせれば滑稽きわまりない存在です。

しかし、笑ってすむ問題ではありません。結果的には公明党とグルになって自民党一強構造を下支えし、政権交代の活性化と、日本政治の近代化をともに阻んでいる点で、共産党の姿勢は、有害きわまりない。そのために公明党と共産党が変わることを私は求めているんです。

それにはまず、党内の民主主義を徹底しなければならない。共産党執行部は、宮本・不破・志位と続く主流派と対立する幹部や、執行部批判をして「下からの党改革」をやろうとした党員を、「反党分子」として除名し続けてきました。その執行部の選出は、党中央委員会が行い、一般党員は関与できません。国政選挙で大敗北しても党委員長・執行部がその責任を問われることなく、高い地位に居座り続けています。

自民党や立憲民主党は、党首選挙で対立候補を立て、公開討論させて党員の投票に付しています。国会議員の票がもっとも重いということはあるにせよ、地方議員票、一般党員票の比重も高めている。国政選挙で敗北したら党首の責任が問われるのが通常です。「民主的勢力」の前衛を標榜する共産党の党内体制がこんな専制的体制のままでは、日本の民主政治の健全化をこの党に期待することはできないし、共産党自体にも未来はありません。

このままではいずれジリ貧ですよ。いま、共産党の党員数はピークだった１９８７年の約49万人から約30万人まで激減している。なぜ共産党は政党助成金をもらわずに活動できるかといえば、俗に「10分の１税」と言われるように、１人の党員が所得の10分の１ぐらいを、党費だけでなく寄付や諸々の形で党に捧げているからです。私が知っている高齢の党員は年金生活者だけど、５％ぐらい払っていると言っていました。しかし、こういう献身的な党員はどんどん高齢化して、数が減りつつある。

同じことは公明党についても言えます。支持母体の創価学会は８００万票という組織票を提供してくれるので、公明党は共産党ほどにはジリ貧化していないように見える。ただ、公明党は、平和と福祉という、創価学会の２つの理想をともに犠牲にしてまで、自民党に協力しています。

だから、安保法制のときには、学会員の中から反旗を翻す者が現れた。

選挙必勝のパートナーとして自民党一強支配を支えた結果、自分たちの政治的理念が次々と掘り崩されていく、これでいいのかと創価学会員たちが考えはじめ、自民党との選挙同盟関係を見直すよう、公明党に圧力をかけるようになるかもしれない。

田原　安保法制では、公明党はよく頑張って自由にやらせなかったと思う。北岡伸一さん、坂元一哉さん、田中明彦さんといった、安保法制推進派は、みな結局あの法案には反対だった。骨抜きにされて中途半端なものになったと。

伊勢﨑　中途半端なのは間違いないですね。

田原　そうしたのは公明党なんですよ。

井上　私に言わせると、公明党がいるせいで、悪い意味で中途半端になってしまっている。それでは与野党の対立軸が明確にならないんです。

与野党の間には、実は政策的な対立があまりありません。はっきり言って、安倍改憲案だって、護憲派の主張と根本的に対立するようなものではありません。前にも言ったように、安倍さんは「フルスペックの軍隊は持たない」と宣言しているのだから。

野党は明確な対立軸を持て！

田原　井上さんは、日本の政治がどうなるといいの？

井上　どの政策がいいかについて、私なりの意見はありますが、私がより重要だと思う問題は、政策をめぐる争いを裁断する政治的意思決定システムのあり方です。私は、明確な政策的対立軸に沿って、政党が再編され、政権交代が常態化し政策競争が活性化されることを求めています。

田原　明確な対立軸なんて、野党は持っていませんよ。

井上　だから、それを作るんです。作らせるんです。組織票頼みはやめて、明確な政策的対立軸を作って、一般有権者に直接訴えかけていかないと野党は延命できないぞ、という圧力を加えるんです。他方で、自民党には、あまり傲慢化すると痛い目にあわせるぞという脅しをかけてゆく。

そのためには、前に触れた政党助成金制度・公職選挙法のような制度の改革も必要ですが、根本的には有権者の意識改革が必要ですね。野党がだらしないからしかたなく自民党、という消去法で一強多弱を固定化させるのではなく、政策構想をいい加減にして自己保存を自己目的化した政治勢力は罰し、代替的政策構想による政界再編を追求する姿勢を少しでも明確に見せている政治勢力には褒賞を与えるというような、戦略的投票行動をとることです。

とくにいま30％台の自民党支持者を超えて最大勢力になっている40％の無党派層に、そのような投票行動を期待したいですね。そうすれば、ダレた野党も変わる。変わらざるをえなくなる、と思います。

田原　民主党がなぜ駄目だったのか。

日本の自民党は、アメリカでいうと民主党に近い。なぜなら、政策がばらまき型だから。その自民党がずっと政権についてきたので、いま日本には１２００兆円もの膨大な借金があるんです。ＧＤＰの２４０％にものぼる、巨額の債務です。

ところが、その自民党に代わって政権についた民主党は、よりばらまき型の政策を提示しました。しかも、共産党はさらにばらまき的なんだ。

野党の政策は、基本的に、自民党と同じです。違うとすると、安全保障についての考えだけ。ところが、自民党が憲法改正を主張せず、安全保障を争点にしなければ、この点での野党との違いはわからないまま。この構図は昔からほとんど変わっていないね。

伊勢崎　そうですね。本来、自民党の議員が憲法に無関心であることを、野党は「ラッキー」と思ってはいけませんよね。

田原　日本には、自民党と政策面で対立する政党なんてないんですよ。

井上　田原さんのおっしゃる通り。だから、自民党との明確な対立軸になる政策を、野党は持たなければならない。やらなければ自分たちの党ごと消滅する、そういう危機感を持てば、きっと変わると思うんですが。

小選挙区制には、政策構想で対立する二大政党に政界を再編してその間の政権交代を活性化するという機能が本来あるんです。ただ、比例代表制と並立しているから、その機能が多少弱まっているんです。比例代表と選挙区選挙を合わせた別の選挙制度を持つ参議院がかなり強い権限を持っていることも、対立軸を複雑化・曖昧化してしまう一因になっています。

田原　立憲民主も、野党第一党になっただけで満足しているんですよ。共産党も「確かな野党」の地位に満足している。基本政策が自民党と根本的に違う野党は、いまの日本にはない。

井上　共産党の支持母体を見ると、小規模自営業や農家、あるいは教師などが多い。つまり、彼らはプチブル（プチブルジョアジー：小市民）で、本当の労働者階級に共産党は浸透していません。もはや、プロレタリア階級政党ではないのです。

そういった背景がわかっているから、共産党は農業保護のため、グローバル化には絶対反対、牛肉輸入自由化は断固ストップなどと主張してきた。

小林よしのりさんは、この点では共産党に同意すると言っていたけど。共産党の実態は、プチブル愛国政党なんです。

田原　その通りだね。

井上　だから、自民党と共産党の基本方針はあまり変わらないんですよ。

田原　その通り、変わらないんです。

連合だって、政策は自民党と同じ。日本の労働組合の何が問題かというと、企業内労働組合であること。労働組合の最大の目的は、労働者の利益を守ることではなく、企業を倒産させないことです。だから、発想が経営者と同じになる。

だから連合はベースアップを要求しないんです。日本企業には440兆円もの内部留保があるんですよ、それでも労働組合はベースアップを要求しない。

伊勢﨑　再分配を掲げる政党が出てきてもおかしくないはずですが。

田原　僕は、慶應義塾大学経済学部教授の井手英策さんの政策（※1）には割と賛成なのよ。

井上　井手さんは、アメリカ経済学にかぶれた最近の日本の経済学者たちとは異なり、ヨーロッパの財政学と福祉国家体制の研究をベースにして、税と社会保障の一体改革構想を明確にしており、私も評価しています。

田原　でも、肝心の枝野幸男さんが〝反井手〟で進まないんだ。

井上　政策について言えば、枝野さんが井手さんに反対する理由はないと思うので、〝反井手〟というより、〝反前原〟なんじゃないですか。井手さんは一時、前原誠司さんのブレーンになったから。ただ、もしそうだとしたら、いけませんね。政治家は、個人的な怨恨を越えて政策中心で行動してくれなくては。そうしていがみ合っている間に、安倍政権が教育無償化といった「前原＝井手」の政策を部分的に横取りしてしまいました。

政府を批判するだけでは何も変わらない

伊勢崎　結局、田原さんは、安倍さんや石破さんに直接会って話さなければ、日本は何も変わらないというご意見なんですね。ただ、それで本当にいいのでしょうか。僕は、来てくれと頼まれないかぎり、自分から政治家に会いに行くことは絶対にしません。

田原　そんなことを言っているから駄目なんだよ。やっぱり、権力者には会って、自分が言いたいことをちゃんと言わなきゃ。

井上　ただ、私はその点では田原さんに少し警告を発したいんですよ。

　国連人権委員会の特別報告者のデービッド・ケイという人が、日本のメディアの自由度について報告しています。

田原　たしか、２０１８年に発表された報道の自由度ランキングで日本は67位だったよね。

井上　そうですね。彼は特定秘密保護法や放送法の規制がメディアを萎縮させていると報告したんですが、もうひとつ、アクセス・ジャーナリズムの弊害についても報告しているんです。

田原　どういうことですか？

井上　アクセス・ジャーナリズムというのは、政府の有力者や高官とアクセスできるような人脈をジャーナリストが作り、そこから情報をとって報道することです。個人的な人間関係を築くことで、オフレコ情報も手に入りますが、逆に政治家に取り込まれてしまって、メディアが厳しい批判を向けることができなくなる。

田原さんは自民党の議員にも気兼ねなく手厳しいからまだいいと思うけれど、政治家がジャーナリストを都合よくコントロールしてしまう可能性もあるわけです。

田原 僕はかつて、政府を厳しく監視して、批判すればいいと思っていたんですよ。その結果、宮澤喜一さんと海部俊樹さんと橋本龍太郎さん、3人もの総理大臣を退陣に追い込んだ。しかし、彼らを失脚させたところで、この国は何も変わらなかった。これでは駄目だと思ったので、小渕恵三さんのときから、総理大臣には意見を言うというスタイルに転向したんです。

ちなみに小渕さんには、2つ注文をつけました。日韓関係をよくすること、沖縄問題に取り組むこと。それで、金大中《キムデジュン》氏と小渕さんが首脳会議を行い、過去を水に流して、新しい日韓関係を作ろうということになった。

沖縄問題については、小渕さんが野中広務さんに頼んだ。それでサミットの沖縄開催が実現したんだよ。

井上 反権力は、戦後民主主義者（※2）たちの旗印でしたが、民主主義を機能させるためには、自分たちの手で新しい権力を作る必要があります。

ノーと言うだけじゃなく、きちんとイエスと言うことも必要です。積極的に政策を作り、政治に関与することが野党にも求められますが、残念ながらいままでの野党にはその姿勢がなかった。権力を叩いていれば政治がよくなると思っていたら、大間違いです。

田原　その通り。

森政権のとき、中川秀直さんに誘われて、赤坂で会食したんです。すると、いま、小泉さんが総裁選に立候補しているが、これまで2回も惨敗しているので、次に負けたら、今度こそ小泉さんの政治生命は終わりだろうと中川さんが言った。

それで僕が半分冗談で、いままでの総理大臣は、田中派か、田中角栄の応援を受けている人間ばかりだ。だから、小泉さんがもし田中派と本気で戦って、つぶすつもりなら、彼は支持してもよいと言いました。でも、そんなことをしたら暗殺されるぞ、とも言ったんですが。けれど小泉さんは、たとえ殺されても田中派と戦うと。自民党ごとぶっこわすと言った。

そのときは橋本龍太郎さんも立候補していて、亀井静香さんが味方についていた。亀井さんと橋本さんが組んだら小泉さんは負けると僕は思ったの。だから中川さんと安倍さんに、亀井さんを口説くべきだと言った。小泉さんの味方をしてくれたら100％あなたの言うことを聞く。小泉さんが首相になったら、あなたが首相になったようなものだ。それで亀井さんは橋本さんの味方から降りた。小泉さんは勝ったんだけど、その後、小泉さんは亀井さんを裏切ったんだよ。

そこで、僕は小泉さんに、あなたは総理大臣になったのはいいが、亀井さんを裏切ってしまうようでは人間的に総理失格だと言ったんだ。すると小泉さんは、権力とはそういうものだと言った。こいつはなかなか言うなと思ったね。

小泉さんが首相になって1年目は経済がうまくいかなかった。それで、経団連や経済同友会の人間は、小泉さんはちっとも景気をよくしようとしない、あの男には理解する能力がないんじゃないかと言っていたんです。そうすると小泉さんは、その通りだと言った。

官僚たちは東京大学を卒業して、自分は頭がいいと思っている。でも、政府は縦割りでばらばらだ。官僚の言うことをまともに聞いていたらノイローゼになると。実際、自分より前の総理大臣は、森喜朗さんも含めて、半分以上はノイローゼだったと言った。

自分はノイローゼになるのは嫌だから誰の言うことも聞かない、そう言ってくれと頼むんですよ。経団連と経済同友会にそう伝えたら、逆に感心されてしまった。

またある日、竹中平蔵さんから電話がかかってきた。竹中さんが言うには、困ったことが起きた、小泉さんが郵政民営化をやると言い出した。それで、竹中さんに大臣をやってほしいと言われた。どうしよう、と言うんです。彼は郵政民営化に反対で、やる必要はないと思っていたんですよ。

井上　竹中さんは郵政民営化に反対だったんですか？

田原　そうです。

井上　意外ですね。私は賛成派だと思っていた。

田原　竹中さん自身は反対だけれど、小泉さんは頑固だから、やると言えばやってしまう。言い出したら絶対にやめない。反対すれば、別の人間を大臣にするだけだ。そうなったら郵政民営化は絶対失敗する。なぜなら、もともとやる必要はまったくないからだ。

そう考えた竹中さんは僕に、郵政民営化が必要な理由を考えるので、それでいいかどうか田原に聞いてほしいと言う。3、4週間後、竹中さんから電話がかかってきたけれど、僕ひとりで聞くのは自信がなかった。ほかに誰か連れていくなら、素直そうな政治家がいいと思ったので、僕は石原伸晃《のぶてる》さんと一緒に竹中さんに会いに行った。

竹中さんの説明を聞いて、石原さんにわかるかと聞いたら、全然わからないと言う。これが郵政民営化の始まりだったんです。

郵政民営化の理屈は竹中さんが考えたんですよ。ただ、小泉さんが衆議院を解散したときは、森さんをはじめ、自民党幹部はみな選挙に負けると思った。

イエスマンばかりの安倍自民

井上 昭和が終わり、平成の時代に入って、まだ利益分配政治をやっているようでは駄目だ。政党が政策を争い、常態的に政権交代が起こるような仕組みが必要だと、そういうビジョンを持っていたのは小沢一郎さんだったんですよ。

田原 だから、小沢さんは宮澤内閣への不信任案に賛成して党を割り、細川連立政権を作った。

井上 ところが、うまく機能しませんでしたね。小沢さんは、政局を陰であやつるフィクサーのようにメディアに描かれ、世間もそう思っていますが、これは不当な偏見でしょう。彼はむしろ、55年体制の談合政治がもたなくなったことを自覚し、これに代えて、政策競争中心の政権交代を活性化させる方向に政治システムを改革するのが必要不可欠だという大きなビジョンを持った、志のある政治家だったと私は見ています。民主党の末路を見れば、実際の政局操作はむしろ下手だったと言えます。

55年体制にしがみつく政治家には、彼の大きなビジョンがわからないから、この彼の行動を単なる権力欲の発動としか理解できなかった。むしろ、自己の権力にしがみついていたのは彼ら守旧派だったんですよ。小沢さんが彼らの批判を「下種《げす》の勘繰り」と一蹴していたのは、的確だと思います。

ところが、小沢さんは政局は下手。メディア操作も下手。それでも自分のビジョンを断固貫徹しようとする。だから、「小沢は1日に1人ずつ、敵の数を増やしている」とまで言われていました。それで、1990年代政治改革後の連立政治時代は、彼のビジョン通りにことは運ばず、政治は混乱した。

自社さ連立政権では、自民党は政権回復するために手段を選ばず、何と社会党左派の村山富市さんを首相に担ぎ上げた。政策も思想もあったもんじゃない。社会党をつぶす自民党の策略としては成功したけれど。

小沢さんのビジョンである、政策中心の政権交代を活性化させるシステムへの転換には、政党が変わらなければならない。さまざまな利益集団を支持母体にする政治勢力の連合体から、政策的・組織的統合力を高めた近代政党へと転換する必要があります。この転換を、自民党サイドではじめて実現したのが、皮肉にも、小沢さんと敵対していた小泉さんだったわけです。

自民党も寄り合い所帯だから、党としての政策がまとめられない。一方、郵政族をはじめとする族議員が既得権を守る政治に、小泉さんは不満があった。

族議員は構造改革に反対していました。彼らは政府が出す法案を国会審議にかける前に行われる非公開の「与党審査」の場で、その法案のうち自分たちの支持基盤である利益集団の既得権に触れる部分を骨抜きにしていた。小泉内閣の郵政改革法案が参院自民党の族議員の反乱で否決されると、何と小泉さんは衆院を解散して、衆院にも多くいた自民党族議員の選挙区に小泉派の自民党対立候補を「刺客」として送るという、自民党対自民党の選挙をやった。「自民党をぶっこわす」と小泉さんが叫んだこの選挙は、陰で拒否権を発動してきた族議員を表舞台に引きずり出して、構造改革を推進する小泉内閣か、この族議員たちか、どちらかを選んでくれと、有権者に審判を求めたんですよ。

その結果小泉が圧倒的に勝利した理由は、有権者の多くが彼の新自由主義的な政策自体を支持していたからというより、むしろ陰で権力を行使する族議員たちを国民の政治的審判の場に引きずり出したという、民主政治の基本ルールに訴える彼の姿勢が、有権者に強くアピールしたからだと思います。小泉さんにはそういう天性の政治的センスがあった。

ところが、小泉さんは突然辞めてしまう。その後登場した第一次安倍政権、福田政権、麻生政権では、郵政族の復活など、構造改革路線への反動が見られました。古い自民党に戻ってしまったので、自民党は有権者の支持を失い、民主党政権が誕生することになります。しかし、その民主党政権も内紛で瓦解しました。

第二次安倍政権では、安倍さんは、こういった自民党自体の失敗と民主党政権の失敗から学んでいると思います。寄り合い所帯のままでは駄目だと考え、自民党をアベノミクスという政策を中心にまとめ直したんです。
　ところが、野党のほうは相変わらず寄り合い所帯のままで、ばらばらです。いまの政治に閉塞感が漂っている最大の理由は、これだと私は思っています。
田原　最大の問題は、自民党が腐っていることですよ。
井上　そう、それもあります。第二次安倍政権が過去の失敗から学習したのはいいけれど、行き過ぎてしまって自民党内が「安倍一強」になってしまいました。
田原　自民党の議員はみな、安倍さんのイエスマンになりさがっている。国民の70％以上が、森友・加計問題では安倍さんの対応がまずいと思っている。自民党の議員もそう思っているはずです。それでも、誰も安倍さんに文句を言わない。それどころか、ご機嫌取りに終始している。
　この国はこれから何をすべきか、何をしてはいけないか、いまの自民党では一人も考えていない。腐っている。
井上「朝まで生テレビ！」で共演した山本一太さんは、私はまともな議員だと思いますよ。安倍一強になってしまった弊害を、彼は自民党議員としてしっかり認識していました。
　２０１９年７月の群馬県知事選に出馬するそうですが、彼は自民党に愛想をつかしてしまったのかもしれませんね。

田原　僕は、自民党をこれから改革しなければならないと思っている。まずは小泉進次郎さんたちのグループで勉強会を始める予定です。そして、前農相の齋藤健さんを中心にしたグループも作ろうと思っている。

国民が本気になれば日米関係は変わる

伊勢﨑　繰り返しになりますが、「日米地位協定の改定＝反米」という自民党のみなさんのマインドセットは、絶対変えるべきです。日米関係の安定を目指すなら、当のアメリカがスタンダードとする、「日米地位協定の互恵化」を目指す必要があるからです。

護憲派野党も、いまの不平等な日米関係の問題点を、ひとつずつ「改善」することしか目指していません。オスプレイをやめろ、辺野古移転をやめろ、どちらももっともではありますが、アメリカという主人に、日本が奴隷のごとく従属しているという、現時点での日米関係についてはカッコに入れたまま、従者の境遇を改善するよう要求しているにすぎません。

9条2項の改正と、日米地位協定への互恵性の導入は、アメリカが日本を従えるという、主従関係自体を一瞬にして消滅させるものです。

田原　もともと石原慎太郎さんが東京都知事のときにやろうしたことなんです。横田基地を自衛隊と兼用するという案を出したが、うまくいかなかった。

伊勢﨑　はい。石原さんの運動も与野党共通の典型的な日本人のマインドセットから一歩も出ないもの、つまり従者の待遇改善要求にすぎなかったと思います。

井上　伊勢﨑さんが前に「対等化の意味が変わった」とおっしゃっていましたが、それはどういうことなんですか。

伊勢﨑　冷戦期は、アメリカの軍事力のおかげで、共産主義から守られている、という建前に説得力がありました。ヨーロッパ諸国は、第二次世界大戦の末期に、ソ連の圧倒的な通常戦力を見せつけられています。その脅威への対抗手段を切実に求めていた。

ですが、ソ連の崩壊によって、突如として脅威がなくなると、米軍駐留に冷戦という口実が使えなくなった。ソ連の脅威のほかに米軍の駐留を正当化する格好の口実が見つからない中、海外駐留をいかに安定させるのか、という必要性にアメリカは迫られたのです。

それに拍車をかけたのが対テロ戦の黎明《れいめい》です。現地社会の奥深くに巣くう非対称な敵が相手ですから、現地社会に嫌われたら戦争に勝てない。前述のＣＯＩＮが採用された理由ですね。でも、駐留軍が起こす事故の処理を誤れば、現地社会からどんどん嫌われていく。その対策として、「現地の主権をアメリカと対等に扱いながら駐留させて『いただいている』というジェスチャー（身振り）がアメリカの戦略上、どうしても必要になってくるわけです。

アフガニスタンの地位協定を読むと、まずその「文面の文化」があまりに日本と違うことに驚かされます。アフガニスタンの「主権」がいたるところで確認されているからです。

井上　米軍がアメリカ国外に自分たちの基地を置く場合、その国の国民との間にきちんとした合意が必要だと、そういう方向に米軍は方針転換しているということですね。

伊勢﨑　残念ながら、トランプは、そうしたアメリカ軍の試行錯誤の歴史を理解しているとは思えません。

田原　彼はわかっていないでしょう。

井上　日本だって、国民が本気で主張すれば、米軍には応じる用意があるはずだということですね。

伊勢﨑　そうです。僕が述べた日米地位協定の問題点は当のアメリカもよく知っています。太平洋陸軍参謀総長会議をはじめとする実務者間の国際会議において、アメリカ軍幹部と、軍事占領やＣＯＩＮについて議論する際、日米間の問題に話が向くと、みんなの目が泳ぎはじめます。

田原　ただ、日本の国民を説得して世論を形成するためには、まずは政治家を説得して味方につけないと。

おふたりはなぜ政治家を説得する気がないのですか。政治家なんてバカだから、説得してもわかりはしないだろうと思っていませんか。権力を持っているのは政治家ですよ。

井上　前から言っているんですが、私たちは政治家をまったくバカにしていませんよ。伊勢﨑さんは、国会で専門家として説明もしている。私は小沢一郎さんと国会議事堂のすぐ傍の憲政記念館で公開討論しているし、政治家の勉強会にも呼ばれて話をしています。

政治家を志した以上、初心はみなステイツマンを目指していたはずなんです。でも、選挙に勝てないと地位を失うという現実と向き合い続けていくうちに、初心を忘れる。そんな初心は甘ちゃんの話だとなってしまう。

憲法改正や日米地位協定の改定といった問題に、有権者は興味がない。沖縄を取り上げると番組の視聴率が下がってしまう。そういう現状で、政治家に志を高く持ち続けるのを期待するのは難しい。だから、国民の姿勢が変わることが、おそらくすべてのスタートになるんだと思います。それゆえ、私はアカデミズムの世界の垣根を越えて、一般市民向けの言論活動にエネルギーを投入しているんです。この本もその一例ですが。

田原　きちんとした危機管理が必要だというおふたりの主張は、その通りだと思います。日本の政治家はみな危機管理をいい加減にしかやっていない。僕は彼らの本音をよく知っている。原発がいい例ですよ。井上さんと伊勢﨑さんがおっしゃる通りなんだ。

伊勢﨑　ただ、田原さんは、この場で僕らだけが合意しても、あまり意味がないとお考えですよね。

田原　そう思ってはいないけれど、僕はこの本を、たとえば具体的に言うと安倍首相に届けて、読んでもらった上で彼を説得したいと思っている。

伊勢崎　でも、自民党はこれまでずっとやらなかったわけじゃないですか。

田原　自民党はこれまでずっと何もしなかったわけではありませんよ。伊勢崎さんや井上さんは、これまで何もやらなかったから自民党は相手にしない、安倍内閣は相手にしないとお考えですか。そんなことではどれだけ素晴らしい理想を語っても、実現しませんよ。理想は理想だから、実現しなくてもいいと思っているのですか。そうではないでしょう。

伊勢崎　この本は自民党を説得するために使うと。

田原　そう。日米地位協定は、僕が生きているうちに絶対に変えさせたい。

立憲民主党に求められる明確な対案作り

田原　常々、僕は野党に言っているんです。野党というのはつまり、枝野さんや志位さんに話しているということ。

辺野古反対と言うのはいいが、住宅地に隣接した、あの危険な普天間基地（※3）がこの先もずっと存続することはどう考えているんだと質問すると、枝野さんも志位さんも対案を持っていない。野党はグアムなどの対案をきちんと固めるべきです。

ひどいのは、朝日新聞、毎日新聞、東京新聞の3紙です。辺野古に土砂を入れたのは暴挙だと書くが、ではどうすればいいのかは書かない。メディアは批判さえしていればいいというのはおかしい。

井上　下村博文さんは野党とも議論していかなければならないと、田原さんとの対談（「中央公論」2019年1月号）の中では言っていますね。

憲法審査会に対して、自民党から改憲案を提示したとしても、その通りのかたちで発議されるとは限りません。議論のなかで、野党の意見が採用される可能性は十二分にあります。

そういう意味では、安倍改憲案の時点で、公明党に対して気を遣いすぎているとも思います。事前に忖度するのではなく、国民の目に見える憲法審査会という場で議論すべきです。

また、野党が一切の憲法論議に応じないのはおかしい。政治的な戦術として採用しているのはわかりますが、責任ある野党として政権交代を目指すのなら、憲法論議に自分たちの声を反映するために、国会できちんと議論すべきです。与党が国会での議論を軽視していると言って批判しているのは、立憲民主党でしょう。自分たちの都合が悪い論点については、国会での議論を避けるというのでは、自己矛盾だし、卑劣です。

安倍政権の下では憲法改正させないから、議論に応じるべきではないという主張はほかの野党からも聞かれますが、民主政治では許されません。この主張は、政権奪取したら、自分たちが正しいと思う憲法改正に乗り出すことを意味しているから、それなら、安倍政権打倒を目指しているいま、選挙での国民の政権選択の判断資料として、自分たちの改憲構想を国民に提示する義務があるはず。それをしないのは国民に対する「だまし討ち改憲」になるでしょう。
何よりも、立憲民主党は、身内の山尾志桜里さんがすでに安倍改憲に対抗する「立憲的改憲」案を用意しているんです。にもかかわらず、有権者の信を仰ぐのが怖くて、彼女の案をたなざらしにしている。立憲民主主義を標榜する政党にあるまじき行為ですよ。

田原　立憲民主党には問題があるよ。自民党は、与野党で議論しようと言っているのに、立憲民主党は一切の議論に応じない。山尾志桜里さんをのぞいて。枝野さんが反対なんだよ。

井上　枝野さんと、あとは山花郁夫さんが反対しているんでしょう。こういう無責任体質は野党の問題というだけでなく、日本全体にとっての課題です。
議論によって安倍改憲案を変える、という政治的努力をはなから放棄しているんです。憲法改正はもう、あるかないか（whether）の問題ではなく、いつになるか（when）の問題、時間の問題です。それなのに、憲法を自殺させる安倍改憲案しか改憲の選択肢がないという状況を、護憲派や、護憲派に媚《こ》びる立憲民主党が維持し続けているということは、結局、安倍改憲案が発議されることに、護憲派も立憲民主党も共犯者として加担していることを意味します。

田原　そもそも公明党も改憲には反対、とくに山口那津男さんが絶対反対の立場なんです。

井上　絶対反対とは、まさに噴飯ものですね。公明党は改憲反対などと言いながら、集団的自衛権行使を解禁した安保法制で、正規の改憲よりもっとひどい解釈改憲拡大を認めてしまったんですよ。原理原則も何もない、言わば「思想的無脊椎状態」の公明党が、安倍改憲にどこまで抵抗できるか疑問ですね。世論の風向きでころころ変わるでしょう。そもそも、憲法審査会は超党派で憲法を議論する場なんです。自公だけですべてを決められはしません。

発議までの間にどんな政治的な動きがあるか、まだわかりません。公明党を抜いた自民党の一部と、国民民主党が協調するとか、いろんな可能性があります。安倍改憲案そのものではなく、石破案を修正したバージョンが出されるとか、山尾案に譲歩するということもありえます。

それにしても、９条２項を温存しながら自衛隊をただ明記するという安倍改憲案はひどい。いま政治家が示した案の中では、山尾さんの立憲的改憲案か、石破さんの９条２項削除案か、その２つの選択肢が国民に提示されて論議されるべきでしょう。自衛隊を自衛のための戦力として明確に位置づけた上で、自衛の範囲を専守防衛・個別的自衛権の枠内に限定するのかどうか、戦力統制規範として何を定めるのか、こういう係争点が明確に示されれば、憲法改正論議がもっと盛り上がっていくだろうと思います。

田原　石破さんと山尾さんの考え方は、おそらく非常に近いと思う。
井上　両者の違いは前に説明しました。接点を模索することはできるでしょうね。
田原　石破さんと似ているだけじゃなく、山尾さんの考えは保守本流にも受けると思う。
井上　考え方の共通点を探ることはできるはずだし、それをやることが政治家、とくに野党議員の責任です。安倍改憲案の質が低いからといって、反対するだけでは何も変わりませんし、国民の理解も得られないでしょう。明確な対案を出さないと、立憲民主党に期待して1票を投じた有権者の意思に背くことになる。

野党は普段から代替案を議論し、メディアを通じて発表することで、世論の形成に努めなければ、政権交代はできません。国民から見て、野党に任せたときのメリットがわかるようにして、ポジティブなイメージを持ってもらうために努力すべきです。

それなのに、前にも言ったけれど、辻元清美さんをはじめとする立憲民主党の護憲派に媚びる議員たちは、選挙区サービスに専心して次の選挙でどうやって勝つかさえ考えていれば、政治家はそれでいいんだと、よりによって山尾さんに向かって、いけしゃあしゃあと言っているんです。支持母体である護憲派団体の顔色をうかがうだけのポリティシャンにすぎず、ステイツマンではないと、自ら証明してしまっています。

志ある人物が輩出しなくなった財界人の劣化

井上　政治家の劣化に加えて、財界人の劣化も気になります。いまの財界人は、憲法問題のような長期的な問題、経済以外の問題にまるで関心がない。しかし1990年代には、財界でも司法改革論議との関係で、憲法改正問題も議論していたんですよ。

私もそのころ、経済同友会の司法制度改革を議論する会合に2、3回呼ばれて話したことがあります。

いま山尾志桜里さんの立憲的改憲では憲法裁判所の創設を主張していますが、当時オリックス代表取締役社長だった宮内義彦さん（現在はシニア・チェアマン）が世話役をしていた部会で、日本の司法の政府統制機能を強化する問題意識を持って、憲法裁判所問題も議論していました。

さらに行政事件訴訟制度の改革も議論されていた。戦前、行政訴訟を特別裁判所で扱っていた時代のほうが、司法全体が政府に追従的だというのが常識なんですが、統計を見ると実は違うんです。戦前の行政訴訟においては、原告の勝訴率は3割なのに、戦後ではわずか1割、戦後のほうが司法の行政追随傾向が強くなったことが問題視され、議論されていた。

かつての財界人は、こういう状況はおかしいと率先して発言していました。この状況を変えるには、司法が政府に屈服している制度を改め、違憲判断を含めて政府に対する司法審査機能を裁判所にしっかり果たさせるために、司法改革が必要だと、そういう議論が、経済同友会のような財界組織の研究会でなされていたのです。

ひとつの背景として、財界の構造変化もあったと思います。経団連加盟の、古顔の大企業は、政府による護送船団方式に安住していました。

けれど、戦後に創業した京セラ、オリックスといった当時の新興勢力は、既存企業を保護し新規事業を縛る政府の規制からの自立を求めていました。企業活動に対する政府の不当な干渉に対して、裁判所を通じて行政訴訟や違憲訴訟で争う選択肢を確保したい、そういう意識があったと思います。

それまでは法曹三者、すなわち弁護士、裁判官、検察官だけで司法制度改革をやろうとしていたので、まったく進まなかった。法曹ギルドに任せていたら、みんなが結託して特権を守ろうとするからです。

１９９０年代から２０００年代にかけて行われた司法制度改革は中途半端なまま終わってしまいましたが、それでも、それまでまったく動かなかったものが多少とも動いた。これは、財界人までもが、日本の構造改革の一環として司法改革を論じるほどに、バブル崩壊以後の日本社会の病理への対処を、当時の有力者たちが真剣に考えはじめ、自己改革をさぼってきた法曹界に社会的外圧をかけたからでしょう。

　財界と政治の関係というとすぐに金権政治的癒着のイメージが持たれてしまうのですが、志の高い財界人は、金権政治的癒着は政治も企業も駄目にすること、公正な競争こそが企業の成長を生むこと、国民が豊かになってこそ企業も繁栄でき、ブラック企業的搾取は長期的には経済を破綻させることを自覚しています。ソニーがまだ輝いていた頃、創業者の一人、盛田昭夫氏は財界の大勢に抗して、企業収益の労働者への分配率の向上を主張していました。

　志ある財界人が、いまの政治の堕落に問題提起することを私は歓迎します。しかし、まともと思われた企業のブラック化や、手抜き工事、粉飾決算、検査不正、租税回避などの増加を見ると、政治家が次の選挙に勝つことに追われて志を失うように、財界人もいまや目先の利益に追われ、志をなくしつつあるような気がします。

田原　かつての財界人の中では、セコム創業者の飯田亮さんなんかとくに面白い人物だった。井上さんのおっしゃるように、京セラの稲盛和夫さんとか、オリックスの宮内さんももちろん非常に面白い人たちだったよ。

井上　宮内さんは残念ながら「かんぽの宿」払い下げ問題で叩かれてしまった。実情はわかりませんが「李下に冠を正さず」の用心は必要だったでしょうね。いま、後続世代の財界人で政府の審議会等に関与し、政策形成に影響力を発揮している人たちもいますが、何ていうか、ある種の「政商」のように、自分たちの経済的な利益を確保するために、政治への関与を行っているだけで、日本という国を今後どのように運営していくかという、大局的な見地に立った提言はないような気がします。

安倍首相は憲法改正で歴史にどんな「名」を残すのか

田原　僕は、谷垣禎一さんを自民党の中では割に信用しているんだよ。小野寺五典さんもね。小野寺さんは、前米国防長官のジェームズ・マティスをとても尊敬していたんだ。なぜなら、マティスが、戦争っていうのは勝っても負けても駄目だ、やっては駄目だと考えているから。

伊勢﨑　まあ、その通りですよね。

田原　ブッシュ父子が大統領のとき、勝てば戦争をやってもいいと思って、いろいろな戦争をしかけた。

湾岸戦争、アフガン戦争、イラク戦争としたけど、どれも大失敗だった。フセインをつぶさなければ、中東は平和だったのに、フセインをつぶしたからむちゃくちゃになったと。それで、アメリカ人はみんな反省して、戦争は駄目だと。それで、史上初の黒人大統領、オバマが誕生したと、これはマティスの意見。ところが、オバマ時代はいろいろあって、で、トランプになっちゃったから。だから本当は、マティスはトランプに反対なんだ。だから、マティスは戦争をしてはいけないという意見。

伊勢﨑　そうですね。ただ、トランプの場合はわかりませんね。２回もシリア爆撃をやったと思ったら、今度はロシアに対抗するために配備していたシリアのアメリカ軍を突然撤退させると言い出した。いままでアメリカが支援していたクルド勢力が孤立してしまう。

田原　うん。だから、僕は、アメリカの政治家ではマティスを信用しているので、トランプがマティスを切ったら危ないなと思っていたの。そうしたら、切ってしまった。

井上　だいたいプロの軍人のほうが慎重なんですよね。２００３年のイラク戦争では、文民政治家だった当時のチェイニー副大統領やラムズフェルド国防長官が好戦的で、元統合参謀本部議長で軍人のトップだった当時のパウエル国務長官がイラク侵攻に反対しました。軍人は無駄な兵士の犠牲を出したくないわけだから。チェイニーやラムズフェルドは軍需産業に利害関係を持っていた。我が身を安全地帯において自己利益を追求するシビリアンの政治家のほうが怖いんですよ、やっぱり。

田原　トランプに比べて、人間として安倍晋三さんはとても気のいい男なんですよ。彼はとても珍しいタイプの政治家で、何が珍しいかというと、政治家を志す人間は、みな何がしかの

「覚悟」を持つわけ。でも彼は一切覚悟をしていない。

井上　安倍さんにはもうちょっと志を持ってほしいな。彼は私と同い年だから、最後に「友達気分」で一言、忠告させてください。

安倍君、憲法を改正して歴史に名を残したいなら、あんな安倍改憲案なんか掲げるのはやめたまえ。こんなものでは、君は、「まともな改憲をする勇気がないくせに、中途半端に憲法をいじって、憲法を破壊した男」として、歴史に汚名しか残せないよ。

伊勢崎　安倍さんのことは信用していますか。

田原　権力者として厳しく見つめています。そして、間違っていることは間違っているとはっきり言います。

※1　**井手英策さんの政策**　旧民主党において前原誠司氏が慶應義塾大学経済学部教授の井手英策氏をブレーンにまとめていた政策。消費税の増税をはじめ、税負担の増加を認める代わりに、ヨーロッパ並みの社会福祉を導入しようとするもの。

※2　**戦後民主主義者**　戦後民主主義とは第二次大戦後、日本で広く信奉された民主主義観のこと。明確な定義はないが、日本国憲法に規定された基本的人権の擁護や、9条護憲、反戦反核、非武装中立がその理念としてよく主張される。人権・政治体制・価値観・思想・憲法など、道具立てのすべてをアメリカか

ら輸入している点が大きな特徴だが、肝心の憲法についてはアメリカの押しつけだと捉えないことも特徴である。１９４５年8月のポツダム宣言受諾の瞬間、主権は天皇から日本国民に移っていたため、日本国憲法は民意によって制定されたとする悪名高き「8月革命説」は、その特徴が如実に表れた主張とも言える。代表的な論者として政治学者の丸山眞男ら。

※3 **住宅地に隣接した、あの危険な普天間基地**　普天間飛行場は宜野湾市の中心に位置し、住宅過密地区に取り囲まれているため、「世界一危険な基地」とも言われている。

あとがき　「ガラパゴス属国」日本と9条問題

井上達夫

本書の刊行は、田原総一朗氏の提案に始まる。彼から、伊勢崎賢治氏を交えて、憲法改正問題について、鼎談《ていだん》共著を刊行する企画が私にもちかけられた。憲法と戦力の現実との矛盾が放置され続け、与野党問わず政治家が憲法問題から逃げている日本の現状への危機感が田原氏にはある。憲法9条問題に関して、護憲派・左派と安倍政権・右派、両者の欺瞞《ぎまん》を批判してきた伊勢崎氏と私を相手に議論することで、矛盾を放置したままにすることの問題点がどこにあるのかを、何よりもまず政治家たちに自覚させたい、というのが彼の意図であった。

安倍首相が２０１７年5月にいわゆる安倍改憲案を掲げて、改憲への意欲を示したことで、憲法論議はいったん昂揚《こうよう》するかの様相を見せたが、急速にしぼんでしまった。当の自民党が政局判断から、改憲推進に関心・意欲を大きく減退させた。それどころか、そもそも、なぜ9条改正が緊要なのかについて、自民党議員たちの多くが、ほとんど基本的理解すら欠いている。田原氏の表現によれば「自分の選挙区の支持者に、改憲がなぜ必要か説明できない」というお粗末な状況である。

片や、野党も憲法問題棚上げに便乗し、伊勢﨑氏がツイッターで、「自民党議員の憲法問題への無関心を、護憲派がラッキーと思っちゃダメだろ。え？」と、叱るような体たらくである。共産・社民のような護憲派を名乗る野党だけでなく、将来的には改憲も検討する用意ありと標榜している立憲民主党などの野党も然《しか》りである。最大野党である立憲民主党の責任はとくに重い。

立憲民主党の山尾志桜里氏が、あくまで政治家個人としてだが、安倍改憲案に対抗する「立憲的改憲」案を提示しているのは評価されてよい。安倍改憲案は、９条２項を温存したまま自衛隊を単に明記するだけで、「自衛隊は戦力ではない」という現在の解釈改憲の欺瞞をそのまま憲法に盛り込み、問題の解決になっていないどころか、憲法自体を自己矛盾に追い込み論理的に「自殺」させるものである。これに比し、山尾氏の立憲的改憲案は、専守防衛・個別的自衛権の枠内で戦力の保有・行使を明示的に承認し、戦力統制規範を憲法に明定するもので、安倍改憲案などよりはるかにまともな改憲案である（９条削除論を提唱する私から見て最善案ではないが、次善と評価でき、政界から提案されているものではもっともまともな改憲案である）。

それだけでなく、専守防衛・個別的自衛権の枠内なら自衛隊・安保を容認する護憲派の政治的本音とも合致しており、この政治的本音にもかかわらず、一切の戦力の保有行使を禁じた9条2項を固守する護憲派の憲法論的欺瞞を正すものである。護憲派も本当に立憲主義を貫徹しようとするなら、筋論として拒否できないはずのものである。

それにもかかわらず、護憲派が安倍改憲案に対する以上の敵意をもって、この立憲的改憲案をつぶそうとしているのは、彼らが「護憲派」を僭称《せんしょう》しながら、実態は安倍政権と同様、憲法破壊勢力であることを暴露している。しかし、問題なのは、立憲民主党自体の姿勢である。2018年5月3日憲法記念日に、小林よしのり氏が主宰するゴー宣道場で憲法問題に関する公開シンポジウムが開かれた。山尾氏とともに伊勢﨑氏や私も講師として招かれていたが、党首の枝野幸男氏が途中から登壇し、「山尾案を内容的には支持する」とはっきり言ったとき、聴衆からは歓迎の拍手があった。しかし、その後で「いまはこれを出す政治的タイミングではない」と言ったあとには、落胆の表情が広がった。これでは逃げ腰である。

「いまはその時ではない」と言うが、立憲民主党が最大野党として政権奪取を目指すなら、しかも将来は改憲する用意があるというなら、自分たちが政権をとったら、安倍改憲に代わるどのような憲法改正を行うつもりなのかを明らかにするために、安倍政権を批判して政権奪取を求めているはずのいまこそ、国民に代替的な改憲構想を提示する責任があるはずである。それをしないのは、まさか「安倍改憲案には反対だが、もし自分たちが政権をとれたら、だまし討ち改憲します」という恥知らずな姿勢を示しているのではないだろうから、もう本気で政権奪取するつもりはないことを自白しているに等しい。

せっかく山尾案が提示されているにもかかわらず、改憲問題から逃げることで、立憲民主党は、自民党に代わる政権担当能力を持つ責任政党であることを示す絶好の機会を失し、この党に一時は期待を寄せた無党派層を幻滅させ、支持率をジリ貧的に低下させている。このままでは、この党はよくて万年野党、最悪、消滅するかもしれない。ここはぜひ、党首の枝野氏に政治家としての決断力と指導力を示してもらいたいところである。

護憲派は、安倍政権と同様、「憲法破壊勢力」であると言ったが、問題はそれ以上に深刻である。護憲派勢力はいまや「安倍改憲の共犯者」なのである。改憲はもう「やるかやらないか（whether）」の問題ではなく、「いつやるか（when）」の問題である。安倍政権は、政局判断から「機を窺《うかが》う」態度をとっているにすぎない。それにもかかわらず、護憲派勢力は、自分たちの政治的本音とも合致し、安倍改憲案よりはるかにまともな立憲的改憲案をつぶすことに躍起になっており、国民にとって改憲の選択肢が安倍改憲案しかない状況を維持することに加担している。これは安倍政権にとってまことに好都合な事態である。

護憲派勢力の「立憲的改憲つぶし」は、単に、「意図せざる結果」として安倍改憲に塩を送っているというだけではない。憲法を論理的自殺に追い込もうとも、とにかく9条2項だけは温存させてくれる安倍改憲案は、護憲派にとって、護憲派の欺瞞を正すために専守防衛・個別的自衛権の枠内で9条2項改正を主張する立憲的改憲案より、本音としても望ましいのである。矛盾倒錯した安倍改憲案は、護憲派寄りの連立パートナーである公明党への「配慮」による妥協であること、さらに2018年の自民党総裁選勝利後に、安倍首相自身が安倍改憲案は「自衛隊をフルスペックの軍隊にしない趣旨だ」と公言していることは、安倍改憲案が護憲派の本音に迎合していることを示す。

鼎談共著の提案があったとき、私は、この共著と前後して刊行される単著『立憲主義という企て』（東京大学出版会）の執筆・改稿作業に追われている最中であった。立憲主義の法哲学的基礎とその実践的含意を包括的に論じるこの学術的著作の刊行は、研究者としての私にとっては、何にも増して優先したい仕事であり、刊行時期の接近したほかの企画は本来なら断ったはずであった。しかし、上述したように、私は田原氏と同様、あるいは彼以上に、憲法論議棚上げの現状に対する危機感を強く持っていたので、広く社会に問題提起するために、彼の提案に応じることにした。

受諾した理由はもうひとつある。田原氏とは、「朝まで生テレビ！」に何度か出演した際、議論する機会があった。この番組はテレビでは通常扱わないきわめて論争的な問題について、さまざまな論者が自由闊達かつ分野横断的に侃侃諤諤《かんかんがくがく》の論議をするフォーラムとして希少価値を持つ。30年以上にわたって、「自由な言論の砦《とりで》」として、この番組を主宰し守ってきた田原氏の尽力には敬意を惜しまない。

ただ、毎回、論点が多岐にわたり、出席者も10人近くと多いので、よく言えば「百家争鳴」だが、一つひとつの論点について、論議が十分に詰められないまま拡散したかたちで終わることも多い。自己顕示欲だけで議論を無意味に引っ掻き回したり、議論を歪曲したコメントをネットで流し炎上させたりするような、レベルの低い出演者も残念ながら時にいる。私も被害を受けたことがある。

こういう点に、正直言って、不満が私にもあった。しかし、本書では、９条問題に焦点を当てて、じっくりと議論できる。しかも、現代世界の戦争の実態と戦力統制のあり方に関する「本物の識者」である伊勢﨑氏――私は、小林よしのり氏に負けない「ゴーマニスト」を自任しているが、その私が「本物の識者」と尊敬できる数少ない人物――を交えて、３人でじっくりと議論できる。「朝生」での不満がこれで解消されると期待できた。実際、その期待は満たされた。

本書の書名は『脱属国論』である。この書名を考えついたのは、本書を担当した毎日新聞出版の編集者、峯晴子氏と名古屋剛氏であるが、この鼎談の内容の核心を衝いていると思う。われわれの鼎談がこの書名にふさわしい内容になった経緯について、少し説明しておきたい。これは本書の狙いを読者に明らかにするのに資するだろう。

田原氏は、われわれの議論の焦点を明確にするための問いを、あらかじめ私に振ってきた。上述のゴー宣道場の憲法シンポジウムに基づいて毎日新聞出版から2018年に刊行された『属国の9条』所収の伊勢﨑氏と私の対談「日本が『欺瞞』から目覚める日」(同書232〜262ページ)や、ほかの箇所でのわれわれのコメントを読んで、田原氏は、9条改正の必要性はよくわかったが、日米安保、日米関係をどう変えようと伊勢﨑氏と私が考えているのかよくわからないから、その点をとくに議論したいとのことであった。

この問いは意外であった。田原氏が読んだ伊勢﨑氏と私の対談、およびそれを含む前掲書では、まさに、日米関係、日米安保のあり方の変革が主題の一部をなし、本書でも敷衍《ふえん》する以下の基本的な視点が提示されていたからである。

第一に、憲法9条2項を保持したまま、世界有数の武装組織である自衛隊を持つことは、自衛隊を「法的統制ができないがゆえに危なくて使えない軍隊」のまま放置することを意味し、日本がそうしていられるのは、「自衛隊が使えなくても、いざとなったら米国が守ってくれる」という、根拠なき米国信仰に浸っているからである。

第二に、世界的に見ても異様といえる軍事的対米従属性を持った現行の日米地位協定を世界水準並みに対等化し、日米安保体制を対等なパートナーシップに変えることを日本が本気で要求すれば、米国は法的・政治的に拒否できないにもかかわらず、日本にその意思がないのは、この米国信仰・米国依存症が原因である。

第三に、米国信仰・米国依存症ゆえに戦力と憲法の矛盾を放置し、この矛盾を放置し続けるために米国信仰・米国依存症を強化するという悪循環の結果、米国に対する軍事的従属構造が、日本の意思に関係なく米国が始めた戦争に日本が幇助犯《ほうじょはん》として加担させられるという点にまで到達している現状は、日本の安全保障にとってきわめて危険である。したがって、自衛隊を戦力として認知した上でそれに対する憲法的・法的統制を確立するための９条改正と、安全保障における日米関係の対等化は同じメダルの両面である。

以上の基本的な点は、前掲書でも明確に示した。その書名が『属国の９条』になっている所《ゆ》以《えん》である。それにもかかわらず、田原氏が、伊勢崎氏と私の日米関係観がよくわからないという問いを投げかけてきたのは意外であったが、彼との鼎談を通じて理由が理解できたように思う。

要するに、安全保障において日米関係を対等化することなど、本当にできるのかという疑問、できたとして、対等化して大丈夫なのかという不安が、彼の心の底にわだかまり続けていたようである。戦後日本社会は、「軍国日本」から９条を掲げる「平和国家日本」に「豹変」したと自称しながら、世界最強戦力たる米軍に基地と兵站《へいたん》システムを提供し続け、その庇護があるからと自衛隊を「日陰者」・「半人前」扱いして、欺瞞的な平和国家の自画像に惑溺《わくでき》してきた。戦争を知る最後の世代として戦後を生きてきた田原氏は、もちろん、戦後日本のこの欺瞞に気づいているが、米国に依存することでしか日本は「軍国主義」の過去を克服できなかったし、これからも米国に依存し続けることでしか、日本は「軍国主義」の亡霊の復活を止めることができないのではないか、そういう疑問、不安を拭いきれないでいたのではないかと思われる。

この疑問は、田原氏だけでなく、戦後日本人の精神の根底にある不安、自己不信を反映している。私はこれまで、さまざまな場でこの問題を指摘してきたし、本書の鼎談でもそれに触れ、この自己不信の無根拠性・自壊性を批判した。

本書で示したように、自分を信用できないから、米国を信用するという、自己不信に根ざす米国依存症は、左右を問わず浸透している。占領期はともかくとして、サンフランシスコ条約で主権を日本が回復した後は、日本の対米属国化は米国が押しつけたものではなく、日本が、自分を信じられないから、自分から米国に求め続けているものである。本書『脱属国論』の狙いは、この状況が日本にとっていかに危険かだけでなく、世界から見ていかにいびつで、無責任なものかを示し、日本の政治家と国民の覚醒を促すことにあると言ってよい。

伊勢﨑氏が本書や別著で指摘しているように、旧敗戦国であるイタリアやドイツも米国との地位協定を対等化させている。2014年に米軍の再駐留を認めたフィリピンのような小国、さらにはイラクやアフガニスタンのような米軍が侵攻した諸国ですら、日本よりも米国に対し自国の主権性を確保する地位協定を定めている。日本が対米属国化を越えて日米安保体制を対等なパートナーシップに変えることは、不可能でもなんでもなく、それが世界標準である。さらに、海外駐留米軍の駐留国住民による政治的支持を不可欠とみなす米軍の基本方針でもある。

対米属国化は居心地がいいからと、それに安住し、首都東京を含む広範な地域の航空管制権を在日米軍横田基地に与え、在日米軍基地から第三国を経由すれば米軍が日本政府の同意なしに他国に自由に軍事出動できるというような状況を、占領終了後70年近く経ったいまもなお放置しているのは、ほかの国家から見れば信じがたいことである。まさに日本という国家自体が主権国家の世界標準から見れば、「ガラパゴス化」しているとしか言いようがない。いや、この比喩は十分適切ではない。ガラパゴス諸島ならまだ孤立しているから、世界のほかの部分に迷惑はかけない。日本は、米国が一方的な軍事的介入で世界を荒らすための戦略的拠点を提供しているのである。「国際社会にとって、迷惑千万なガラパゴス国家」である。

それでも、自分が信じられないから、自分たちの戦力を責任あるしかたで統制する能力を自分たちが持てるとは信じられないから、米国を信じて対米属国化を続けるというのは、もはや狂気の沙汰である。トランプのような大統領を生む米国が、属国的追従を続けるには政治的リスクが高すぎるというのは当然である。問題は「親米」か「反米」か、ではない。日米安保体制を対等化・互恵化して、米国が日本を犠牲にして暴走するリスクを抑止すること、すなわち、米国を警戒しつつ提携する「警米」の姿勢が必要不可欠である。

しかし、さらに問題なのは、いざとなったら米国が守ってくれるという米国信仰により9条改正を棚上げし、憲法と戦力の矛盾を放置し続けることは、軍国主義の亡霊を封じ込めるどころか、招霊していることである。9条2項は戦力を統制するどころか、戦力に対する憲法的・法的統制を不可能にし、世界有数の武装組織である自衛隊が、いざ防衛出動したら交戦法規違反を統制する国内法体系がないまま武力行使せざるをえないという、戦前の軍国主義も顔負けの軍事的無法状態をもたらしている。しかも、伊勢﨑氏が厳しく批判するように、その無法な武装組織たる自衛隊はいまや、海外のジブチに常駐基地すら構え、日本はジブチ政府に対し、日米地位協定で日本が米国に対して持つ従属性以上の従属性（治外法権の広汎性）をジブチが負う地位協定を押しつけているのである。

以上のような状況を放置することへの危機感が政治家にも国民にもないのは、自衛隊が戦闘に巻き込まれるはずがないという楽観が広まっていることが一因である。自衛隊がイラクや南スーダンの派遣先で攻撃を受けた事実がこの楽観を反証していることは、本書で指摘したが、本書の鼎談終了後、2018年12月20日に、さらに深刻な「心胆寒からしめる」事件が発生した。

日本の排他的経済水域内で韓国の駆逐艦が自衛隊の哨戒機《しょうかいき》に射撃用レーダーを照射した事件である。日本人の危機感を覚醒させるために、最後にこの事件の意義について触れておきたい。

韓国政府は説明を二転三転させて自衛隊に責任転嫁を図っているが、自衛隊機をロックオンしたことは、どうやら事実のようである。これはまさに攻撃の着手で、ロシア機や米軍機が同じレーダー照射を受ければ、韓国駆逐艦は即刻撃沈されていただろうと言われるほど危険な軍事行動である。自衛隊機はこのとき反撃しなかったが、もし攻撃用兵器を哨戒機が装備しており、パイロットが駆逐艦の攻撃を確信していたとすれば、仮に韓国側が主張するように、カメラを向けただけでレーダーを照射していなかったとしても、パイロットが「誤解」により反撃し、韓国駆逐艦と自衛隊機の間で戦闘が起きた可能性はある。

本書の鼎談では、中国や北朝鮮が日本を攻撃するはずがないという田原氏に対して、伊勢﨑氏や私は繰り返し、戦闘は国家による意図的な侵略によって引き起こされなくても、誤解・誤認や、一部の過激分子の行動など、偶発的事故を引き金に起こるリスクが常にあることを指摘した。まさに、それを裏づけるような一触即発の軍事衝突リスクを持つ事故が、何と、政治的対立は抱えていても軍事的には友軍であるはずの韓国軍と自衛隊の間で発生したのである。北朝鮮、中国、ロシアなど、潜在的な敵対関係にある隣国との間では、このような偶発的事故による戦闘発生のリスクはさらに高いと言うべきだろう。

この事件は、さらに憂慮すべき問題を露呈させた。韓国駆逐艦が自衛隊機に対する射撃用レーダー照射という、軍事的常識からは通常なら考えられない危険な行動をした理由――仮に、実際にはレーダー照射しなかったとしても、そうしたと思わせる行動をとった理由――は、「どうせ日本の自衛隊機は反撃できないはずだから、ちょっと脅かしてやれ」という自衛隊に対する「見くびり」にあると考えられる。このことは、「見くびり」を許す自衛隊の「使えない軍隊」化が、軍事的衝突のリスクを解消するどころか、かえって自衛隊に対する危険な軍事的挑発行動への誘因になることを示している。

本書で指摘したように、「自衛隊が使えない軍隊である」というのは、自衛隊が法的統制で縛られているがゆえに使えないのではなく、逆に、9条2項があるため交戦行動に対する法的統制が欠損しているがゆえに「危なくて使えない軍隊」であるという意味である。「使うと危なくて使えない軍隊」も、使わざるをえない危機的事態は発生しうる。自衛隊はその場合、交戦法規違反を裁く国内法体系を欠いた無法な武装組織として行動することになる。この事件は、まさに、そのリスクが現実のものであることを示した。日本の政治家もメディアも、韓国の責任の究明や追及に夢中になっている。「韓国問題」はたしかに存在するが、日本にとって本当に深刻な問題は、9条改正を棚上げし続け、自衛隊を「危なくて使えない軍隊」のまま放置している日本の無責任な安全保障体制にある。しかし、この事件がこの「日本問題」に警鐘を鳴らしているという自覚が、政治家にもメディアにも国民にもまったく欠けている。

本書の狙いは、以上のような「日本問題」の自覚と克服を読者に求めることである。そのメッセージは次のようにまとめられるだろう。日本人よ、自分が信じられないから、米国頼みで、戦力と憲法の矛盾を放置し、米国の属国に安住するという子どもじみた甘え――マッカーサーに「近代文明の尺度では日本人は12歳の少年」といみじくも指摘されたような、幼児的な米国信仰の甘え――は、いい加減、捨てよ。９条を改正して戦力の現実と憲法の矛盾を解消するだけでなく、戦力としての自衛隊に対する憲法的・法的統制を確立し、米国に対する軍事的属国状態から脱することとは、日本の安全保障を確立するために必要なだけではない。それは、国際法に従って自己の戦力を法的に統制する責任、国際法を無視して他国に軍事介入する米国の幇助犯にならない責任という、国際社会に対して日本が国家として負う責任を遂行するために必要不可欠なのである。

（２０１９年３月）

巻末付録

本書で言及する憲法・法令等

日本国憲法 第9条

日本国民は、正義と秩序を基調とする国際平和を誠実に希求し、国権の発動たる戦争と、武力による威嚇又は武力の行使は、国際紛争を解決する手段としては、永久にこれを放棄する。

2 前項の目的を達するため、陸海空軍その他の戦力は、これを保持しない。国の交戦権は、これを認めない。

日本国憲法 第13条

すべて国民は、個人として尊重される。生命、自由及び幸福追求に対する国民の権利については、公共の福祉に反しない限り、立法その他の国政の上で、最大の尊重を必要とする。

日本国憲法 第14条

すべて国民は、法の下に平等であつて、人種、信条、性別、社会的身分又は門地により、政治的、経済的又は社会的関係において、差別されない。

2 華族その他の貴族の制度は、これを認めない。

3 栄誉、勲章その他の栄典の授与は、いかなる特権も伴はない。栄典の授与は、現にこれを有し、又は将来これを受ける者の一代に限り、その効力を有する。

日本国憲法 第19条

思想及び良心の自由は、これを侵してはならない。

日本国憲法 第53条

内閣は、国会の臨時会の召集を決定することができる。いづれかの議院の総議員の4分の1以上の要求があれば、内閣は、その召集を決定しなければならない。

日本国憲法 第66条

内閣は、法律の定めるところにより、その首長たる内閣総理大臣及びその他の国務大臣でこれを組織する。

2 内閣総理大臣その他の国務大臣は、文民でなければならない。

3　内閣は、行政権の行使について、国会に対し連帯して責任を負ふ。

日本国憲法　第76条

すべて司法権は、最高裁判所及び法律の定めるところにより設置する下級裁判所に属する。

2　特別裁判所は、これを設置することができない。行政機関は、終審として裁判を行ふことができない。

3　すべて裁判官は、その良心に従ひ独立してその職権を行ひ、この憲法及び法律にのみ拘束される。

日本国憲法　第95条

一の地方公共団体のみに適用される特別法は、法律の定めるところにより、その地方公共団体の住民の投票においてその過半数の同意を得なければ、国会は、これを制定することができない。

日本国憲法　第96条

この憲法の改正は、各議院の総議員の3分の2以上の賛成で、国会が、これを発議し、国民に提案してその承認を経なければならない。この承認には、特別の国民投票又は国会の定める選挙の際行はれる投票において、その過半数の賛成を必要とする。

2　憲法改正について前項の承認を経たときは、天皇は、国民の名で、この憲法と一体を成すものとして、直ちにこれを公布する。

日本国憲法　第98条

この憲法は、国の最高法規であつて、その条規に反する法律、命令、詔勅及び国務に関するその他の行為の全部又は一部は、その効力を有しない。

2　日本国が締結した条約及び確立された国際法規は、これを誠実に遵守することを必要とする。

日本国憲法の改正手続に関する法律附則（平成26・6・20法75）

〔憲法改正問題についての国民投票制度に関する検討〕

5　国は、この法律の施行後速やかに、憲法改正を要する問題及び憲法改正の対象となり得る問題についての国民投票制度に関し、その意義及び必要性について、日本国憲法の採用する間接民主制との整合性の確保その他の観点から更に検討を加え、必要な措置を講ずるものとする。

自衛隊法 第76条

内閣総理大臣は、次に掲げる事態に際して、我が国を防衛するため必要があると認める場合には、自衛隊の全部又は一部の出動を命ずることができる。この場合においては、武力攻撃事態等及び存立危機事態における我が国の平和と独立並びに国及び国民の安全の確保に関する法律（平成15年法律第79号）第9条の定めるところにより、国会の承認を得なければならない。

一　我が国に対する外部からの武力攻撃が発生した事態又は我が国に対する外部からの武力攻撃が発生する明白な危険が切迫していると認められるに至つた事態

二　我が国と密接な関係にある他国に対する武力攻撃が発生し、これにより我が国の存立が脅かされ、国民の生命、自由及び幸福追求の権利が根底から覆される明白な危険がある事態

2　内閣総理大臣は、出動の必要がなくなつたとき

は、直ちに、自衛隊の撤収を命じなければならない。

自衛隊法　第88条

第76条第1項の規定により出動を命ぜられた自衛隊は、わが国を防衛するため、必要な武力を行使することができる。

2　前項の武力行使に際しては、国際の法規及び慣例によるべき場合にあつてはこれを遵守し、かつ、事態に応じ合理的に必要と判断される限度をこえてはならないものとする。

自衛隊法　第90条

第78条第1項又は第81条第2項の規定により出動を命ぜられた自衛隊の自衛官は、前条の規定により武器を使用する場合のほか、次の各号の一に該当すると認める相当の理由があるときは、その事態に応じ合理的に必要と判断される限度で武器を使用することができる。

一　職務上警護する人、施設又は物件が暴行又は侵害を受け、又は受けようとする明白な危険があり、武器を使用するほか、他にこれを排除する適当な手段がない場合

二　多衆集合して暴行若しくは脅迫をし、又は暴行若しくは脅迫をしようとする明白な危険があり、武器を使用するほか、他にこれを鎮圧し、又は防止する適当な手段がない場合

三　前号に掲げる場合のほか、小銃、機関銃（機関けん銃を含む。）、砲、化学兵器、生物兵器その他その殺傷力がこれらに類する武器を所持し、又は所持していると疑うに足りる相当の理由のある者が暴行又は脅迫をし又はする高い蓋然《がい》性があり、武器を使用するほか、他にこれを鎮圧し、又は防止する適当な手段がない場合

2　前条第2項の規定は、前項の場合について準用する。

武力攻撃事態等及び存立危機事態における我が国の平和と独立並びに国及び国民の安全の確保に関する法律 第9条

政府は、武力攻撃事態等又は存立危機事態に至ったときは、武力攻撃事態等又は存立危機事態への対処に関する基本的な方針（以下「対処基本方針」という。）を定めるものとする。

（中略）

4　武力攻撃事態又は存立危機事態においては、対処基本方針には、前項に定めるもののほか、第2項第三号に定める事項として、第一号に掲げる内閣総理大臣が行う国会の承認（衆議院が解散されているときは、日本国憲法第54条に規定する緊急集会による参議院の承認。以下この条において同じ。）の求めを行う場合にあってはその旨を、内閣総理大臣が第二号に掲げる防衛出動を命ずる場合にあってはその旨を記載しなければならない。ただし、同号に掲げる防衛出動を命ずる旨の記載は、特に緊急の必要があり事前に国会の承認を得るいとまがない場合でなければ、することができない。

一　内閣総理大臣が防衛出動を命ずることについての自衛隊法第76条第1項の規定に基づく国会の承認の求め

二　自衛隊法第76条第1項の規定に基づき内閣総理大臣が命ずる防衛出動

（中略）

6　内閣総理大臣は、対処基本方針の案を作成し、閣議の決定を求めなければならない。

7　内閣総理大臣は、前項の閣議の決定があったときは、直ちに、対処基本方針（第4項第一号に規定する国会の承認の求めに関する部分を除く。）につき、国会の承認を求めなければならない。

（中略）

11　第7項の規定に基づく対処基本方針の承認の求めに対し、不承認の議決があったときは、当該議決に係る対処措置は、速やかに、終了されなければならない。この場合において、内閣総理大臣は、第4

項第二号に規定する防衛出動を命じた自衛隊については、直ちに撤収を命じなければならない。

（後略）

国際連合平和維持活動等に対する協力に関する法律

第2条
政府は、この法律に基づく国際平和協力業務の実施、物資協力、これらについての国以外の者の協力等（以下「国際平和協力業務の実施等」という。）を適切に組み合わせるとともに、国際平和協力業務の実施等に携わる者の創意と知見を活用することにより、国際連合平和維持活動、国際連携平和安全活動、人道的な国際救援活動及び国際的な選挙監視活動に効果的に協力するものとする。

2　国際平和協力業務の実施等は、武力による威嚇又は武力の行使に当たるものであってはならない。

3　内閣総理大臣は、国際平和協力業務実施計画に基づいて、内閣を代表して行政各部を指揮監督する。

4　関係行政機関の長は、前条の目的を達成するため、国際平和協力業務の実施等に関し、国際平和協力本部長に協力するものとする。

国際連合憲章 第51条

この憲章のいかなる規定も、国際連合加盟国に対して武力攻撃が発生した場合には、安全保障理事会が国際の平和及び安全の維持に必要な措置をとるまでの間、個別的又は集団的自衛の固有の権利を害するものではない。この自衛権の行使に当って加盟国がとった措置は、直ちに安全保障理事会に報告しなければならない。また、この措置は、安全保障理事会が国際の平和及び安全の維持または回復のために必要と認める行動をいつでもとるこの憲章に基く権能及び責任に対しては、いかなる影響も及ぼすものではない。

NATO(北大西洋条約機構)条約 第5条

締約国は、ヨーロッパ又は北アメリカにおける1又は2以上の締約国に対する武力攻撃を全締約国に対する攻撃とみなすことに同意する。したがつて、締約国は、そのような武力攻撃が行われたときは、各締約国が、国際連合憲章第51条の規定によつて認められている個別的又は集団的自衛権を行使して、北大西洋地域の安全を回復し及び維持するためにその必要と認める行動(兵力の使用を含む。)を個別的に及び他の締約国と共同して直ちに執ることにより、その攻撃を受けた締約国を援助することに同意する。

前記の武力攻撃及びその結果として執つたすべての措置は、直ちに安全保障理事会に報告しなければならない。その措置は、安全保障理事会が国際の平和及び安全を回復し及び維持するために必要な措置を執つたときは、終止しなければならない。

自由民主党日本国憲法改正草案（2012年）

第9条

日本国民は、正義と秩序を基調とする国際平和を誠実に希求し、国権の発動としての戦争を放棄し、武力による威嚇及び武力の行使は、国際紛争を解決する手段としては用いない。

2　前項の規定は、自衛権の発動を妨げるものではない。

＊＊＊

自由民主党日本国憲法改正草案（2012年）

第14条

全て国民は、法の下に平等であって、人種、信条、性別、障害の有無、社会的身分又は門地により、政治的、経済的又は社会的関係において、差別されない。

2　華族その他の貴族の制度は、認めない。

3　栄誉、勲章その他の栄典の授与は、現にこれを有し、又は将来これを受ける者の一代に限り、その効力を有する。

自由民主党日本国憲法改正草案（2012年）

第53条

内閣は、臨時国会の召集を決定することができる。いずれかの議院の総議員の4分の1以上の要求があったときは、要求があった日から20日以内に臨時国会が召集されなければならない。

ブックデザイン　鈴木成一デザイン室
写真　髙橋勝視（毎日新聞出版）
構成　名古屋剛（毎日新聞出版）
編集協力　六本木博之
DTP　センターメディア

著者紹介

田原総一朗（たはら・そういちろう）

1934年、滋賀県生まれ。1960年、早稲田大学卒業後、岩波映画製作所に入社。1963年、東京12チャンネル（現・テレビ東京）に開局の準備段階から入社。1977年、フリーに。テレビ朝日系「朝まで生テレビ！」「サンデープロジェクト」でテレビジャーナリズムの新しい地平を拓く。1998年、戦後の放送ジャーナリスト1人を選ぶ城戸又一賞を受賞。早稲田大学特命教授と「大隈塾」塾頭を務めた（2017年3月まで）。「朝まで生テレビ！」（テレビ朝日系）、「激論！ クロスファイア」（BS朝日）の司会をはじめ、テレビ・ラジオの出演多数。11万部を超えた『創価学会』（毎日新聞出版）をはじめ、著作多数。

井上達夫（いのうえ・たつお）

1954年、大阪府生まれ。東京大学大学院法学政治学研究科教授。法哲学専攻。ハーバード大学哲学科客員研究員、ニューヨーク大学法科大学院客員教授、ボン大学ヨーロッパ総合研究所上級研究員、日本法哲学学会理事長、日本学術会議会員等を歴任。著書『共生の作法』（創文社）でサントリー学芸賞、『法という企て』（東京大学出版会）で和辻哲郎文化賞を受賞。ほかにも『世界正義論』（筑摩書房）、『立憲主義という企て』（東京大学出版会、近刊）など、多くの学術的著作がある。近年、一般社会に向けて、単著『リベラルのことは嫌いでも、リベラリズムは嫌いにならないでください』『憲法の涙』、共著『ザ・議論！「リベラルvs保守」究極対決』『ゴー宣〈憲法〉道場I 白帯』『属国の9条 ゴー宣〈憲法〉道場II 黒帯』（以上、毎日新聞出版）など多数の著作で、リベラリズムの法哲学の立場から、憲法問題をはじめとする政治的・実践的問題について積極的に発信している。

伊勢﨑賢治（いせざき・けんじ）

1957年、東京都生まれ。早稲田大学大学院理工学研究科修士課程修了。インド国立ボンベイ大学大学院に留学中、現地スラム街の住民運動に関わる。その後、国際NGOの一員としてアフリカで活動。2000年3月より、国連東ティモール暫定統治機構上級民政官として、現地コバリマ県の知事を務める。2001年6月より、国連シエラレオネ派遣団の武装解除部長として、武装勢力から武器を取り上げる。2003年2月からは、日本政府特別顧問として、アフガニスタンでの武装解除を担当。現在、東京外国語大学大学院総合国際学研究科教授（平和構築・紛争予防講座）。プロのトランペッターとしても活動中。著書に『武装解除 紛争屋が見た世界』（講談社現代新書）、『日本人は人を殺しに行くのか 戦場からの集団的自衛権入門』（朝日新書）、『本当の戦争の話をしよう 世界の「対立」を仕切る』（朝日出版社）、『新国防論 9条もアメリカも日本を守れない』（毎日新聞出版）、布施祐仁氏との共著『主権なき平和国家 地位協定の国際比較からみる日本の姿』（集英社クリエイティブ）などがある。

脱属国論《だつぞっこくろん》

印刷　2019年4月15日

発行　2019年4月30日

著者　田原総一朗《たはらそういちろう》　井上達夫《いのうえたつお》　伊勢﨑賢治《いせざきけんじ》

発行人　黒川昭良

発行所　毎日新聞出版

〒102-0074 東京都千代田区九段南1-6-17

千代田会館5階

営業本部：03(6265)6941 図書第二編集部：03(6265)6746

印刷・製本　図書印刷

ISBN978-4-620-32571-2